Erwin Berner
Erinnerungen an Schulzenhof

ÂF196620

atb aufbau taschenbuch

Erwin Berner wurde 1953 als ältester Sohn von Eva und Erwin Strittmatter geboren. Er war ein vielbeschäftigter Bühnen- und Fernsehschauspieler, u.a. in »Adel im Untergang«, »Sonjas Rapport«, »Die Verführbaren (Ein ernstes Leben)«, »Ein altes Herz geht auf die Reise« und »Zur See«. Er lebt in Berlin und schreibt Stücke, Gedichte, Liedtexte und Prosa. Die »Erinnerungen an Schulzenhof« erschienen 2016 mit großer Resonanz.

Er heißt Erwin wie sein Vater, seinen Familiennamen hat er längst abgelegt. Im Jahr 2001 beginnt er, in Briefen von seiner Kindheit und Jugend zu erzählen: Wie auch seine Brüder wurde er schon als Kleinkind der Großmutter in Obhut gegeben. Bei den Besuchen und als er später dort lebte, musste er sich dem strengen »System Schulzenhof« des Vaters fügen, der alles seinem Werk unterordnete. Mal hart, mal heiter schildert Berner, wie zerrissen die Mutter zwischen der Liebe zu ihren Söhnen und der Bewunderung für den Mann war. Während er sich nun erinnert, rücken ihm die alten Konflikte und Verletzungen schmerzlich nah. Er hält es aus, er verändert sich, er differenziert, streitet und findet endlich die innere Freiheit, die Eltern zu akzeptieren, wie sie waren.

»Drei Jahre, bevor sie starb, veröffentlichte meine Mutter ein Buch über ihr Leben. Wie Vater die Schulzenhofer Zeit sah, kann man in seinen Tagebüchern lesen. – Meine Eltern haben das Ihre gesagt, und also sage ich das Meine. So einfach ist es – und so schwer.«

Erwin Berner

Erinnerungen an Schulzenhof

atb aufbau taschenbuch

MIX
Papier aus verantwor-
tungsvollen Quellen
FSC
www.fsc.org **FSC® C083411**

ISBN 978-3-7466-3329-9

Aufbau Taschenbuch ist eine Marke der Aufbau Verlag GmbH & Co. KG

1. Auflage 2017
© Aufbau Verlag GmbH & Co. KG, Berlin 2017
Die Originalausgabe erschien 2016 bei Aufbau,
einer Marke der Aufbau Verlag GmbH & Co. KG
Umschlaggestaltung zero-media.net, München
unter Verwendung eines Fotos aus dem Frühjahr 1980: Matthes, Ilja, Erwin,
Eva, Erwin jr. und Jakob Strittmatter (v. l. n. r., Foto privat)
Satz Dörlemann Satz GmbH, Lemförde
Druck und Binden CPI books GmbH, Leck, Germany
Printed in Germany

www.aufbau-verlag.de

all denen, die auch eine leicht verquere Kindheit hatten

Liebes Herzchen!

Denke nicht, Deine Ansichtskarte von Zürich hätte mich beruhigt. Mitteilungen wie *Ich komme weder zum Zeichnen noch zum Schreiben; aber ich werde auch diese Zeit überstehen …* lassen mich besorgt fragen: Warum kommst Du nicht zum Zeichnen und zum Schreiben? Geht es Dir gesundheitlich schlecht? Mußt Du Opiate schlucken? Oder experimentierst Du maßloser Knabe mit harten Drogen und glaubst, Du könntest den Wahn zeitlich eingrenzen? Ich hoffe inständig, nur meine Phantasie läßt die Teufel tanzen. Also, die Karte war gut. Ich erwarte auch nicht mehr Worte, nur eindeutigere. Bitte. Stecke die Karte in einen Briefumschlag, falls Dir die Worte für die Umwelt zu verräterisch erscheinen.

Da ich von Deinem derzeitigen Leben nichts weiß, will ich ein wenig von meinen letzten Monaten erzählen. Vorab: Ich sitze in einem Eckcafé im Prenzlauer Berg, nicht weit von dem Café, vor dessen Tür wir im vergangenen Mai saßen – erinnerst Du Dich?

Gleich ist es Abend. Die Dielen in dem nur vom Kerzenlicht erleuchteten Raum schimmern weiß. Ich habe einen guten Blick aus dem Fenster. Leute hasten durch den Regen ihren Verabredungen entgegen, und der Cappuccino kostet hier nur drei Mark. Dazu gibt's gepolsterte Stühle – Luxus! Ich schreibe ohne Brille. Die Brille könnte wie das Rauchen den Kopfschmerz hervorlocken. Er harrt im Hinterkopf auf seine Stunde.

Gestern habe ich »Die Spezialisten« beendet. Ich hatte die Tragikomödie 1990 zu schreiben begonnen, bald aber den

Handlungsfaden aus den Augen verloren. Ende November letzten Jahres hatte ich ihn zufällig wieder in der Hand gehalten. Der Handlungsfaden sollte mich zum Stückschluß führen, sofern mir meine Lebensumstände den Faden nicht aus der Hand reißen würden.

Danach sah es aus, Anfang Dezember. Johanna lag in Berlin-Lichtenberg im Krankenhaus, eine Etage über dem Kreißsaal, in dem ich laut meiner Mutter im Sommer 1953 zur Welt gekommen bin. Sie hatte sich einer Unterleibsoperation unterzogen. Tapfer ertrug sie die Schmerzen in ihrem geschwächten Körper. Ja, wir gewannen der *alten Frau Knispel*, in die sich die Chansonsängerin Johanna kurzzeitig verwandelt hatte und die mir, wenn wir spazierten, am Arm hing, Komik ab. Erlebten wir doch, wie Johanna von Tag zu Tag gesundete.

Anders meine Mutter. Sie hatte sich wegen starker Beinschmerzen in ein Berliner Krankenhaus einweisen lassen. Mutter bezog ein Einzelzimmer auf der Neurologischen Station. Vom Bett aus gab sie den Ärzten bekannt, wie stark die Schmerzen waren, die sie plagten. Die Ärzte sollten ihr die entsprechenden Tabletten verabreichen. Das geschah nicht. Vielmehr verweigerten sie ihr die bisherigen Schmerz-, Herz-, Diabetes- und anderen Medikamente. Die Ärzte »setzten« Mutter auf »Entzug«. So sahen mein Bruder Jakob und ich sie. Es war furchtbar. Man kennt das aus Filmen; aber die eigene Mutter so zu erleben: hochfahrend, nervös, wirr redend, ohne Erinnerung für Fakten, lügend und schwitzend, sich unkontrolliert den Kopf kratzend und mit zitterndem Fuß. Das schlimmste war der Blick; als sähe sie den Leibhaftigen am Bett sitzen und nicht mich, den eigenen Sohn. – Ich war gleich allen Beteiligten ratlos. Jakob vereinbarte mit dem behandelnden Arzt ein Gespräch, denn unsere Mutter konnte oder wollte uns nicht sagen, was im Krankenhaus mit ihr geschah und wie ihre gesundheitlichen Aussichten waren. Der Arzt gab zögernd zu, daß es sich um einen »starken Entzug« handele. Nach vierzehn Tagen redete Mutter selbst von einer Tablettensucht. Eine Einsicht, die sie kurz darauf in Frage stellte, als sie uns erklärte, sie habe nichts Unrechtes getan, sie habe lediglich Tabletten eingenommen, die ihr vom Schmerztherapeuten verschrieben worden seien. Was nicht stimmte. Mutter hatte nicht nur einen, sondern mindestens drei Ärzte um Medikamente gebeten. Und sie hatte verschiedene Schmerzstiller gleichzeitig geschluckt und ihre Wirkung *studiert*. Aber auch hier gilt: Keiner, der sich auf Suchtmittel einläßt, sieht in Gänze die Folgen voraus. So sagte ich es Mutter. So benickte sie es, wenn ich sie fast jeden zweiten Tag im Krankenhaus besuchte. Besuche, die mehr und mehr Audienzen glichen. Besuche, die mich verstummen ließen, obgleich ich mir auf dem Weg Gesprächsthemen überlegt hatte.

Mutter blieb bis kurz vorm Jahreswechsel im Krankenhaus. Dann interessierte sie sich nicht mehr für ihre Diät und für die von den Neurologen empfohlene Nachbehandlung. Sie ließ sich nach Schulzenhof chauffieren, wo sie sich ins Bett legte und aß. Wohl nimmt Mutter noch die Antidepressiva, auf die man sie im Krankenhaus »eingestellt« hat. Dazu schluckt sie jedoch wie vormals Schlafmittel. Von der behandelten Tablettensucht spricht sie nicht mehr. Es sei denn, ich treibe sie während unserer Telefonate oder Jakob treibt sie am Wochenende in Schulzenhof durch Fragen in die Enge – was sie uns verübelt. Und wieder sitzt jene Ärztin aus L. an Mutters Bett und stellt Rezepte für schmerzlindernde Medikamente aus.

Ich lief also im Dezember von Krankenhaus zu Krankenhaus. Zwischendurch entwickelte und schrieb ich den zweiten Teil der »Spezialisten«. Ende Dezember wurde mir schwindelig, und ich bekam starkes Ohrensausen. Den Schwindel bekämpfte ich mit Hilfe von Kopfständen (1991 auf den Theaterproben in Zürich gelernt!). Das Ohrgeräusch hält an. Vielleicht ebbt es im Frühjahr ab, wenn ich die Kraft habe, Sport zu treiben. Als ich am 30. Dezember trotz Krankenhausbesuchen, Schwindel und Ohrensausen das letzte Bild der »Spezialisten« ins Heft geschrieben hatte, war ich nicht wenig stolz. Allein so was vergeht. Oder der Stolz verwandelt sich in den aberwitzigen Drang, das nächste Theaterstück zu schreiben. Jedenfalls ließ mich der Gedanke an die abgeschlossene Rohfassung ruhig aufs nächste Jahr schauen. Den Weihnachtsabend hatten die alte Frau Knispel und ich in meiner Wohnung verlebt. Silvester feierten wir am Wohnzimmertisch der bereits weniger alten Frau Knispel.

Seit letzter Woche ist Johanna gesund geschrieben. Übermorgen fahren wir, sofern es Mutter recht ist, nach Schulzenhof. Wir wollen ihr zum einundsiebzigsten Geburtstag gratulieren. Der Untergrund ihrer Tablettenabhängigkeit ist tragisch. Mutter hat sich verschlissen. In Ehe und Arbeit. Sie hat auch Vaters Tod nicht verwunden. Mutter lebt stark in der Vergangenheit. Oft erträgt sie diese Vergangenheit, die viele Fragen stellt, nicht. Auch möchte Mutter über ihr Leben schreiben. Der Aufbau-Verlag hat schon mehrmals den Buchtitel bekanntgemacht; doch fehlen Mutter zum Schreiben die Kraft und die Konzentration. Das alles mag neben den körperlichen Schmerzen, die ich nicht anzweifeln will, der Grund für ihren Tabletten*konsum* sein.

Morgen werde ich Lisa Rettich ein Exemplar der »Spezialisten« überreichen. Lisa ist Regieassistentin am Berliner Ensemble und wird das Stück dem Chefdramaturgen geben. Heute habe ich es samt Brief an den Intendanten vom Cottbusser Staatstheater geschickt. Nachdem mein Theaterstück »Leben im Karton« mehr oder weniger ungelesen in den Theaterdramaturgien verstaubt ist, will ich mich diesmal an die Theater-*Macher* wenden. Egal, was sie über »Die Spezialisten« denken, sie sollen wahrnehmen, daß ich Stücke schreibe.

Was gibt's noch zu berichten? Meine Plüschraupe Krethi ist abermals schwanger. Heute abend kommt sie nieder. Ich habe im Spielwarengeschäft kleine Plastetiere gekauft. Es wird sich zeigen, ob Krethi einem Affen oder einer Hyäne das Leben schenkt. Was es auch sein mag: Krethi kümmert sich nicht um ihre Kinder. Es geht ihr nur ums Gekreische bei der Geburt. Johanna darf am Telefon zuhören. Denn ohne Publikum ...

Herzchen, ich hoffe, nicht die obengenannten Gründe halten Dich vom Zeichnen und vom Schreiben ab. Laß mich annehmen, Du bist nur träge. Nein, das ist es wohl nicht.

Melde Dich. Erkläre Dich!

Grüße Deinen Freund Reto

Liebes Herzchen!

Ich habe auf dem Wohnungsflur Kopfstand gemacht, Raupe Krethi und Maus Mullito ins Bücherregal gesetzt, auf dem Kohlenhof eine Tonne Kohlen bestellt und bin mit der U-Bahn zum Alexanderplatz gefahren. Hier sitze ich in einem Bistro, das zur Markthalle gehört, und trinke Kaffee und esse ein Quark-Vanille-Hörnchen – ich kann vom Sü-ßen nicht lassen … Leute kommen und gehen. Die jungen Frauen hinterm Tresen haben mit sich zu tun. Sie führen einander verwegene Frisuren vor. Für die Kunden bleiben nur gleichgültige Blicke.

Durch die wandhohen Fensterscheiben sehe ich den S-Bahnhof. Die andere Fensterfront läßt mich auf den Sok-kel des Fernsehturms schauen. Und ich sehe, sofern ich sehen will, Fußgänger. Zumeist will ich nicht sehen, weil ich mit meinen Texten beschäftigt bin.

Wind zerrt an den auf Kleiderbügeln hängenden Män-teln und Jacken eines *fliegenden* Händlers. Sobald es auf dem Platz windet, zieht es im Bistro; die gläsernen Türen schließen schlecht, und oberhalb der Fenster befinden sich Belüftungsschlitze – man sollte hier nicht, wie ich es tue, über Stunden sitzen.

Warteposition. Ich lebe in Erwartung. Die Theater sol-len auf mein Theaterstück reagieren. Und ich erwarte den 28. März, an dem ich in einer Bibliothek in Berlin-Mitte »Die Spezialisten« vorlesen werde. Weil ich warte, wage ich mich nicht an eine größere Arbeit heran und habe mich auf die Korrektur des »Brief-Tagebuchs« 1985/86 eingelassen.

1985 und 1986 waren für mich wichtige Jahre. In S.

– hundert Kilometer nördlich von Berlin entfernt – spielte ich die Hauptrolle in der Rockoper »Hexensprüche«. Endlich durfte ich, was ich von Jugend an ersehnt hatte: auf der Bühne singen. Vollplayback zwar, doch waren die Lieder von mir im Tonstudio »eingesungen« worden. Auch das hatte ich mir von Jugend an erträumt.

Obgleich ich auf der Bühne singen, spielen und tanzen durfte, blieb ich unzufrieden. Die Rockoper war zu spät in mein Leben gekommen.

Neben der Rockoper mußte ich den Herzog Orsino in Shakespeares »Was ihr wollt« spielen. Den Vorstellungen gingen unerquickliche Proben unter der Aufsicht einer dicklichen Regisseurin voraus. Die Frau wirkte unrein und alterslos. Sie hatte ihr fettiges Haar zu einem Pferdeschwanz gewunden, und ein grauschwarzer Pullover umwallte ihren unförmigen Leib. Selbstgefällig verkündete sie ihren künstlerischen Anspruch, dem sie weder durch Regieeinfälle noch durch ihre Schauspielerführung gerecht wurde. Nach vielen Wortgefechten schmiß ich der Regisseurin, die ich zu meiner *speziellen Feindin* ernannt hatte, Orsinos Degen vor die Füße. Ich riet ihr, den liebesverzückten Herzog selbst zu spielen. Mit dieser Empfehlung verließ ich kurz vor der Premiere die Probebühne. – Schließlich spielte ich den Herzog doch.

Zu meiner Theaterzeit in S. gehört übrigens eine Vorgeschichte.

Von 1967 an lebte ich für vier Jahre bei meinen Eltern in Schulzenhof. Mit dreizehn hatte ich mir den Orts- und Schulwechsel ertrotzt. Ich hatte Neuruppin, der Puschkin-Schule und meiner Großmutter endlich den Rücken kehren dürfen. Bis zum Ende der achten Klasse besuchte ich mit Freude die Grundschule in Menz, einem größeren Dorf in der Nähe von Schulzenhof.

Einmal im Monat veranstaltete die Menzer Schulleitung eine Theaterfahrt nach S. Ich sah dort »Madame Butterfly«, »Don Carlos«, »Das Tagebuch der Anne Frank«, das DDR-Gegenwartsstück »Frau Flinz« – 1986 sollte ich in einer Neuinszenierung einen der Söhne der Flinz spielen –, und ich sah »My fair Lady«, jenes Musical, das an vielen DDR-Theatern gezeigt wurde, weil es jedermann sehen wollte. Wenn ich mich recht erinnere, kostete uns Schüler die Theaterfahrt sieben Mark. Klingt das nicht phantastisch?

Mit dem Beginn der neunten Klasse endete die Theater- und Schulfreude. Ich wechselte an die Rheinsberger Oberschule. Wieder begann ich die Schule zu verabscheuen. Ich tat es genauso heftig oder gar noch heftiger als in meiner Neuruppiner Zeit. Das aber will ich nicht erzählen. Ich will sagen: obwohl ich ungute Erinnerungen an die Regisseurin von »Was ihr wollt« habe und S. Neuruppin, jener kopfsteingepflasterten Kleinstadt, aus der ich mich als Jugendlicher fortgesehnt hatte, zum Verzweifeln ähnelte, war es für mich bedeutungsvoll, in S. Theater zu spielen.

Das »Brief-Tagebuch« 1985/86 berührt mich seltsam. Schlaglichtartig erhellt es mein einstiges Leben. Damals dachte ich, ich würde nach dem Theaterengagement in S. nur noch schreiben. Ich ahnte nicht das baldige Ende der DDR und daß es künftig zuallererst darauf ankommen würde, die eigene ökonomische Existenz zu sichern.

Wenn ich mich mit den Briefen beschäftige, drängt sich mir mal wieder die Einsicht auf, daß ich viele Freundschaften verloren habe. Zwar war ich es nie allein, der die freundschaftlichen Gefühle zerstörte, ich trug aber jedesmal einen beachtlichen Schuldanteil vom Platz. Ich mag darum nicht trauern. Ließe ich mich aufs Trauern ein, ich hätte dazu Grund genug …

Wenn ich es richtig sehe, sind die meisten Freundschaften zerfallen. Besser gesagt, sie sind implodiert. Die Zeit oder äußere Umstände sorgten für ein Vakuum. Ich starrte auf Trümmer; doch letztendlich blieb nichts. Nur notierte Erinnerungen. Ich lese sie, und all die Gefühle, insbesondere die Verletzungen und Kränkungen, beleben sich neu. Ich fühle, als wäre ich soeben gekränkt und verletzt worden. Ist das nicht lächerlich? Ja, sagen wir es deutlich: Ich bin nachtragend. Das ist so, und ich kann es nicht ändern.

Auch die Freundschaft, die mich mit Vaters Ärztin Klara verband, gehört zu den *zerfallenen.*

Klara bot mir in Schulzenhof im Beisein der Eltern eine Zigarette an ... Vater hatte sich das Rauchen abgewöhnt; ich hatte es mir, sechzehnjährig, heimlich angewöhnt. Die Eltern entdeckten es, was den häuslichen Ärger vermehrte. Klara aber hielt mir nach dem Mittagessen einfach ihre Zigarettenschachtel hin. Sie behandelte mich wie einen Erwachsenen. In kurzer Zeit waren wir miteinander vertraut. Klara erfuhr meine Pubertätsnöte; sie stand mir bei, als ich gegen Vaters Willen die Oberschule für immer verließ; sie nahm Anteil an meiner Schauspielausbildung, an meinen Theater- und Filmarbeiten; sie vermittelte mir ein Untermietzimmer in Berlin-Friedrichshain; sie betreute mich medizinisch. Ich verbrachte manchen Abend in Klaras Wohnung am Strausberger Platz. – Zeit verging. Ich begann ernsthaft zu schreiben und bevorzugte die Einsamkeit. Wenn ich Klara traf, blieb ich stumm, denn sie hatte Vertrauen gebrochen. Ohne üble Absicht, doch von mir unerlaubt, hatte sie Mutter von meiner unglücklichen Liebe zu einem Schauspielerkollegen erzählt. Meine Eltern wußten seitdem, wie es sexuell um mich stand. Das schürte die unterschwellige Spannung, die auch diese Freundschaft implodieren ließ.

Noch heute fällt es mir schwer, Klara zu begegnen. Treffe ich sie im Haus der Eltern oder in Schulzenhof, so verhalte ich mich ihr gegenüber, ohne es zu wollen, abweisend. Manchmal denke ich darüber nach, was ich Klara alles verdanke. Dann aber erinnere ich mich an ihren Vertrauensbruch und daran, daß ich nichts zu erzählen hätte. Gar nichts.

In meinem »Brief-Tagebuch« lese ich, wie unerbittlich ich mich löste. Ich war in einem Alter, in dem man meint, stets neue Freunde zu finden. Man weiß noch nicht, daß jeder Freundschaft ein Teil seines eigenen unwiederbringlichen Lebens anhaftet. Darüber denke ich im Moment nach. Nein, ändern möchte ich nichts, und jeder Abschied mußte sein. In ihrer Summe befremden mich die Abschiede jedoch. Das wollte ich sagen und daß man letztendlich keine Vorstellung davon hat, wie Leben verläuft.

Und ich wollte sagen, ich war ein wenig krank. Eine Grippe hatte mich trotz Schutzimpfung ereilt. Nun schlukke ich Antibiotika, denn ich möchte arbeiten. Gleich habe ich die Grippe überwunden. Dafür nistet neuerdings ein Muskelzittern in meinem Oberschenkel. Wenn ich abends auf dem Sofa liege, irritiert und amüsiert mich das Eigenleben des Muskels.

Ich vermehre die Grüße um einen weiteren Gruß.

Erwin, sage ich, laß uns in der Sonne spazieren. Nach der Krankheit siehst du elend aus. Denk dran, am nächsten Mittwoch willst du *vor die Leute gehn* ...

Hallo Herzchen!

War Spanien schön, belebend und inspirierend? Ich hoffe es sehr für Dich. Auch danke ich für den Brief und für die Zeichnung. Sie liegt auf meinem Schreibtisch. Wenn ich das Balkonfenster öffne oder schließe, betrachte ich Dein Ornament. Du bist zum farbigen Übermalen zurückgekehrt ... Wenn ich in diesem Jahr, wie geplant, meine Wohnung malern lasse, werde ich einige Deiner Zeichnungen rahmen und an die wieder vorzeigbaren Wände hängen.

Tja, Du bist nach Spanien und ich bin zum »Anderen Ufer« gereist. Ich wollte mir das Aprilheft der »Siegessäule« holen. Leider ist das *Ufer* geschlossen. Bin ich umsonst nach Westberlin gereist. Nun sitze ich in einem *Ausweich*-Café an der Akazienstraße.

Noch steckt mir der vorgestrige Abend in den Knochen und im Gemüt. Der Vortrag der »Spezialisten« war kraftraubender, als ich erwartet hatte. Ich befürchte auch, das Stück könnte Zuhörer verprellt haben. Es malt von der Nationalen Volksarmee ein Bild, das verhärteten ehemaligen SED-Genossen bestimmt nicht gefällt. Nun gut, ich wußte, was ich schrieb, als ich schrieb. Daß ich mich mit dem Theaterstück, wie man sagt, in die Nesseln setze.

Gestern wollte ich einzig spazieren und zwischendurch in einer Gaststätte vor mich hin starren ... Heute fühle ich mich körperlich etwas munterer. Vielleicht komme ich gegen Abend in Zürich vorbei, und wir flanieren ein bißchen. Oder ich nehme den kürzeren Weg, der mich in die Westberliner *Szene* führt. Zeit wird's. Alles ist mir derart entrückt. Beim Frühstück habe ich mein Sexualleben überdacht. Mir schien, daß ich in wissender Unschuld lebe. Ich habe Verschiedenes kennengelernt und weiß, was Mann sexuell *veranstalten* kann. Wenn ich aber in die Schwulenzeitungen schaue, empfinde ich manches Angebot als so bizarr, als käme ich geradewegs vom Dorf. Was ich lese, macht mich hilflos – wie meine erste Liebe.

Michael hieß er. Beide waren wir siebzehn. Wir lagen im Ehebett seiner Eltern, damals in Rheinsberg. Wir berührten uns im Dunkeln. Zungenküsse und dergleichen kannten wir nicht, und das Gebiet unterhalb des Bauchnabels war tabu. Aber wir waren wild und verspielt. Mehr war nicht. Doch. Ich habe Freundschaft verraten. Ein Jahr später.

Ich hatte die Oberschule aufgekündigt. Den Kontakt zu den Mitschülern hatte ich abgebrochen. Zu allen. Ein halbes Jahr arbeitete ich auf einem Volksgut. Nach dem Sommer sollte das Schauspielstudium beginnen. Jetzt saß ich auf dem Gehöft meiner Eltern auf der Bank unter der Birke. Zwei ehemalige Mitschüler besuchten mich unangemeldet. Ein Junge und ein Mädchen. Sie erzählten, was sich nach meiner *Fahnenflucht* an der Schule zugetragen hatte. Plötzlich hieß es: Michael ist schwul! ... Ein Wort, das ich kaum zu denken wagte, so absonderlich und folgenreich war, was sich dahinter verbarg. Nun wehte das Wort »schwul« im leichten Sommerwind über den Hof. Ganz selbstverständlich war es ausgesprochen worden.

Michael ging mit der Schwester von *der und der*, sagte das Mädchen. Nach dem Kino wollte er sie küssen. Am ganzen Körper hat er gezittert, erzählte die Schwester von *der und der*.

Und der Junge sagte: Jetzt, wo er schwul ist, steht Michael dumm da, in der Klasse.

Wir schwiegen. Dann sagte der Junge: Michael bedauert, daß du nicht mehr zu uns gehörst. Er behauptet, du bist sein einziger Freund.

Ich fühlte, wie mein Mund austrocknete. Kopfschüttelnd sagte ich:

Michael bildet sich ein, ich bin sein Freund.

Die Mitschüler – der Junge und das Mädchen – waren's zufrieden. Sie stiegen aufs Motorrad und fuhren davon. Nach den Sommerferien würden sie den Klassenkameraden erzählen, was ich gesagt hatte. Und sie würden es Michael erzählen ... Ich saß auf der Bank unter der Birke und schmeckte den Verrat.

Anfang 1988 suchte mich ein einstiger Mitschüler in meiner Wohnung auf. Er lud mich, den Abtrünnigen, zum Treffen der Abiturienten ein. Ich sagte, ich würde wohl kommen. Ich wollte nicht die Mitschüler wiedersehen. Mir lag einzig daran, Michael zu sehen. Würde er auch zur Feier kommen? Er, der Übelbeleumdete. Ich wagte meinen Besuch nicht nach Michael zu fragen.

Wie gewünscht, schrieb ich eine ironische Selbstbiographie fürs Klassentreffen. Und ich probierte daheim für die Wiederbegegnung mit Michael Kleidung aus. Zwischendurch sah ich mir im Spiegel in die Augen ... Der Tag nahte. Meine Hände schwitzten. Schließlich zitterten mir, sobald ich an die bevorstehende Begegnung dachte, die Knie.

Ich fuhr nicht zum Klassentreffen. Ich sagte mir: Mit denen kann ich nicht in einer Herberge übernachten. Ich will sie nicht betrunken erleben, meine ehemaligen Mitschüler; ich will ihre Anzüglichkeiten nicht hören. Und ich sagte mir: Dort gehöre ich nicht hin. Abtrünniger, der ich bin! So schämte ich mich meines Verrats in den Zeiten der Unschuld.

Es ist eigenartig. Durch ungünstige familiäre Verhältnisse lernte ich in meiner Jugend lügen. All die kleinen und großen Lügen habe ich vergessen. Und entsinne ich mich einer Lüge, so kann ich sie mir verzeihen. Meine Lügen sind durch die Umstände, in denen ich lebte, gerechtfertigt. Mit Michael verhält es sich anders. Diese Lüge haftet mir als unverzeihlich an. Ich sehe nicht, wie ich sie wiedergutmachen könnte. Durch einen Satz habe ich meine erste Liebe ruiniert. Weil sie »zufällig« einem Jungen galt: Michael.

Wir waren gleich groß. Michaels Haut war blaß, und sein Haar war seidig und kastanienfarben. An graubraune Augen und an ein Hohlkreuz erinnere ich mich. An den handgestrickten Pullover mit spitzem Ausschnitt. Mir ist, als könnte ich den Pullover riechen.

Michael war im Gegensatz zu mir ein guter Schüler. Ich, der Einzelgänger, wollte ihn zum Freund haben, und unser Klassenlehrer Ringer erfüllte mir den Wunsch. Er bat den guten Schüler, sich um den Einzelgänger zu kümmern.

Michael und ich gingen im seinerzeit noch verwilderten Teil des Rheinsberger Schloßparks spazieren. Wir trafen uns auch außerhalb der Stadt. Michael schrieb für mich mathematische Gleichungen in den Sand; er wollte mir helfen. Ich sah auf den schönen schmächtigen Jungen ... Ich sollte annoncieren, sollte Michael suchen. Aber das wird nicht geschehen, Herzchen. Ich hoffe, Du hast Liebe niemals verraten und bist frei von solcher Last.

Überlege ich es recht, so waren auch hier die Umstände schuld.

Gut, ich will heimfahren, ohne die »Siegessäule«. Ich werde ein Hähnchen grillen, schlafen, das »Brief-Tagebuch« abschreiben und danach über den Abend entscheiden.

Hat man es in Zürich erfahren: meine Plüschraupe Krethi de Berner wurde heiliggesprochen? Wegen unendlicher Schönheit, sagt Krethi. Ein Wesen, das so schön ist und sich dennoch selbstlos und aufopferungsvoll jedem Fotografen und jeder Talkshow stellt, muß heilig sein. Johanna mag es nicht glauben. Das kränkt Kräthi.

Ich umarme den Reisenden

Hallo Herzchen!

Ich habe mich warm angezogen – lange Unterhose und dicker Pullover –, um in der kalten Küche sitzen und schreiben zu können.

Auf dem Fensterbrett steht eine blaßblaue Glasschale. Gefärbte Eier füllen derzeit die Schale. Schokoladenküken, Gelee-Eier und zwei Hasen aus Marzipan umlagern sie. All dies Osterwerk gehört nicht mir. Ich habe nur zwischen dem Osterhasen, der Maus Mullito und der Raupe Krethi vermittelt. Mit anderen Worten, ich war der Irre, der nachts Eier gefärbt hat, derweil die Herrschaften auf dem Küchenradio faulenzten.

Ostern ist also vorüber. Ich hoffe, in Zürich war das Wetter weniger erbärmlich. Hier frieren Wind und Regen den Frühling ein. Aber er kommt, der Frühling. Oder?

Johanna ist erst am Sonntag von Stralsund zurückgekehrt. Lisa hat Ostern bei ihrer Verwandtschaft in Eberswalde verlebt. Ich war somit ganz mir und dem unwirtlichen Wetter ausgeliefert. Einmal habe ich die Westberliner Schwulen-Szene aufgesucht … Ansonsten saß ich daheim oder im Café über meinen Texten.

Vorgestern haben Johanna und ich meine Mutter in Schulzenhof besucht. Zuvor haben wir in Rheinsberg zu Mittag gegessen. Rheinsberg hübscht sich auf: Blumenrabatten und Denkmäler. Man möchte den Bewunderern des Preußentums etwas fürs Auge bieten. Ich aber laufe durch die Stadt und erwarte, jemandem aus meiner Schulzeit zu begegnen. Ich will ihn nicht am Gesicht, ich will

ihn an einer für ihn charakteristischen Bewegung ausma-
chen.

Mag ich Neuruppin und S. nicht sonderlich leiden, so
widersteht mir Rheinsberg von Herzen. Als Kind mochte
ich die Stadt. In meiner die Dinge verklärenden Phantasie
bestand sie aus dem Schloß, dem dazugehörigen Park und
dem Eisgeschäft. Einst fuhren Christa, die junge Hausangestellte der Eltern, und ich mit dem Fahrrad von Schulzenhof
nach Rheinsberg. Sommer war es. Christa kaufte für uns
Eis. Wir saßen im Park auf dem Rasen zwischen dem Schloß
und dem See. Die Sonne schien, das Eis tropfte, und auf der
gegenüberliegenden Uferseite sah man den Obelisken, auf
dem der schwule Prinz Heinrich preußische Kriegshelden
hatte verewigen lassen. Nur sein älterer Bruder Friedrich
war auf dem Obelisken unerwähnt geblieben – wovon ich
damals freilich nichts wußte. Damals prägte sich mir die
sommerlich heitere Szenerie ein. So dachte ich mir fortan
Rheinsberg, wenn es mir in den Sinn kam.

Meine Idee von Rheinsberg änderte sich schlagartig, als
ich dort zur Oberschule ging. Heute sehe ich mich, den mä-
ßig begabten Schüler Erwin, durch Seitenstraßen zur Schule
laufen. Gern wäre ich unsichtbar gewesen. Außerdem wollte
ich, von den Lehrern und Schülern unbeobachtet, rauchen.
Der Druck, der Druck – ich war ihm nicht gewachsen.
Während ich mich auf die mündliche Abschlußprüfung für
die zehnte Klasse vorbereitete, hatte ich zu rauchen begonnen. An einem Tag von null auf zwanzig Zigaretten.

Der Druck ließ mich lügen. Der Druck ließ mich Bücher
und Schallplatten stehlen.

Ich hatte in den Sommerferien in der Rheinsberger Buchhandlung gearbeitet. Ich mochte die Verkäuferinnen; trotzdem stahl ich. Die Verkäuferinnen entdeckten es. Sie stellten
mich zur Rede und verlangten die gestohlenen Schallplatten
und Bücher zurück und schwiegen. Wäre meine Dieberei in
der Schule und in der Kleinstadt bekanntgeworden – ich

weiß nicht, was ich getan hätte … So aber stahl ich dank der nachsichtigen Buchhändlerinnen nie wieder.

Der Druck verführte mich, Feuer zu legen. Ich entzündete am Waldrand Laub und trockenes Moos. Hypnotisiert starrte ich in die Flammen. Erst wenn ich ahnte, ich würde sie im nächsten Moment nicht mehr bändigen, löschte ich das Feuer. Ähnlich wie bei den Diebereien wähnte ich mich überlegen. Gleichzeitig ängstigte ich mich vor mir. Fühlte ich mich durch Mitschüler oder durch Lehrer als Außenseiter geächtet, so *zündelte* ich. Oder ich schwänzte die Schule. Oder ich überlegte, wie ich mein Leben beenden würde. Der schulische Druck, der Druck im Elternhaus – nein, ich war ihm nicht gewachsen.

Solche Erinnerungen belagern mein Hirn, wenn ich, scheinbar ein Fremder, durch Rheinsberg laufe. Und dann komme ich nach Schulzenhof …

Bevor Johanna und ich meine Mutter im neuen Haus aufsuchen, besichtigen wir das Grundstück oder wir spazieren bis zum nahe gelegenen Törnsee.

Wenn wir zum Törnsee laufen, besuchen wir auch den kleinen Waldfriedhof. Er ist dem Ort auf einem von Tannen bewachsenen Hügel vorgelagert. Wir öffnen die hölzerne Pforte und treten an Bruder Matthes' Grab. Ich starre auf das Geburts- und das Todesdatum und denke, es liegt alles dicht beieinander – und schon ist Matthes *ewig* tot. Ich trete an Vaters Grab. Efeu rankt über den Waldboden. Waldmeister umwuchert das Grab. Ich lese den Grabspruch, schaue auf die Stele neben dem Grab und denke und fühle nichts.

Wir verlassen den Friedhof und wandern zum Gehöft. *Linker Hand sehen Sie eine Feuerstelle der Germanen …* Es scheint, als würden wir ein Freiluftmuseum besichtigen. Nun, nachdem das alte Haus und der Pferdestall um- und ausgebaut worden sind, lautet der Satz eher: *Linker Hand können Sie vielleicht noch eine Feuerstelle der Germanen sehen …* Ich muß meine Phantasie bemühen, wenn ich in Schulzenhof für Johanna und für mich meine Kindheit heraufbeschwören will. All die Veränderungen. Wer hat ihrer bedurft? Mutter, die die Baumaßnahmen veranlaßt hat, nützen die Verbesserungen nichts. Mutter lebt im neuen Haus auf dem hinteren Teil des Anwesens, im Garten. Sie bewegt sich zwischen Zimmer, Küche und Bad. Ihr bleibt der Blick aus dem Fenster. Mutter wagt sich nur in der warmen Jahreszeit ins Freie. Dann sitzt sie hinter dem neuen Haus auf einem weißen Plastestuhl unter der Markise. Die Sicht aufs Gehöft und aufs Wiesental verbergen mannshohe Sträucher.

Vorgestern war das Zusammensein mit Mutter erträglich. Sie wirkte ruhig und gegenwärtig. Wenn Johanna oder ich redeten, sah sie uns an. Wir konnten auch über verschiedene Themen sprechen. Wir blieben länger in Schulzenhof als geplant – für gewöhnlich halten wir uns nur eine Stunde im neuen Haus auf. Ich kochte Kaffee und deckte in der holzgetäfelten Diele den Tisch. Mutter erzählte derweil. Obwohl sie gefaßter wirkte, streichelte mein Finger mehrmals ihren Rücken. Mutter barmte mich. Mehr noch barmte sie mich, als sie sich erhob und gekrümmt zur Treppe hinkte, die von der Diele aus zu Vaters unterm Dach gelegenen Arbeitszimmer führt. Einem Korbschrank hinter der Treppe entnahm sie zwei Konfektschachteln, die sie uns als Osterpräsente überreichte. Das zu sehen … Es sehen zu müssen.

Johanna und ich bestätigten uns auf der Heimfahrt gegenseitig, daß die Begegnung mit Mutter seit längerer Zeit die angenehmste gewesen sei. Gestern hörte ich jedoch am Telefon von Mutters Mitarbeiterin Franziska, Mutter hätte nach unserem Besuch ihr gegenüber beanstandet, ich würde elend aussehen. Falten hätte ich im Gesicht und ich wäre mager. Mutter wäre beunruhigt, vernahm ich zu meiner eigenen Beunruhigung. Und ich fragte mich: Warum konnte mir Mutter nicht sagen, wie sie mich sieht? Was wird umschwiegen? – Wieder dieser Druck. Zum Glück befreie ich mich heute auf andere Weise von ihm. Ich stehle nicht, ich lüge nicht, ich schwänze nicht die Arbeit, ich zündele nicht. Ich schreibe. Das reicht, um mich, zumindest zeitweilig, vom Druck zu befreien. Was nicht verwunderlich ist, denn heute betrachte ich mein Leben in der Rückschau. Zukunft brauche ich nur fürs Schreiben. Mag auch neuerlich Druck auf mir lasten, die Angst vorm Leben ist nicht mehr groß. Die Frage liegt nahe: Was wollt ihr von mir? Ich gehe, wenn's mir nicht paßt. Ganz schnell. Solch Wissen ist tröstlich.

Ehe ich den Brief zu schreiben begann, dachte ich, meine Veranlagung hat mich für den Schauspielerberuf vorherbestimmt. Ich rede nicht von Begabung, sondern von Homosexualität. Als Jugendlicher ahnte ich, etwas stimmt mit mir nicht. Ich bin *anders*. Das verwirrte mich. Ich floh ins Spiel, denn auch Diebstahl, Zündeln und Selbstmordversuch waren Spiel. Hilferuf und Spiel. Ja. Schauspieler neigen zum Nachahmen, zur Verstellung. So etwas hat mich nie interessiert. Ich wußte, das Talent zur Verstellung ist mir ebensowenig eigen wie die Begabung für Malerei. Ich wollte mich im Spiel verwandeln, bis zur Selbstaufgabe. Jedermann wollte ich sein, nur nicht der, der ich war. Indes ist auch das nicht selten ein Antrieb für Leute, die meinen, sie müßten Schauspieler werden. Der Gedanke kam mir, weil es mich erstaunt, daß ich die Schauspielerei nicht vermisse.

Ich danke Dir für die beiden Ansichtskarten aus Spanien. Eine der Karten klemmt nun an der mattgläsernen Tür meines Küchenschranks.

Kommst Du im Mai oder im Juni nach Berlin? Ich möchte mit Dir flanieren …

Liebes Herzchen!

Was machen, wenn man um 5 Uhr erwacht und nicht wieder einschlafen kann? ... Ich stand auf, frühstückte, turnte ein wenig, duschte und putzte reihum die Fenster. Anschließend kaufte ich auf dem Markt vorm Kosmos-Kino Blumen und pflanzte sie daheim in die Balkonkästen; denn, Herzchen: Der Frühling ist da! Wuchtig ist er ins Land eingefallen. Siehst Du ab und an den Wetterbericht der »Tagesschau«, ja? Dann weißt Du, was hier die Stunde geschlagen hat. Warm ist es wie im vergangenen Mai. Ich hoffe sehr, das Telefon wird läuten und Du verkündest mir, daß Du in Berlin bist. Ich höre, Deine Schwester *urlaubt* im Ausland. Unterdessen darfst Du in ihrer Wohnung logieren. Ich möchte es so; also soll es so sein. Nun, ruf an! Sag, Du bist in Berlin. – Ja, ich weiß, es ist zu einem nicht unwesentlichen Teil eine Frage des Geldes. Ich bin schon still und vertraue auf Dein Improvisationstalent.

Grämen mich auch in meiner Wohnung die Wände in Küche, Bad und hinterem Zimmer, so stimmen mich doch augenblicklich die frisch geputzten Fenster froh. Ebenso froh bin ich, daß ich in meiner Wohnung eine von mir festgelegte Ordnung einhalte. Ich könnte jederzeit jemanden in sie einlassen, ohne mich an der Tür dafür entschuldigen zu müssen, daß sie unaufgeräumt ist. Unordnung gehört zu meinen bedrückenden Kindheitserinnerungen. Grob gesagt, wuchs ich zwischen Stecknadeln auf.

Meine Großmutter war unorganisiert. Gewiß war sie durch uns Enkelkinder überfordert; aber das war es nicht allein. Großmutter neigte dazu, mehrere Dinge gleichzeitig zu tun. Und zum Schluß *blieb alles liegen.* Wie die Stecknadeln.

Neben dem Schlafzimmerfenster stand die Singer-Näh-maschine. Drumherum lagen auf den Stühlen und den Ehebetten zugeschnittene Hosen, aufgetrennte Röcke und abgesteckte Blusen. Wenn mein Bruder Ilja und ich mittags von der Schule heimkamen, war das Essen nicht gekocht. Großmutter hatte, einer Eingebung folgend, an einer Hose weitergenäht. Stecknadeln im Mund, öffnete sie uns die Wohnungstür. Um ihren Hals hing das abgewetzte gelbe Maßband. Die Betten waren nicht gemacht. Die Bettdecken lüfteten auf den Stühlen im Kinderzimmer. An manchem Tag nahmen wir Kinder, wenn wir abends zu Bett gehen wollten, die Bettdecken vom Stuhl.

Stecknadeln im Mund, kochte Großmutter das Mittag-essen oft *zwischen Tür und Angel.* Von der Küche her zischte sie uns Kommandos zu. Wenn wir nicht sofort *parierten,* nahm sie, ehe sie *losbläkte,* die Nadeln aus dem Mund. Sie legte sie ab, wo sie grade stand. Gleich darauf vergaß sie sie. So lagen auf Tischen, Stühlen und Schränken Stecknadeln, und auf den Fußböden lagen Stoffreste, Heftfäden und weiße Schneiderkreide.

Nahm sich Großmutter ein Zimmer der düsteren, fuß-kalten Parterrewohnung *gründlich vor,* so wurde zuvor al-ler *Schurrmurr* vorübergehend in ein anderes Zimmer aus-gelagert. *Vorübergehend* ließ sich in Wochen rechnen. Die Küche glich dauerhaft einem *Schlachtfeld.* Ich liebe Küchen und sitze gern in ihnen. In Küchen kann es anheimelnd friedlich sein. In Großmutters Küche lohnte es nicht, auf solch anheimelnde Stimmung zu warten. Aus dem Schuh-schrank quollen ungeputzte Kinder- und Frauenschuhe. Das Schuhputzzeug lag vor dem Schrank. Ebenso ein Paar, dessen einer Schuh glänzte, der andere würde, falls sich die Zeit dafür fände, vor dem Winter geputzt werden. Auf dem Schuhschrank wässerten in einer Keramikdose Salzheringe.

Gepellte Zwiebeln lagen daneben. Sie sollten der Marinade beigefügt werden, dann aber …

Die Wohnung hatte kein Bad. Eine Wäscheleine spannte sich mehrfach durch die Küche. Auf der Leine hing die kleine Wäsche. Beim Mittagessen klemmten wir am Küchentisch, der gleichzeitig Abwaschtisch war. Hinter der Küchengardine ahnte man den kopfsteingepflasterten Hof. Über unseren Köpfen trockneten die Windeln unseres jüngsten Bruders.

Für die große Wäsche gab es im Keller des Seitengebäudes die Waschküche. Am Waschtag stand Großmutter, wenn wir vom Unterricht heimkamen, wrasenumwallt in der Waschküche. Mit einer langen Stange hievte sie die schwere dampfende Wäsche vom Waschkessel in den aufgebockten Zuber. Großmutter trug Pantinen, Kittelschürze und Kopftuch. Das Kopftuch verdeckte ihre Stirn. Die Brille war beschlagen. Gegessen wurde erst am Abend oder nur *aus der Hand*. Wenn die Weißwäsche gewaschen und je nach der Jahreszeit auf dem Hof oder dem Hausboden getrocknet war, lag sie tagelang gestapelt in der Wohnung. *Auf den letzten Drücker*, bevor Großmutter den Schlüssel für den Kaltmangelraum zurückgeben mußte, wurde sie *gesprengt* und *gezogen*. Schließlich hoben wir den Wäschekorb auf einen alten Kinderwagen und *juckelten* mit ihm unter Großmutters Aufsicht *übers Trottoir* zur Kaltmangel. Auch die gemangelte Wäsche lag tagelang herum, bis sie endlich Platz im Wäscheschrank fand.

Besonders unordentlich war es im Frühjahr und im Herbst. Am Ende des langen Flurs befand sich hinter einem geblümten Vorhang der Hängeboden. Hier stapelten sich Koffer auf Koffer. In ihnen war die Sommer- und die Winterkleidung verstaut. Großmutter holte zweimal im Jahr die Koffer hervor. Plötzlich, und dann über Wochen, standen geöffnete Koffer im Wohnzimmer. Wäsche wurde aus ihnen herausgenommen und auf den Stühlen und Sesseln gestapelt. Nur allmählich füllten sich die Koffer neuerlich mit der für die Saison unbrauchbaren Wäsche.

Neben den Saison-Koffern fanden sich auf dem Hänge-boden Koffer voller Stoffreste, ausgemusterter Mäntel, Kleider und Anzüge – Sachen, aus denen Großmutter *noch etwas machen konnte*, oder Sachen, die sie einst aufgetrennt und zum Teil schon zugeschnitten hatte. Auch der Inhalt dieser Koffer konnte auf Stühlen verteilt werden. Beim Bettenmachen erinnerte sich Großmutter an ein aufgetrenntes Kleid, aus dem sie für die Jungs ganz fix Sommerhemden nähen würde. Großmutter ließ vom Bettenmachen ab, lief zum Hängeboden und suchte den rechten Koffer. Sie ahnte *nur vage*, in welchem das aufgetrennte Kleid lag. Also waren, wenn wir von der Schule heimkamen, sämtliche Reste-Koffer geöffnet.

Auch Frankendorf lenkte Großmutter vom Haushalt ab. Ihre Mutter lebte in Frankendorf. In meiner frühen Kindheit fuhren wir fast jedes zweite Wochenende mit dem Fahrrad dorthin. Großmutter mußte sich um den Garten und den Haushalt ihrer Mutter kümmern. Zu uns Kindern war Urgroßmutter Berner freundlich, nicht jedoch zu ihrer Tochter. Gegenüber der ältesten Tochter war sie herrisch. Und Großmutter *kuschte* vor ihrer Mutter bis zu deren Tod – eine andere Geschichte ...

Wenn wir nicht die vierzehn Kilometer nach Frankendorf fuhren, *marachten wir mal kurz mit dem Rad zum Garten.* Er lag dicht am Ruppiner See und war ein ewiges Ärgernis. Die schwere schwarze Erde war wegen der Nähe des Sees fast das ganze Jahr über für den Kartoffel- und Gemüse-anbau zu feucht. Großmutter aber liebte ihren Garten. Was sie nicht zugab. Sie tat einzig den Nutzen kund. In schäbigen Taschen und Beuteln schleppten wir *den Nutzen* durch die Hauptstraße heimwärts. Dann lagen auch Gemüse und Obst tagelang in der Küche, ehe sie in der Speisekammer und im Keller verschwanden.

Niemals durften wir Spielgefährten in die Wohnung mitbringen. Wie Großmutter selbstkritisch eingestand, hatte sie unter den Betten noch nicht gewischt. Und oben hui und unten pfui kam für sie nicht in Frage. Was sollten die Leute denken?! Weil wir keine Spielgefährten einladen durften, wurden auch wir von ihnen nicht nach Hause eingeladen. Man traf sich auf dem Hof, auf der Straße, auf dem Prinzenplatz, der unserem Mietshaus gegenüberlag, oder vor der Haustür.

Als Großmutter endlich einen Fernseher besaß, flüchteten Ilja und ich in die Fernsehwelt. Anstatt Hausaufgaben zu machen, sahen wir nachmittags die berüchtigten Test-Filme des DDR-Fernsehens. Kaum war der *alte Spielfilm* vorüber, so begann das ARD-Werbefernsehen. Zwischen Werbung und »Abendschau« wurden halbstündige Spiel- und Zeichentrickfilme gezeigt. Ilja und ich saßen am schwarzen Wohnzimmertisch vor den aufgeschlagenen Schulbüchern und schauten fern.

Hin und wieder wurden wir zur Hausarbeit abkommandiert. Großmutter war nicht nur begabt, ihr Chaos zu organisieren, sie verstand es auch, andere Leute in ihrem Chaos untergeordnet zu beschäftigen. Selbst wenn wir im Kinderzimmer zwischen den ungemachten Betten saßen und ernsthaft lernen wollten, waren wir vor Großmutters Kommandos nicht geschützt. Von der Küche her hörte ich: Erwin!!! Im nächsten Moment stieß Großmutter die Tür zum Kinderzimmer auf, erschien ihr Kopf im Zimmer: Geh ma schnell in Keller und hol –! Geh ma schnell auf 'n Hof und hol –! Geh ma schnell nach 'n Milchladen und hol –! Großmutter kam nicht zur Ruhe, und so ließ sie auch uns nicht zur Ruhe kommen. Nur nach dem Abendbrot kam sie zur Ruhe, wenn sie vor dem gedeckten Tisch einschlief. Großmutter *drusselte* ein bißchen. Wir Kinder wetteten, nach welcher Seite ihr grauhaariger Kopf kippen würde. Sobald der Kopf kippte, riefen wir: Oma! Großmutter fuhr erschrocken aus ihrem Kurzschlaf auf. Sie zieh uns: Verfluchte Görn!, ehe sie erneut drusselte.

Unsere Mutter wußte, in welcher Welt sie uns untergebracht hatte. In ihrer Kindheit war ihre Mutter nicht weniger unorganisiert gewesen. Auch sie hatte unter den chaotischen Verhältnissen gelitten. Besuchte sie uns in Neuruppin, was selten geschah, so drang Großmutter vorwurfsvoll fordernd auf sie ein. Stets gab es böse Worte, Tränen und Schreie. Mutter war dagegen machtlos. Sie war von Großmutter abhängig. Die Eltern bezahlten zwar dafür, daß sie für uns sorgte, doch letztendlich erwies Großmutter unserer Mutter einen Gefallen. Wohlgemerkt, unserer Mutter. Unserem Vater, dessen Foto in späteren Jahren ihre *gute Stube* zierte, hätte sie nicht den geringsten Gefallen getan. Der alte Kerl soll sich's Genick brechen! … war eine von Großmutters Redewendungen. Sie konnte es ihrer studierten Tochter nicht verzeihen, daß sie sich *mit einem siebzehn Jahre älteren Habenichts zusammengetan hatte.*

Während Großmutter ihre Tochter in der Küche auszankte, saß Vater vor dem Haus im Auto. Dann gingen wir ihm guten Tag sagen. Oder Vater spazierte in die Hauptstraße zum Lederwarenhändler »Krenz« und ließ sich Reitstiefel anmessen. *Der Weg zu Krenz sich immer lohnt, auch wenn man etwas weiter wohnt* … Den Krenzschen Werbespruch gab Vater zuweilen bei den Mahlzeiten in Schulzenhof zum besten. Ansonsten lehnte er alles, was an Neuruppin erinnerte, harsch ab. Neuruppiner Sitten sind hier nicht gelitten! hieß es, wenn Vater uns Söhnen ein kleinbürgerliches Denken unterstellte.

Gleich allen Neuruppiner Kindern sprachen wir randberliner Dialekt. Manchmal erzählten wir *beeindruckende* Ruppiner Neuigkeiten. Vater konterte sie mit dem obenzitierten Satz: Neuruppiner Sitten −! Großmutter *drehte den Spieß einfach um.* Kamen wir nach einem Schulzenhofer Wochenende zurück und berichteten begeistert von

Vaters Pferden oder von seinem Auto, so sagte sie grantig: Der alte Kerl soll sich –! Irgendwann begriffen wir, daß stets Mißstimmung aufkam, wenn wir in Neuruppin oder in Schulzenhof erzählten, was uns beeindruckt hatte. Und wir begriffen, wie man Wohlgefallen erregte. Wir mußten nur das, was uns beeindruckt hatte, am jeweils anderen Ort verpönen: Stell dia ma vor, Oma, Vata hat sich schon wieda 'n neuet Pferd jekauft! Großmutter schüttelte den Kopf, sie sagte ihren Spruch; gegen uns richtete sich ihre Ablehnung jedoch nicht. Stellt euch ma vor, Oma hat sich schon wieda mit Tante Anni jestrittn! Wegen zwee Pakete Füllinchen, erzählten wir in Schulzenhof. Gesenkten Blicks zischte Vater: Spießbürger! Uns aber ließ er in Ruhe.

So begannen die Lügen. Schutzlügen, die ich mir heute verzeihe. Damals litt ich unter der Unaufrichtigkeit. Bei den Auseinandersetzungen zwischen Großmutter und Mutter stellte sich nicht selten heraus, daß wir Kinder doppelzüngig geredet hatten. Niemand fragte nach den Umständen. Wir wurden sowohl in Schulzenhof als auch in Neuruppin als Lügner verurteilt. In Schulzenhof hieß es, wir wären kleinbürgerlich unehrlich. In Neuruppin drohte Großmutter, sie würde unseretwegen eines Tages ins Wasser gehn. Das Schild um ihrem Hals sollte den Leuten verkünden, wer ihren Tod verschuldet hatte: wir und unsere Eltern.

Bis zu meinem vierzehnten Lebensjahr sehnte ich mich nach Schulzenhof. Schien Vater auch unnahbar zu sein, neigte er auch zu jähen Wutausbrüchen, so war doch das Schulzenhofer Leben geordnet. Alles hatte seinen Platz. Die Zimmer im Fachwerkhaus wirkten freundlich. Man konnte schöne Dinge betrachten. Danach sehnte ich mich. Ich schwänzte die Schule, fälschte Entschuldigungszettel, täuschte Krankheit vor, nur um einen weiteren Tag in Schulzenhof bleiben zu können. Leider mußte ich von uns Brüdern am längsten in Neuruppin ausharren. Großmutter hielt an mir, dem sie den Charakter seines Vaters ausprügeln wollte, fest. Sie fürchtete, wenn auch ich sie verließe, müßte sie die Wohnung aufgeben. Das Wohnungsamt würde einer einzelnen Person eine Dreizimmerwohnung streitig machen. Deshalb ließ Großmutter nur unter Geschrei und Tränen von mir ab. Deshalb war ich, als ich ins Elternhaus übersiedelte, ein ganz undankbarer Patron. Wenig später zog Großmutter in eine kleinere Wohnung. Damit hatte ich aber nichts mehr zu tun. Ich verließ Neuruppin und sah mich nicht um. Ich wußte, Großmutter bedeutet Lüge für mich. Und lügen wollte ich nicht mehr. Selbstverständlich log ich noch einige Jahre. Ich log, bis ich mich auch aus dem strengen Schulzenhofer Gefüge befreit hatte.

Wenn ich mich heute an meine Großmutter erinnere, denke ich, sie hatte kein leichtes Leben. Eine Frau, nahe am Rentenalter, dann im Rentenalter, mußte sich um Kleinkinder und Halbwüchsige kümmern. Arbeitserleichterungen durch eine Waschmaschine, durch Zentralheizung, Kühlschrank und warmes Wasser aus dem Hahn gab es für sie nicht. Der Garten und Urgroßmutter in Frankendorf zehrten zusätzlich von ihrer Kraft. Zeitweilig konnte sie ihre Alltagssorgen nur mit uns Kindern bereden. Großmutter war ein früh in die Einsamkeit gestoßener Mensch. Die Kriegerwitwe Hedwig Braun zog drei eigene Kinder groß, dann wurden ihr Enkel ins Haus gebracht. Das denke ich. Auch erinnere ich mich nun an Großmutters gute Eigenschaften. Sie liebte Blumen und achtete körperliche Arbeit. Sie vermochte bis zum Umfallen zu *rackern*, und manchmal hatte die Frau, die unter ihrer geringen Schulbildung litt, Humor. Ich kann mir Großmutter heute anders denken, das ja. Wenn's aber um Ordnung in meiner Wohnung geht, sage ich: Alles, nur nicht werden wie sie!

Darauf einen Gruß. Herzchen, sei umarmt und gesunde. Hiervon und davon.

Liebes Herzchen!

Den Wunsch, Dinge zu stehlen, kann man niederringen, vorausgesetzt, die Umstände sind nicht so geartet, daß man stehlen *muß*. Auch der Lüge vermag man zu entgehen. Wenn es möglich ist, entfernt man sich, wie ich es einst tat, vom Ort der Lüge. Ja, unter *normalen* Bedingungen kann man auf diese Übel *verzichten*. Freilich bleibt man (ich!) gefährdet. Sollten mich die Lebensumstände abermals an den seelischen Abgrund führen, werden sich die erwähnten Übel meiner wohl wieder bemächtigen. Unter normalen Bedingungen kann ich jedoch die Dieberei und die Lüge intellektuell bezwingen. Ich sage, beides ist verwerflich, und deshalb scheue ich davor zurück. Anders verhält es sich, wenn die seelischen Mißbildungen einen gefühlsmäßigen Ursprung haben. Wenn man zum Beispiel unter »Verlustangst« leidet oder nicht spürt, ob man einer Liebe oder einer Freundschaft vertrauen darf.

Ich schaue auf das, was ich im letzten Brief beschrieben habe, was hauptsächlich meine Kindheit ausmachte: Neuruppin – und bin verblüfft. So habe ich gelebt? In solcher Dumpfheit von Tag zu Tag? In solch kleinbürgerlicher Enge? Ich?! Und eigentlich war alles ärger als beschrieben. Es war so arg, daß ich diesen Teil der Kindheit aus meinem täglichen Erinnern verbannt habe. Mein Leben als der Erwin, der ich zu sein glaube, fing erst auf der Schauspielschule an. Die Ruppiner Zeit gehört zum mißratenen, doch prägenden Lebensauftakt.

Sage ich mißraten, so meine ich mißraten, auch wenn ich weiß, es finden sich unvergleichlich düstrere Kindheiten. Man klagt auch über den eigenen Hunger, obwohl es Menschen gibt, denen der Hunger das Leben raubt. Also sage ich: meine Kindheit war mißraten. Allerdings scheint es wenig angebracht, zu Dir davon zu reden. Du verfügst über ausreichend eigene düstere Kindheit. Sei's drum.

Meine Mutter war jung, schön und gütig. Ich bewunderte sie und wollte ihr nahe sein. Mutter versprach, sie würde uns in Neuruppin besuchen. Ich wartete. Mutter kam nicht. Schriftlich wurde ein neuer Termin genannt. Wieder lief ich durch die düstere Wohnung und wartete. Wieder erschien Mutter nicht. Wenn sie endlich kam, blieb sie nur kurz. Der ungeduldige Ehemann wartete im Auto. – Einmal aber übernachtete Mutter in Neuruppin. Abends bauten wir unter dem Kinderzimmertisch eine Höhle. Begleitet von Großmutters abschätzigen Blicken, hüllte Mutter den Tisch in Wolldecken ein. Wir krochen durch einen Schlitz in die Höhle. Die Stehlampe spendete uns Licht … Daran erinnerte ich mich. Das wollte ich wiederhaben: solche Nähe und Heimlichkeit in der *Unterwelt*.

Wenn Vater Mutter nicht mit dem Auto nach Neuruppin brachte, reiste sie mit dem Zug an. Die Robert-Koch-Straße, in der wir wohnten, zweigt als Seitenstraße von der Hauptstraße ab. An einem Ende der Hauptstraße liegt der Bahnhof Rheinsberger Tor. Dort erwartete ich Mutter. Ich harrte stundenlang dem einfahrenden Zug entgegen. Alle Frauen, die vom Bahnsteig kamen, starrte ich an.

Mußte uns Mutter wieder verlassen, so krallte ich mich an ihrem Mantel fest. Weinend und schreiend hing ich an ihrem Mantel. Mutter zerrte mich durch die Hauptstraße der Kleinstadt, während ich hinter ihrem Rücken flehte, sie solle mich mitnehmen: nach Schulzenhof. Ich rannte dem abfahrenden Zug hinterdrein. Wegen all der verzweifelten Abschiede möchte ich das Rheinsberger Tor noch heute in die Luft sprengen.

Ich war sieben Jahre alt, als mich Großmutter die halbe Bahnstrecke in Richtung Heimat begleitete. Auf dem Bahnhof Herzberg, der Umsteigestation, setzte mich Großmutter in den Zug nach Rheinsberg und kehrte nach Neuruppin zurück. Seit jener Zeit fuhr ich fast jedes Wochenende nach Hause. Von meinem elften Lebensjahr an fuhr ich, wenn das Wetter schön war, an den Wochenenden mit dem Fahrrad nach Schulzenhof. Ich radelte fünfundzwanzig Kilometer durchs märkische Land, um auf das Gehöft der Eltern zu gelangen. Manchmal begleitete mich Ilja. Er hatte aber oft Ärger mit Vater, weshalb er die Heimfahrten scheute.

Wenn ich allein unterwegs war, rang ich die Furcht vor den bedrohlichen Waldtieren singend nieder. Besonders der fünf Kilometer lange Fußweg von der Köpernitzer Bahnstation nach Schulzenhof ängstigte mich. Ich lief, schaute rechts und links in den Wald, hörte es im Unterholz knistern und sang. Heute muß ich lächeln, wenn Eltern erzählen, sie bringen ihre Kinder mit dem Auto zur Schule, weil sie fürchten, ihren *Sprößlingen* könnte auf dem fünfhundert Meter langen Schulweg ein Unheil geschehen.

Wenn ich mich während meiner frühen Jahre in Schulzenhof aufhielt, gab es zwischen Mutter und mir die wahrhaft glücklichen Stunden. Abends durfte ich eine Weile in ihrem Bett liegen. Wir hörten Schallplatten. Mozarts »Kleine Nachtmusik« und Schuberts »Unvollendete« werden für mich bis an mein Lebensende der Inbegriff von Harmonie bleiben. Sommers saß ich am verwitterten Holztisch im Hofgarten. Mutter überdachte den Tisch mit Schilfmatten. So schützte mich meine fürsorgliche Mutter vor der Mittagssonne. Ich saß unterm Schilfdach und malte, und Mutter arbeitete in ihrem Zimmer. Durchs geöffnete Fenster hörte ich die vertraute Schreibmaschine.

Zuweilen gingen wir in den Wäldern spazieren. Einmal verirrten wir uns. Winter war es, hoher Schnee lag. Mutter zauberte aus der Tasche ihres graugrünen Pelzmantels eine

Mandarine hervor. Sie schälte die Mandarine – orangenfarbene Schalen fielen in den Schnee. Ich kaute Mandarinenscheiben; das tröstete mich über die Kälte hinweg.

Auf ihrem Kleiderschrank verwahrte Mutter das *Schmerzensgeld*. Wenn wir Kinder uns gestoßen hatten oder uns ein anderes Mißgeschick widerfahren war, erhielten wir als Trost ein Stück Schokolade: das Schmerzensgeld. Es wäre mir nicht eingefallen, mich unerlaubt von der nach Mutters süßem Parfüm duftenden Schokolade zu bedienen. Ich wollte die Schokolade von Mutter zugeteilt bekommen. Vorausschauend merkte ich mir Mißgeschicke, die es hätten wert sein können, durch ein Schmerzensgeld gelindert zu werden. Ja, das Schulzenhofer Leben war anders als das ungeordnete Leben in Neuruppin. Und dann gab es die Fahrten nach Berlin …

Berlin – meine Sehnsucht von Kindheit an. Wenn ich großes Glück hatte, fuhren Mutter und ich zu zweit nach Berlin. Wir liefen vom Schulzenhofer Gehöft nach Dollgow, wo wir das Postauto bestiegen. Auf seiner Fahrt nach Oranienburg fuhr es Dorf für Dorf an – eine zickzackwegige Reise. Ich genoß die lange Fahrt, denn ich kannte ihr Ziel. Von Oranienburg aus fuhren wir mit der S-Bahn weiter. In der S-Bahn lehrte mich Mutter: Man spricht nicht laut, sobald andere Fahrgäste im Abteil sind. Und hält die S-Bahn an, so flüstert man.

Mutter hatte in Berlin beruflich zu tun. Sie mußte den Schriftstellerverband oder den Aufbau-Verlag aufsuchen. Auch nahm sie an *Sitzungen* teil. Ich saß derweil in der Wohnung der Eltern an Mutters Schreibtisch. Durchs Fenster schaute ich auf all die bunten Autos, die über die Frankfurter Allee nach Westberlin fuhren. Bei leisem Motorengebrumm erträumte ich mein künftiges Großstadtleben. Wenn ich lange auf Mutters Rückkehr warten mußte, ließ ich Kerzenwachs ins wassergefüllte Waschbecken oder auf alte Oberhemden-Pappen tropfen. Ich zeichnete Wachsfiguren. Oder ich suchte in Mutters Papierkorb nach ausländischen Briefmarken. Wie auch immer ich die Zeit überstand, mein Warten wurde belohnt. Sobald Mutter ihre beruflichen Dinge erledigt hatte, fuhren wir mit der U-Bahn zum »Haus des Kindes« am Strausberger Platz. Oder wir kauften im dreiteiligen *langen Laden* an der Frankfurter Allee für Schulzenhof Lebensmittel ein. Und zur Schneiderin durfte ich Mutter begleiten.

Um diese Berlinfahrten bettelte ich. Mutter versprach sie mir, wie sie mir versprach, daß auch ich eines Tages dauerhaft in Schulzenhof leben würde. Wie sie mir in späteren Jahren versprach, wir würden uns am vereinbarten Tag in der Berliner Wohnung treffen. Am vereinbarten Tag saß ich, der nunmehr erwachsene Sohn, in der Wohnung der Eltern, und übers Telefon erfuhr ich, Mutter würde nicht nach Berlin kommen. Etwas sei *dazwischengekommen*. Wie oft habe ich das am Telefon gehört. Wie oft bin ich vertröstet worden. Mutter hatte freilich für ihre nicht eingehaltenen Versprechen stets wichtige Gründe: Vater, Arbeit, Besuch oder Krankheit … Mir aber bescherten die Absagen das, was die Psychologie »Verlustangst« nennt. »Verlustangst« belastete meine Lieben. Wenn ich vermutete, eine Liebe könnte nicht dauerhaft sein, beendete ich sie. Heißt, ich gab manch einer Liebe keine Chance.

Mutter erinnert sich heute vor allem an die glücklichen Zeiten meiner Kindheit. Sobald Unangenehmes auftaucht, trifft Vater die Schuld daran. Mehr und mehr sieht sich Mutter als Opfer. Ganz so kann es nicht gewesen sein. Sie war zwar jung, doch erwachsen, und sie hätte ahnen müssen, wen ihre Entscheidungen mitbetrafen.

Es geht nicht ums Verurteilen. Es geht nicht ums Beurteilen. Es geht darum, wie es war. Um dauerhafte Angst geht es und um einen seelischen Schaden, den mir all die Enttäuschungen zugefügt haben. Oft weiß ich nicht, ob ich einer Liebe, die mir entgegengebracht wird, trauen kann.

Ich zweifle an. Zumeist im stillen. Wenn ich keine Antwort in mir finde, fordere ich Reaktionen heraus. Sie sollen mir zeigen, was der andere für mich empfindet. Das ist schauderhaft. Sowohl die Unsicherheit als auch die Provokation. Am ärgsten ist: ich kann mein Mißtrauen nicht intellektuell bändigen wie das Stehlen und Lügen. Ich scheine diesem Mißtrauen ein Leben lang ausgeliefert zu sein. Seit ich begriffen habe, wie ich *funktioniere*, bevorzuge ich die Einsamkeit. Der Einsame verletzt niemanden, und auch er wird nicht verletzt.

Meine schöne Mutter. – Ich höre von anderen und erfahre es als Ohrenzeuge am Telefon, Mutter schluckt noch immer süchtig machende Beruhigungsmittel. Und das Buch, das sie über ihr Leben und ihre Ehe mit Vater schreiben wollte, wird es nicht geben … Zahlt Mutter den Preis für eine Lebenslüge? Nicht nur Vater wollte ein literarisches Werk schaffen, auch sie wollte sich eine literarische Existenz erdichten. Das schränkte unser Familienleben ein. Vater wußte es, er gab es zu. Mutter hingegen benötigt den Buhmann. – Und ich? Ich mied von Anbeginn die Nähe zu meinen unehelichen Söhnen. Ich wollte sie nur ein einziges Mal enttäuschen. Das war die Lehre, die ich aus meiner Kindheit gezogen hatte. Wahrlich, keine bessere Lösung, aber möglicherweise eine weniger schmerzvolle.

Sei umarmt und für Deinen langen Brief bedankt. Ich sinne auf Antwort …

Ach, mein Herzchen!

Nahst Du nicht im Mai, so will ich Dich im Juni in Berlin erwarten. Zuvor laß Dir für den schönen Brief danken.

Es freut mich, daß Du zur Zeit – ich schreibe absichtsvoll zur Zeit! – die Malerei zum Gradmesser Deiner Tage machst und Dich dem Züricher Nachtleben ein wenig entziehst. Ich weiß, dabei kann es nicht bleiben. Irgend etwas stößt einen plötzlich von der Arbeit ab; oder man verzagt, weil sich eine Idee nicht umsetzen läßt. Dankbar greift man in solchen Momenten auf die gewohnte Ablenkung zurück. Selbst wenn sie einem, wie mir inzwischen die Schwulen-Szene, mißfällt.

Ein Abszeß. Schon wieder, möchte ich sagen. Mehr kann ich nicht sagen. Doch: Du dauerst mich. Und ich hoffe wie Du, der Krankenhausaufenthalt soll Dir diesmal erspart bleiben. Obendrein hat Dich, wie mir Reto am Telefon erzählte, eine Grippe ins Bett gezwungen. Wenn Dich mein Brief erreicht, wirst Du zumindest die Grippe überstanden haben.

Deine Mutter hat Dir während Deines Aufenthalts in Würzburg zugesetzt. Du schreibst, Du hättest ihr gern etwas zu ihrem zänkischen, fordernden Wesen gesagt, hättest Dich aber zu kraftlos gefühlt. Herzchen, es ist besser, zu schweigen. Auch an Tagen, da man über Kraft verfügt. In Rede und Gegenrede gibt es weitere Vorwürfe und Anschuldigungen. Verständnis oder Einsicht gibt es nicht. Man vergrößert nur den Berg von belastenden Erinnerungen. Wozu soll das gut sein? Am besten ist's, man ist freundlich und geht seiner Wege. Man benimmt sich gegeneinander wie zivilisierte Fremde. So las ich es unlängst in einem Buch. Das klingt bitter, mag aber die rechte Lösung sein. Ich ahne allerdings, weshalb Dir Deine Mutter zugesetzt hat. Das bedeutet nicht, ich würde ihre Ausfälle gegen Dich gutheißen. – Genug. Sei froh, daß Dir Reto zur Seite ist. Ich nenne es einen Glücksfall. Verdreh nur die Augen, weil Ihr vielleicht gerade miteinander in Unfrieden lebt. Letztendlich habe ich recht; Du weißt es. – Gut, genaugenommen darf ich nicht urteilen. Ich kenne Reto zu wenig. Über die Entfernung hinweg vermeine ich jedoch zu spüren, daß er gut für Dich ist. Nun, auch Du bist gut für Reto. Das wollen wir nicht vergessen. Ende der Allerweltsweisheiten.

Zu den absonderlichsten Erfahrungen meiner Jugend gehört jene, die mir mein Halbjahreszeugnis der siebenten Klasse brachte.

Ilja wechselte mit dem Beginn der neunten Klasse an die Woltersdorfer Schule. Sein Zeugnis war schlecht ausgefallen. Die Eltern fürchteten, wenn sie ihn weiter unter Großmutters Aufsicht beließen, könnte er schon bald als »versetzungsgefährdet« gelten. Dem beugten sie vor, indem sie ihn nach Schulzenhof holten und auf eine Landschule schickten. Dem zwei Jahre älteren Ilja widerfuhr, was ich mir ersehnte.

Ein Vierteljahr vor dem nächsten Zeugnis fragte ich Mutter, ob die Eltern auch mich, wenn ich schlechte Noten vorzuweisen hätte, nach Schulzenhof holen würden. Mutters Antwort lautete ja. Es fiel mir nicht schwer, in meinen schulischen Leistungen besorgniserregend nachzulassen.

Im Februar, kurz vor der Zeugnisausgabe, kam Mutter für ein paar Stunden nach Neuruppin. Ich sehe uns in der Winterkälte die Hauptstraße entlanglaufen. Ich könnte noch heute die Stelle auf dem Bürgersteig zeigen, wo wir standen, als ich mich bei Mutter vergewisserte, ob ein schlechtes Zeugnis tatsächlich meine Übersiedlung nach Schulzenhof zur Folge hätte. Da nun sagte Mutter, und sie mochte in Gedanken mit anderen Dingen beschäftigt gewesen sein:

Nein, du mußt ein gutes Zeugnis haben, dann holen wir dich heim.

Am Tag der Zeugnisausgabe nahm ich entgegen, was ich mir absichtlich zugefügt hatte. Wie in Trance lief ich zum Postamt. Ich trat an eines der wachstuchbespannten Stehpulte, zog das Zeugnisheft aus der Schulmappe, öffnete es, hob den Federhalter aus dem zum Pult gehörenden Tintenfaß und fing an, die Halbjahreszensuren zu verbessern. Ich kästelte die verheerenden Vieren und Fünfen ein. Anschließend übermalte ich die Kästchen. Hinter ihnen krakelte ich mit dem mir ungewohnten Federhalter Phantasiezensuren. Was Fünf war, wurde Vier. Was Vier war, wurde in eine Drei umbenannt. Ich wollte kein glanzvolles Zeugnis. Ich wollte eines, das mir den Weg nach Schulzenhof ermöglichte. Ein Schulerlebnis kam mir für meinen Betrug zustatten: Unser Klassenlehrer hatte beim Zeugnisschreiben versehentlich durchgängig Zahlen aus einer anderen Spalte des linierten Klassenbuchs in das Zeugnisheft eines Schülers übertragen. Das Zeugnis mußte korrigiert werden. Freilich nicht derart erbärmlich, wie ich es auf dem Postamt tat. Aber die Geschichte der vertauschten Zensuren ließ sich glaubhaft vortragen – zumindest vor den Eltern.

Dank dem gefälschten Zeugnis gelang mir der Schulwechsel. Auch stieg ich an der neuen Schule zum guten Schüler auf. Mein Ganzjahreszeugnis zierten sieben Einsen. Mir wurde allerdings nur eine Abschrift ausgehändigt. Man hatte mein Zeugnisheft noch vor den Sommerferien an die Neuruppiner Schule geschickt: Die Neuruppiner Kollegen sollten die unsachgemäße Korrektur bestätigen. Es war ein Sommer, den ich, je mehr das neue Schuljahr nahte, gleichsam auf einem Pulverfaß verlebte. Dann, zum Ende der Ferien hin, gestand ich Mutter die Tat. Sie schickte mich zum Landschuldirektor. Ich sollte ihm meine Verfehlung bekennen. Der Direktor fütterte Kaninchen, als ich den Schulhof betrat. Er sagte, er habe mich schon erwartet.

Als Folge meiner »Urkundenfälschung« erhielt ich im Zeugnisheft einen Tadel, und meine Note für »Gesamtverhalten« wurde von einer Eins auf eine Vier herabgesetzt. Kein Mitschüler erfuhr die Geschichte. Die Lehrer der Menzer Schule hatten von sich aus versprochen zu schweigen. Ein Dummejungenstreich, über dessen Hintergründe ich den Lehrern gegenüber nichts verlauten ließ. Vielleicht ahnten sie etwas und zeigten sich deshalb nachsichtig.

Die Geschichte wurde dennoch ruchbar. Eine Jung-Lehrerin war zu schüchtern, in der Dorfschule zu unterrichten. Sie war in Menz angereist und wagte sich nicht aus der Wohnung. Der Direktor sandte eine Schülerabordnung. Sie sollte der Verängstigten zeigen, daß auch Menzer Jugendliche nur einen Kopf und zwei Beine hatten. Die Lehrerin fand die ihr vorgeführten Schüler annehmbar; allein in der Klasse, der sie vorstehen sollte, würde sie auch auf den Strittmatter-Sohn, auf den Zeugnisfälscher, treffen … Anderntags kannten alle Schüler der Menzer Schule meine Geschichte. Von nun an war ich der mit den zwei Köpfen und den vier Beinen. So wurde ich begafft. Die Jung-Lehrerin aber reiste ab, ohne in der Schule gesehen worden zu sein.

Ich will es meinem Vater zugute halten, daß er mir in diesem Fall die Vorwürfe ersparte. Schule war Vater verdächtig. Und Lehrer wurde, wer zu keinem anderen Beruf taugte. Auch hatte sich Vater in seiner Schulzeit selbst gegen die Schulordnung vergangen. Den Eltern gestand ich, weshalb ich das Zeugnis gefälscht hatte. Behaupteten sie auch, ich würde zur Lüge neigen, so mußten sie mir diesmal den Zweck meiner Lüge anrechnen.

Mutter konnte sich schon nach wenigen Jahren nicht mehr daran erinnern, in welche Bedrängnis sie mich gebracht hatte. Wenn ich unser Gespräch auf der Neuruppiner Hauptstraße erwähnte, zeigte sie sich nun über ihre widerrufene Zusage verblüfft. Ja, Mutter hatte wohl an anderes gedacht, als sie mir ein gutes Zeugnis abverlangte.

Wirklich bemerkenswert an der Geschichte ist: die Lüge beförderte mich an den gewünschten Ort, und sie machte mich zum guten Schüler. In Neuruppin hätte mir der Ruf, ein schlechter Schüler zu sein, den Weg zur Eins versperrt.

Heute erstaunt mich, wie zäh ich meine Übersiedlung nach Schulzenhof vorangetrieben habe.

18. 5. 2001

Ohne überlegen zu müssen, kann ich sagen, ich verdanke meinen Eltern meine künstlerischen Neigungen, die Liebe zur Literatur, den Sinn für häusliche Ordnung, das Wissen um Gastfreundschaft, meinen Farbgeschmack, und gewiß findet sich noch mehr. Noch immer gilt, was ich während eines Fernsehinterviews gesagt habe. Ich wurde gefragt, wem ich Dank schulde. Nach kurzem Zögern antwortete ich: Meinen Eltern ... Ja, meinen Eltern schulde ich Dank! Auch heute will ich ihre Verdienste nicht schmälern. Doch will ich das Bedrückende nicht länger umschweigen. In jenem Interview ließ ich es unbenannt – ich wollte Mutter nicht kränken. Heute sage ich, meine Eltern, besonders Vater, haben meine Existenz auch nachteilig beeinflußt. Wenn ich auf die schwärzeste Schulzenhofer Zeit blicke, möchte ich das, was ich erlebt habe und worin ich abhängig eingebunden war, das *System Schulzenhof* nennen. Und wieder mag ich nicht der gewesen sein, dem das geschehen ist.

Die Türen. Sie mußten geräuschlos geschlossen werden. Vater arbeitete, oder er arbeitete nicht. Egal. Die Türen mußten geräuschlos geschlossen werden.

Laufen. Im Haus mußte auf Zehenspitzen gelaufen werden. Vater arbeitete, oder er arbeitete nicht. Egal. Es wurde durchs Haus auf Zehenspitzen gelaufen. Selbst als Vater nicht mehr im alten Haus arbeitete, als er in die geräumige Stallstube übergesiedelt war, wurde durchs Haus auf Zehenspitzen gelaufen. Gleichsam geschwebt wurde durchs Haus und über den Hof nach dem Mittagessen. Die Eltern hielten Mittagsschlaf. Auch wenn Vater in dieser Zeit nur ruhte und las – zu schweben empfahl sich allemal.

Pünktlich. Mittagessen um 12 Uhr, Abendbrot um 18 Uhr. Tag für Tag. Glücklicherweise blieb uns Kindern das Frühstück oft erspart. Morgens zog es Vater vor, mit Mutter allein zu sein. Bei den anderen Mahlzeiten und dem Teetrinken am Nachmittag bevorzugte er es ebenfalls, allein zu sein. Das aber war ein inneres Alleinsein. Wir Kinder konnten am Tisch sitzen – Vater nahm uns nicht wahr. Vorausgesetzt, wir schwiegen. Vater war mit seiner Schreibarbeit beschäftigt. Er dachte nach … Beklommen schauten wir auf unsere Teller, hilflos spähten wir zum Küchenfenster hinaus. Wir aßen mehr, als wir wollten, denn uns vom Tisch entfernen, weil wir satt waren – und wir waren rasch gesättigt –, das durften wir nicht.

Wie oft stand ich zehn Minuten vor zwölf im Kinderzimmer. Meine Hände umfaßten die weiße Stuhllehne. Der Stuhl mußte in die Küche getragen werden. Die Küche im alten Haus war klein, es fehlte an Platz für den vierten Stuhl. Ich umkrampfte die weiße Lehne und starrte durchs Kinderzimmerfenster auf den Hof. Über den Hof würde Vater kommen. Zehn Minuten vor zwölf. Er würde den Pferdestall inspizieren, und er würde auf dem Dachboden vom alten Haus die Tauben füttern. Nähme er sich die Zeit, nach den Kaninchen zu schauen? Gab es in den Kaninchenställen etwas zu beanstanden? Wie war Vaters Laune? Wenn er beim Laufen den Kopf gesenkt hielt, drohte Kritik.

Vater kam über den Hof. Er klopfte die Pantinen am Treppenrost ab. Mein Atem verkürzte sich. Die Haustür wurde geöffnet, wurde geschlossen. Vater – nein, welch Glück, er schaute nicht ins Kinderzimmer. Er ließ von uns ab. Vorerst. Vater lief den Flur entlang. Er bewegte den Riegel der Bodentür. Auf der untersten Treppenstufe stand hinter der Tür griffbereit der Wassertopf. Vater öffnete die Küchentür. Man hörte ihn den Wasserhahn auf- und zudrehen. Dann stieg er die Bodentreppe zum Taubenschlag hinauf. Er würde den Tauben – seinen Tauben – Körner und frisches Wasser geben. Jetzt war der rechte Augenblick, um mit dem Stuhl über den Flur in die Küche zu laufen.

Auch in der Küche stand ich hinter dem Stuhl. Wieder umfaßte ich die Lehne und wartete. Ich sah die Brüder oder Mutter an. Sie war am Kochherd beschäftigt. Teller und Bestecke befanden sich bereits auf dem Tisch. Wir Söhne hatten den Tisch gedeckt, denn wir halfen in der Küche; danach aber waren wir ins Kinderzimmer geflüchtet, bevor Vater nahte. Wir hatten uns unsichtbar gemacht. Jeder auf seine Weise. Jeder, so gut er konnte. Jeder, sosehr er mußte … Stehend harrten wir am Küchentisch und hörten die Schritte auf dem Dachboden. Die Schritte kamen die Treppe herab, oder sie näherten sich der Bodenstube. Die Tür konnte geöffnet werden. Kontrolle auch hier? … Bitte nicht! Die Schritte näherten sich der Bodentreppe. Sie kamen die Stufen herab auf uns zu. Der Wassertopf wurde abgestellt, die Bodentür wurde verriegelt. Mein Atem war gänzlich flach. Die Hände schwitzten. Wohin sollte ich schauen? Wohin?

Vater betrat die Küche. Er nahm wortlos auf dem weinroten Sofa an der Stirnseite des Tisches Platz. Nun durften auch wir Söhne uns setzen. Vater zog die Mütze vom Kopf oder den Strohhut oder das Käppi, er hüstelte, sah aufs Wachstuch und wurde bedient. Nein, er wurde *interviewt*. Mutter, die Köchin, bot ihm Essensvarianten an, sie unterbreitete Vorschläge. Wenn Vater gut gelaunt war, ließ er sich mit Mutter auf ein Gespräch ein. Beliebte er zu schweigen, so nickte er ihre Angebote nur ab. Oder er schüttelte den Kopf. Sowohl die Auswahl der Gerichte als auch ihre Zubereitung wurde Vaters Vorlieben angepaßt. Nebenher gab es Menüvarianten, die sich aus Essensresten der Vortage zusammensetzten. Was auch immer man sich aus Mutters Essensangebot wünschte, man mußte darauf achten, nicht um ein Gericht zu bitten, das schnell verzehrt sein würde.

Es war unangenehm, nach kurzer Zeit vor dem geleerten Teller zu sitzen. Womit sollte man sich beschäftigen, derweil Vater aß? Man mußte gewärtig sein, er könnte bemerken, daß man unbeschäftigt war. Er konnte einem eine Frage stellen. Je nach seiner Stimmung konnte es eine die letzte Luft raubende Frage sein.

Vater aß einige Löffel Suppe oder etwas Fleisch und ein Stück Kartoffel. Wenn er den größten Hunger gestillt hatte, hob er den Blick und schaute in die Runde. Nicht lange. Schon hatte er sich ein Bild gemacht von *dieser Gesellschaft*. War Vater mißgestimmt, so genügte ihm ein kurzer Blick, um den zu erkennen, den er für den derzeitigen Unruhestifter oder für den augenblicklichen Versager hielt. Man zählte im stillen bis zehn, dann erfolgte der *Schuß*.

Der Schuß konnte sich als Frage, er konnte sich ebensogut als Feststellung tarnen. Über sein Essen gebeugt, sagte Vater mit dünnster Stimme: Das Grünfutter für die Kaninchen reicht nicht bis morgen. Oder er fragte fast tonlos: Warum wurden die Regentonnen nicht gereinigt? Ob Frage oder Feststellung, wir wurden nicht angesehen. Es war auch nicht nötig. Jeder und vor allem der *Delinquent* wußte, auf wen der Schuß zielte. Der Übeltäter errötete, er rang um Antwort. Jetzt erst schaute Vater ihn an. Es konnte auch sein, der Antwort folgte nur eine wegwerfende Handbewegung: Aus – tot! Der Befragte war *erledigt*. Das weitere Essen glich einem Würgen.

Wir verfügten selbstverständlich dank jahrelanger Erfahrung über Verteidigungsstrategien. Kaum saß Vater am Tisch, erzählten wir heitere Begebenheiten aus der Nachbarschaft oder von den Haustieren. Das konnte beschwichtigen, konnte manchmal auch ablenken. Mutter und Bruder Matthes waren im Ersinnen von Beschwichtigungen geschickt. Ilja aber neigte zum Stottern, und auch ich brachte Beschwichtigungsversuche eher tölpelhaft vor.

Freilich konnte alles auch ganz anders kommen. Vater erschien gut gelaunt in der Küche. Er hatte erfolgreich geschrieben. Er setzte sich, und indem er sich setzte, begann er mit Mutter zu scherzen. Oder er stellte dem *Oberflunkerer* Matthes eine erheiternde Frage: Was macht Affe Wilmke? … Noch ehe der Flunkerer eine Antwort erfunden hatte, erzählte Vater mit klangvoller Stimme aus seinem geschichtenträchtigen Leben. Wir lachten befreit. Ein Tag war gerettet. Zumindest bis zum Abendbrot oder wenigstens bis zum nachmittäglichen Teetrinken. Die Mutigen wagten Fragen, und ich selbst war dankbar, wenn ich spürte, daß ich bei dieser Mahlzeit für Vater gleichsam unsichtbar war. Ja, mein vornehmlicher Traum in jener Zeit war der von einer Tarnkappe. Ließen sich die gemeinsamen Mahlzeiten auch nicht vermeiden, so wäre es doch hilfreich, wenn ich tatsächlich unsichtbar am Tisch säße. Obendrein könnte ich meine Unlust zeigen.

Hatte Vater sein Mahl beendet und war er mit Mutters Essen zufrieden, so blieb er auf dem Sofa sitzen und sah zu, wie wir den Tisch abräumten, Geschirr abwuschen, Essensreste zu den Hunden und Töpfe in den Keller trugen. Vater mochte dann für Mutter den Inhalt eines Leserbriefes zitieren, den er am selben Tag erhalten hatte. Oder er kitzelte die kleinen Brüder. Ihm den Rücken zugewandt, beugte ich mich übers Abwaschwasser. So war es gut. Doch jeder Griff nach rechts und links zeigte ihm mein Profil. Verriet es, was ich dachte? Ich mußte vorsichtig sein. Selbst nach dem Essen konnte es Vater einfallen, einen zu fragen, ob man *Laune habe*. Nein, nein, war die hastige Antwort. Ich denke über Schularbeiten nach. So viele Jahre später ekelt mich meine Beflissenheit, mein Wohlwollen erheischendes Lachen.

Wenn die Küche gesäubert, alles im Schrank, im Keller und im Hundenapf war, erhob sich Vater vom Sofa. Er griff nach der Mütze, dem Strohhut oder dem Käppi. Man wünschte Vater, den die Brüder und Mutter *das Väterchen* nannten, allseits einen geruhsamen Mittagsschlaf. Schon hielt ich wieder die weiße Stuhllehne umfaßt. Vater hüstelte, dann verließ er die Küche. – Ein Mensch, wie der von mir beschriebene, ahnte er, wieviel Angst er verbreitete?

Vater lief über den Flur. Er öffnete die Haustür und schloß sie hinter sich. Wir hörten, wie sich seine Holzpantinen entfernten. Ich eilte vorsichtshalber mit dem Stuhl ins Kinderzimmer. Von der Gardine verborgen, spähte ich durchs Fenster. Ging Vater geradewegs über den Hof? Öffnete er die mattgläserne Tür vom Pferdestall, hinter der die Treppe zu seinem Arbeitszimmer hinaufführte? Oder inspizierte er weiter das Gehöft? Oder kehrte er gar zurück? – Furcht.

Furcht auch, Vater am Nachmittag auf dem Gehöft zu begegnen, bevor er ausritt oder wenn er vom Ausritt heimkehrte. Furcht. Was sollte man sagen, wenn man ihm gegenüberstand? Mutter, die vermitteln, die beschwichtigen konnte, war nicht in der Nähe. Für Ilja und mich empfahl es sich, stets einen Grund zur Hand zu haben, weshalb wir uns an dieser Stelle des Hofes oder des Hauses aufhielten. Es empfahl sich, daß wir über einen *Arbeitsnachweis* verfügten. Vater, der, wie Mutter einst treffend bemerkt hat, ungern körperlich arbeitete, verdächtigte seine älteren Söhne der Faulenzerei. Faulenzerei duldete er ebensowenig wie Stromverschwendung. Es kam vor, daß Vater abends die Kinderzimmertür öffnete und uns, die wir im Bett lagen und lasen, wortlos das Licht ausschaltete. Das geschah aber selten. Immer hingegen mußten wir die Frage nach dem, was wir gerade taten, erwarten. Um sich solche Fragen zu ersparen, teilte Vater uns älteren Söhnen Aufgaben zu, denen wir uns nicht entziehen konnten. Auch am Wochenende und an den Feiertagen mußten sie erledigt werden, ehe wir das Gehöft verlassen und uns, sofern wir sie hatten, zu unseren Verabredungen einfinden konnten. Am Wochenende und an Tagen, wenn wichtiger Besuch nahte, mußte das Gehöft gereinigt werden. Wir älteren Söhne zogen mit dem Kehrbesen sichtbare Linien über den spärlichen Hofrasen und über den märkischen Sand. Arbeitsspuren. Sie besagten: Schau her, man hat dir Genüge getan! Vor dem Gehöft, auf dem Hof und auf dem Hinterhof wurde geharkt.

Neben den gemeinschaftlich zu erledigenden Aufgaben gab es personengebundene Dienste. Mir fiel die Pflege der Kaninchen zu. Ich liebte die Kaninchen, doch wollte ich in meiner Liebe nicht bevormundet werden. Auch Vaters Pferde liebte ich. Leider lebte ich mit ihnen in einem Einvernehmen, das Vater nicht guthieß. Pferde, wie alle Haustiere, waren für mich verzauberte Menschen. Zu Pferden, Kaninchen und Meerschweinchen konnte ich reden. Wenn mich niemand verstand – die Tiere taten es. Ich sprach zu Vaters Pferden, und sie schauten mich an und spitzten die Ohren. Was die Pferde antworteten, verriet mir meine Phantasie. Vater sah sich gegenüber den Pferden als *Herr und Meister*. Pferde mußten abgerichtet werden, sie mußten sich dem menschlichen Willen beugen, danach konnte man gut zu ihnen sein. Vater, die Führernatur. Der Patriarch. Allein schon, daß Vater kritisierte, wie ich mit seinen Pferden umging, verleidete mir das Schulzenhofer Leben. Mehr noch bedrückte mich das Schuldgefühl, Vater könnte denken, ich sei zu nichts nutze. Noch als Erwachsener hatte ich ein schlechtes Gewissen, wenn ich nachmittags unter der Hofbirke saß und las. Sah mich Vater nach dem Mittagsschlaf auf der Bank unter der Birke sitzen, so begann ich zu schwitzen. Glaubte er noch immer, daß ich faulenzte? Ganz werde ich dieses Schuldgefühl nie verlieren, wenn ich in Schulzenhof bin.

Gegen die Diktatur auf dem Gehöft stand die Landschaft. Ich mußte nur die Hoftür öffnen und gelangte augenblicklich in die Freiheit. Ich fühle mich der märkischen Landschaft verbunden. Denke ich an Heimat, so sehe ich die Wiesen um Schulzenhof, die Wälder und Seen vor mir. Und die Sandwege. Hier bin ich gelaufen. Einst sogar barfuß.

Hier habe ich gesungen. Laut. Hier erträumte ich mir die Schauspielerei. Hier suchte ich Pilze, sammelte ich Blaubeeren. Das aber liegt bereits nahe am Nützlichen. Wenn ich mit Blaubeeren oder Pilzen heimkam, lobte mich Vater. Ich sammelte jedoch Blaubeeren und Pilze, weil ich mich in den Wäldern frei fühlte und mich meinen Gedanken überlassen konnte.

Auch die Heuernte hätte eine angenehme Beschäftigung sein können. Leider brachte Vater zumeist üble Laune mit auf die Sommerwiese. Er wollte nicht Heu machen, er wollte schreiben. Das Grasmähen, Heuwenden und Heueinfahren ließ sich aber nicht aufschieben. Wir waren von Sonne, Wind und Regen abhängig. Jede Hand wurde in diesen Tagen gebraucht. Und jedesmal endete es in Aufregung und Ärger: eine Heufuhre kippte um; jemand verletzte sich an einer Forke; unerwartet regnete es.

Nicht weniger dramatisch als bei der Heuernte ging es zu, wenn die Ponyfohlen aufs Gehöft heimgeholt wurden.

Die Ponyherde war den Sommer über auf einer entlegenen Wiese eingezäunt. Man mußte nur einmal am Tag nach den Ponys sehen. Nun aber wurden die Stuten und ihre drei Monate alten Fohlen heimgeholt. Bevor Vater sie verkaufen konnte, mußten die Fohlen von den Mutterstuten »entwöhnt« werden.

Wir fuhren mit dem Pferdewagen zur Koppel. Die Mutterstuten wurden von der restlichen Herde getrennt und eingefangen. Während der Rückfahrt saßen Ilja und ich auf dem hinteren Teil der Ladefläche des Pferdewagens. Wir hielten die gehalfterten Stuten an Leinen. Die Fohlen rannten dem Wagen durch den staubigen Sand hinterdrein. Auf halbem Wege entsannen sie sich der Herde. Sie kehrten um und verschwanden in einer Staubwolke. Wenn wir Pech hatten, und meist hatten wir Pech, mußten wir bis zur Koppel zurückfahren. Die vor dem Weidezaun umherirrenden Fohlen erblickten die Mutterstuten und folgten ihnen erneut in Richtung Gehöft. – Wie habe ich diese Fahrten verwünscht.

Sofern sich Vater an derartigen Unternehmungen beteiligte, unterhielt er sich mit Onkel Arthur, seinem Pferdemeister. Oder er scherzte mit Klein Matthes, der zwischen ihm und Onkel Arthur auf dem Kutschbock saß. Zu Ilja und mir sprach Vater auf diesen Fahrten nicht. Die älteren Söhne waren Kleinstädter. Sie wußten nichts vom Landleben, sie kannten kaum Vögel und Bäume beim Namen. Die älteren Söhne waren der *Anhang* auf der Ladefläche.

Je mehr sich das Fuhrwerk dem Gehöft näherte, um so störrischer wurden die Ponystuten. Sie verlangsamten den Schritt und ließen sich von uns ziehen. Das Leinenleder schnitt uns in die Handflächen oder schnürte uns die Handgelenke ab. Wir erduldeten es stumm, und ich verabscheute die Ponys, die Gespräche auf dem Kutschbock, die Hitze und den Staub. Unsere Mitschüler trafen sich am See; Ilja und ich zogen derweil halsstarrige Stuten heimwärts. Wir schluckten Staub und wurden zurechtgewiesen. – Mein erstes Rendezvous fiel aus. Sonntagvormittag waren die Schulfreundin und ich am Menzer Dorfrand verabredet. Sie wartete ... Ich kam nicht, weil ich Kaninchenställe ausmisten mußte. Erkläre das einer Vierzehnjährigen!

Zu den häuslichen Obliegenheiten zählte auch das Autowaschen. Dachten wir, ein Wochenende sei ohne zusätzliche Pflichten, so hieß es beim Frühstück: Das Auto muß gewaschen werden ... Eine fragwürdige Aufgabe, denn Vater nahm uns nur ungern in *seinem* Auto mit. All die Jahre, als Ilja und ich an den Wochenenden von Neuruppin nach Schulzenhof gekommen waren, hatte sich Vater meistens geweigert, uns von der Köpernitzer Bahnstation abzuholen oder uns am Sonntagabend dorthin zu bringen. Er hatte nicht *für die Herren Söhne den Chauffeur spielen wollen* – sein Auto waschen durften die Herren Söhne.

Eine andere Aufgabe, die mir zufiel, war der Einkauf im

Dorf-Konsum. Mutter schrieb die Einkaufsliste. Ich verteilte leere Milch- und Brauseflaschen auf Taschen und Beutel und hängte sie ans Fahrrad. Unter leisem Flaschengeklirr radelte ich zum Hauptdorf, in dem sich der Gemischtwarenladen, der Konsum, befand.

Ich stand im Dollgower Konsum und wartete, bis die Dorffrauen und die Verkäuferin ihr Gespräch beendet hatten oder es wenigstens unterbrachen. Von den Dorffrauen beobachtet, arbeitete ich die Einkaufsliste ab. Ich liebte die Gerüche im Dorf-Konsum; die neugierigen Blicke und Spötteleien, die meinem umfangreichen Einkauf galten, waren mir unangenehm. Die gefüllten Taschen und Beutel an der Lenkstange und auf dem Gepäckträger, fuhr ich heimwärts. Durchs Dorf, den Berg hinab, am Wiesental entlang, Schulzenhof und Vaters Gehöft im Blick. Weißes Haus, weiße Scheune – auch eine *Sommerattraktion.* Alle paar Jahre wurden die Haus- und Scheunenwände geweißt. Die Türen, Fensterläden, Kaninchen- und Hühnerställe wurden rot, die Holzzäune und das Hoftor wurden grün gestrichen. Und wer malte? In jener Zeit zumeist ich.

Ich strich auch die Küche im alten Haus. An jenem Augusttag 1968, als aus den Nachrichten bekannt wurde, daß die Warschauer-Pakt-Staaten in die ČSSR einmarschierten, waren die Eltern und die jüngeren Geschwister auf einer *Lese*-Reise. Unterdessen strich ich die Küchendecke, die Wände und den Fußboden. Ich wartete auf eine Musiksendung im Fernsehen. Von Stunde zu Stunde wurde »Viele Lieder kennt der Wind« verschoben. Das Ost- und das West-Fernsehen berichteten erschreckend ernst von den Ereignissen in der ČSSR. Ich malte bis in die Nacht und fürchtete den Militärdienst. Fünfzehn Jahre war ich alt.

Vornehmlich strich ich im Sommer jedoch Zäune, Fensterläden und Türen. Unser Maler arbeitet, sagte Vater, wenn er sich nachmittags zum Ausritt rüstete und die Araberstute aus dem Pferdestall führte. Ich arbeitete, das hob

Vaters Laune. Also kommentierte er mein Tun: Unser Maler arbeitet!

Für Maler-, Stall- und Erntearbeiten erhielten wir einen Stundenlohn. Ilja und ich *schrieben Stunden*. Nach der beendeten Arbeit händigten wir Vater die Rechnungen aus. Dann *zückte* der Patriarch das Portemonnaie … Unser Taschengeld war gering: zwei Mark in der Woche. Wir mußten dazuverdienen, wenn wir uns Wünsche erfüllen wollten. Am liebsten verdiente ich Geld durchs Blaubeerpflücken. Ich brachte die Blaubeeren ins Dorf zur »Aufkaufstelle«. Vom Blaubeergeld kaufte ich mein erstes Radio.

Standen nicht Hofdienste oder Einkäufe an, so gab es Arbeit im Haushalt. Bereits eingeklemmt in das Korsett zeitlich festgeschriebener Mahlzeiten, mußten in der kalten Jahreszeit nach dem Frühstück, sofern sich nicht Tante Ilse und Onkel Arthur in diese Arbeiten reinteilten, Holz und Kohlen aus dem Schuppen geholt und die Öfen im Haus und im Pferdestall geheizt werden. An Sommerabenden waren die Blumenrabatten am Haus zu wässern. Sonntags und montags hatte Mutters Haushaltshilfe Tante Ilse frei. An diesen Tagen saugte und wischte ich in allen Zimmern Staub. Am späten Vormittag holte ich Kartoffeln aus dem Pferdestallkeller und schälte sie. Weil ich mich im Haushalt geschickter als Ilja anstellte, fielen die meisten Küchenhilfsdienste mir zu. Später übernahm Matthes solche Aufgaben. Da aber hatte ich mich längst von Schulzenhof entfernt.

Gegen all die häuslichen Dienste ließe sich nichts vorbringen, hätte sie nicht die Furcht begleitet, man könnte etwas falsch gemacht oder einen Auftrag vergessen haben und dadurch den Tagesablauf stören. Denn darum ging es hauptsächlich: um den reibungslosen Ablauf des Schulzenhofer Lebens, um Vaters Schreiben. Erst kommt die Arbeit, dann kommen die Freunde, dann kommt die Familie, hatte Mutter einst gesagt. Wie ihr wohl heute ein solcher Satz gefiele? Ihr, die das System Schulzenhof geschaffen und es aufrechterhalten hatte. Ein System, das der Herrschsucht Raum gab.

Oft litt auch Mutter unter Vaters Despotie, unter seinen Stimmungen, Ungerechtigkeiten, Vorhaltungen und Zornesausbrüchen. Ich sehe Mutter im alten Haus auf der Truhe neben ihrem Bett sitzen. Weinend verspricht sie uns Kindern, daß sie sich von Vater trennen wird. Wir trösten uns gegenseitig. Wir klagen über den ungerechten Mann in der Stallstube.

Anderntags ist alles wie gewohnt. Es ist Sonntag. Mutter dringt früh um sieben darauf, daß wir aufstehen. Besuch hat sich für den Nachmittag angesagt. Das Haus und das Anwesen sollen in Ordnung gebracht werden. Auch könnte es Vater verärgern, wenn er sähe, daß wir noch im Bett liegen. In Wahrheit sollten die hauswirtschaftlichen Dinge rasch erledigt werden, weil auch Mutter schreiben wollte. Aber das gestand sie nur selten ein.

Habe ich all das aufgeschrieben, so behaupte ich, alles hat sich, zumindest aus meiner Sicht, so zugetragen. Das war der Schulzenhofer Alltag. Wohlgemerkt, der Alltag. Wenn er wirklich so ausgesehen hat, fragt es sich, warum ich mich von Neuruppin fortgesehnt hatte. Weshalb hatte ich bei den Eltern sein wollen? Das System Schulzenhof hatte bereits existiert, bevor ich auf dem Gehöft lebte. In den Jahren, als ich an den Wochenenden oder in den Schulferien heimgekommen war, hatte ich es kennengelernt. Johanna beantwortete die Frage mit einer Gegenfrage: Warum wollen Kinder, die von ihren Eltern geschlagen wurden, nicht ins Heim, sondern zurück ins Elternhaus? Mir hingegen fällt ein: ich lebte Traum. Ich tat oder tat nicht, was ich tun sollte, und träumte. Schulzenhof war und ist für mich der ideale Ort zum Träumen. Nicht aber ist es für mich der ideale Ort zum Leben. Damals wie heute nicht.

28. 5. 2001

Herzchen, entschuldige! Der *Doppelbrief* hat mehr Zeit beansprucht als geplant. Ich hoffe, Du hast die Grippe und
den Abszeß auskuriert. Ja? …

Ich möchte Dir ein Buch empfehlen: »Nackt« von David
Sedaris. Es finden sich zwar einige Geschmacklosigkeiten im
Text. Doch ist »Nackt« *unser* Buch; denn es ist dreist, wider-
borstig, witzig, selbstironisch und untergründig schwul. –
Vielleicht kennst Du Sedaris schon?

Liebes Herzchen!

Gleich ist der Mai vorüber. Die schönen Tage sind mir wie Butterblumensamen aus der Hand geweht.

Tagsüber saß ich am »Brief-Tagebuch«. Ich korrigierte teils bewußt, teils mechanisch. Ich frage mich, warum ich jetzt über meine Kindheit schreibe. Fürchte ich, die Erinnerungen könnten demnächst verblassen? ... Eine andere Frage macht mich auch um Antwort verlegen. Habe ich das Recht, all das aufzuschreiben? Gelangen meine Kindheitserinnerungen irgendwann an die Öffentlichkeit, so wird man mich der Nestbeschmutzerei bezichtigen. Vielleicht unterstellt man mir sogar Rachsucht. Nein, ich will mich nicht *rächen*. Ich will notieren, wie es war. Wie es für *mich* war. Auf mehr sinne ich nicht. Aber möglicherweise ist das schon zuviel. Ich weiß es nicht. Ich spüre nur, es muß jetzt sein.

Schreiben ist ein Kampf um Freiheit. Freiheit des Inhalts und der Form und die Freiheit, dann arbeiten zu dürfen, wenn man glaubt, daß man *gerade jetzt* gut schreiben kann. Ah, da ist wieder das Wort »man« ... Ich komme gleich darauf zurück. Heute erkenne ich den Zwiespalt, in dem sich meine Eltern befanden. Sie wollten in künstlerischer Freiheit leben, und trotzdem sollte es eine Familie geben. Mutter wünschte sich eine Familie; davon bin ich überzeugt. Ob sich Vater nach zwei mißglückten Ehen abermals eine Familie wünschte, bezweifle ich. Vielleicht tue ich ihm unrecht. Gewiß war ihm in späteren Jahren, als ihm der literarische Erfolg sicher war und er schon einiges von dem, was er schreiben wollte, geschrieben hatte, an einer Familie

58

gelegen. Seinen Sohn Matthes liebte er etliche Jahre, und Jakob, dem Jüngsten, hielt er allzeit die Treue.

Gegen die Familie stand das Reglement. Ein Freiberufler bedarf eines Reglements. Auch ich reglementiere meinen Alltag. Täte ich es nicht, so käme ich mit dem Schreiben nicht voran. Nahe am Reglement liegt das Ritual. Hier nun wird die Sache gefährlich, sobald Kinder zum Haushalt gehören. Wenn ein Erwachsener über anderer Leute Rituale nicht sonderlich nachdenken will, bezeichnet er sie im stillen als Eigenheiten oder als Absonderlichkeiten. Ein Kind hingegen kommt nur schwer mit Ritualen zurecht, geschweige denn mit einem ritualisierten Leben. So aber nahmen wir das System Schulzenhof wahr.

Vaters Alltag, der das Familienleben bestimmte, war durchweg ritualisiert. Und um solch ein Leben noch zu erschweren, veränderten sich seine Rituale von Zeit zu Zeit. Ein Beispiel: Bevor Vater zum Abendessen kam, legten wir sein Stullenbrett, sein Messer, seine Serviette, sein Knäckebrot und seinen Süßstoff an den dafür bestimmten Platz. Das war die Anordnung auf dem Tisch, die wir einhalten mußten. Wehe dem, der einige Zeit nicht in Schulzenhof verbracht hatte und der trotzdem beim Tischdecken helfen wollte. Das ist nicht Vaters Tasse! … Doch nicht diese! rief Mutter. Vater benutzt schon seit längerem eine goldumrandete Teetasse! Wenn wir uns beeilen mußten, konnte einem die falsche Tasse aus der Hand gerissen werden. Ein Erwachsener schüttelt den Kopf und denkt: Absonderlichkeit! … Ein Jugendlicher sieht sich aus dem Familienalltag ausgegrenzt. Man ist verstört und läßt die Hände vom Haushalt. – Gut, nun reicht es. Kaum schreibe ich über jene Zeit, gleich schiebt sich das Wort »man« in den Text. Das hat mich, als ich den Brief durchsah, in dem ich ein Schulzenhofer Mittagessen beschrieb, verblüfft: dort, wo im Text »ich« hätte stehen müssen, lese ich »man«. Ich spürte zwar beim Schreiben, wie nahe mir ging, was ich beschrieb. Auch hatte ich im Text geäußert, ich wäre an diesen Mahlzeiten lieber nicht beteiligt gewesen. Daß ich mich aber durch ein unpersönliches »man« ersetzen würde, wohl in der Hoffnung, ich könnte dadurch die Scham, dabeigewesen zu sein, verringern, erstaunt mich. Hier findet sich auch der Grund, weshalb ich meine, es ist an der Zeit, jene Jahre zu schildern. – Was mir so nie geschehen ist und was mich irritiert: ich begegne mir schreibend als jemand wieder, der ich nicht gewesen sein möchte, und deshalb tarne ich mich, um mich nicht fortwährend zu kränken, durch dieses »man«. Anders verhält es sich nicht. – Genug des Psychologisierens.

Ich schrieb es im letzten Brief: Schulzenhof war und ist ein Ort zum Träumen. Ich muß mich berichtigen. Derzeit vermeide ich es, in Schulzenhof zu träumen. Der Grund dürfte Dir bekannt sein. Ich will ihn nicht erklären ... Damals träumte ich jedoch. Ich weiß nicht, wie es Dir mit Deiner Kindheit und Jugend ergeht. Erinnerst Du Dich an bestimmte Träume, an bestimmte Gedanken? Ich entsinne mich eher an Situationen, an Szenerien. Und nur von Ausnahmesituationen sind mir Sätze geläufig. Sie aber sind mir unvergeßlich.

Ich hatte meine Plätze, an denen ich unauffindbar war, wo ich mich gegen das System Schulzenhof totstellen konnte. Ich hörte Vater, Mutter, Onkel Arthur, Tante Ilse oder die Brüder nach mir rufen – ich antwortete nicht, denn ich befand mich an einem geschützten Ort in einer anderen Welt. Die Dachstube im alten Haus war solch ein Ort. Daß ich mich in der Dachstube aufhalten könnte, wurde erst vermutet, als ich mich dort offiziell einquartiert hatte. Zuvor war Vaters einstiges Arbeitszimmer jahrelang unbewohnt geblieben.

Ich saß in der Dachstube und blätterte in alten Zeitschriften. Sofern ich nicht den »Filmspiegel« las, war »Das Magazin« die von mir bevorzugte Zeitschrift. Die Eltern hatten das schwer erhältliche »Magazin« und den »Filmspiegel« abonniert. In beiden Zeitschriften fand ich Artikel über das, was ich werden wollte. Nein, ich fand Artikel über das, was ich unbedingt sein würde. Seit meinem siebenten Lebensjahr wußte ich, ich würde Schauspieler sein. Ich war eines Tages durch Tausch in den Besitz einer »Starpostkarte« der Schauspielerin Christel Bodenstein gekommen. Ich fing an, »Starpostkarten« zu sammeln. In den Schulzenhofer Jahren wuchs meine Sammlung auf vierhundert Karten an. Ich kannte nicht nur die Namen der abgebildeten Schauspieler, ich konnte auch ihre Filme hersagen; sie waren mitsamt ihrem Entstehungsjahr auf den Kartenrückseiten abgedruckt. Die »Starpostkarten« auf dem Schoß, schaute ich durchs Dachstubenfenster in den Himmel und prüfte mein Wissen über die Schauspieler und ihre Filme. Wenn ich mich ausgiebig examiniert hatte, sann ich darüber, welche Handlung sich wohl hinter einem Filmtitel verbarg. Später, in meiner Schauspielerzeit, habe ich manchmal beim Filmen eine Drehpause genutzt und einen älteren Kollegen nach dem Inhalt eines Films gefragt, dessen Titel ich auf seiner »Starpostkarte« gelesen hatte. Meine Wißbegier hat den älteren Kollegen geschmeichelt.

Schauspieler würde ich sein; doch vornehmlich wollte ich Schlagersänger werden – in einem *literarischen Elternhaus* ein peinlicher Wunsch. Unangebracht. Natürlich ... Also verschwieg ich ihn, was mich nicht davon abhielt, im Wald, in den Wiesen, am See, auf dem Schulweg, auf den Einkaufsfahrten und auch daheim zu singen.

So wie ich die Filme *meiner* »Starpostkarten«-Schauspieler auswendig kannte, konnte ich auch die Titel-Nominierungen der Hitparaden aufsagen. Ich hörte allerdings vornehmlich deutsche Schlager. Beatles-Songs beispielsweise empfand ich im Radio als störend. Woche für Woche verfolgte ich die »Tipp«-Sendungen des Radios. »Schlager-Revue«,

»Amiga-Cocktail« und was der Rundfunk außerdem an Schlagersendungen anzubieten hatte. Ich hörte alles, kannte alles. Ilja machte mich rasend, wenn er einen im Rundfunk gespielten Schlager kommentierte: Da singt wieder *die Dings* ... Wie konnte jemand derart ungebildet sein! Nun ja, das war Ilja. Er interessierte sich für Motoren und für Fahrtenmesser – Gegenstände, die mir genauso gleichgültig waren wie Mathematik, Physik und der Werkunterricht.

Nein, Herzchen, ich war nicht nur *trivial*. Ich hörte auch Gisela May Brecht-Lieder singen. Ich hörte *die* May singen und sang mit ihr. Im Haus mußte ich leise singen. Waren die Eltern und die Brüder jedoch auswärts, so erwiesen sich die Zimmer, obwohl sie klein und ihre Decken niedrig waren, als beeindruckende Akustikräume. In den Dämmerstunden fand ich vor allem im Wohnzimmer zu ungeahnt ekstatischen Tönen.

Meine größte Verehrung galt Esther Ofarim, einer Sängerin, die Du nicht kennen wirst. Du bist zu jung. Leider, möchte ich sagen. Esther Ofarim war damals berühmt. Sie und ihr Mann Abi sangen Chansons, Folklore und manchmal auch Schlager. Die Ofarims sangen deutsch, englisch, französisch und spanisch. Und eigentlich sangen wir zu dritt. Möge Gott mir ersparen, je hören zu müssen, was ich auf englisch, französisch und spanisch zusammengesungen habe.

Ein wunderbarer Platz zum Singen war die Manege. Sie lag am Ende des Grundstücks in einem Zaunverschlag. Ein Rund wie im Zirkus. Onkel Arthur und Vater longierten dort die Araberstuten oder andere Pferde, die zu gut im Futter standen. Ansonsten wurde die Manege wenig genutzt. Es sei denn, Erwin-Esther-Abi Ofarim hatte abends in der von Sternen beschienenen Manege einen *großen Auftritt*.

Neben dem Grundstück ist die Wiese. Zweimal im Jahr weideten Kühe auf ihr. Sobald ich zu singen anhob, näherten sie sich dem Grundstückszaun. In gebührendem

Abstand bestaunten große feuchte Kuhaugen den Sänger. Mein Lieber, ein aufmerksameres Publikum habe ich in späteren Jahren kaum erlebt.

Kehrte ich sangesberauscht ins Haus zurück und fühlte ich mich gar von meinem Können überwältigt, so konnte es geschehen, daß die Eltern in der Küche saßen und ich Vater sagen hörte: Jemand hat in den Wiesen gebrüllt ... Kann es eine größere Schmach geben? Ich sang wochenlang nur noch im Wald. Auch wenn ich mich heute über meine Sangeslust amüsiere, achte ich doch die Hingabe, mit der ich gesungen habe.

Vater erfuhr zufällig, daß ich Schauspieler werden wollte. Er nahm den Wunsch anfangs nicht ernst. Dann mußte ich hören, *die Strittmatters* würden zur Schauspielerei nicht taugen. Es sprach der einstige Laienschauspieler Strittmatter, der in der Jugend sein darstellerisches Talent auf Lausitzer Wirtshausbühnen getestet und es letztendlich als bühnenuntauglich eingestuft hatte. Als Vater merkte, daß ich von meinem Wunsch nicht ablassen würde, machte er ihn lächerlich.

Besuch saß im alten Haus. Ich kam, wie von den Eltern gefordert, ins Wohnzimmer, um die Gäste zu begrüßen. Noch ehe ich den Tisch erreicht hatte, verkündete Vater: Und das ist unser Sohn, der Schauspieler werden will! ... Er hätte genausogut sagen können: Und das ist unser Sohn, der schwachsinnig ist! Die Gäste hätten mich nicht weniger mitleidig betrachtet. Seit jener Zeit vermied ich es, die Besucher der Eltern zu begrüßen. Ich hielt mich besonders zurück, wenn Theater- oder Filmleute nach Schulzenhof kamen. Das hinderte Vater nicht, mich weiterhin vorzuführen.

Das Dokumentarfilmer-Ehepaar Thorndike besuchte die Eltern. Schon wollten Thorndikes heimfahren. Ich saß im Kinderzimmer und hörte, wie sie mit Vater zusammen das Wohnzimmer verließen und über den Flur liefen. Einer Ahnung folgend, verbarg ich mich in der Nische zwischen dem

Kleiderschrank und der Wand. Vater öffnete die Tür, sah ins Kinderzimmer, kam ins Kinderzimmer – was unüblich war – und entdeckte mich hinter dem Schrank. Er zog mich aus der Nische hervor und sagte seinen Satz:

Und das ist unser Sohn, der Schauspieler werden will!

Selbst die wohlwollenden Worte des alten Herrn Thorndike: Wenn einer *so* aussieht, kann ich den Wunsch verstehn, minderten die Kränkung, die ich durch Vater erlitten hatte, nicht.

Sie wurde auch dadurch nicht geringer, daß mir Vater jeden Monat den Spielplan vom Deutschen Theater überreichte. Anfang der 60er Jahre war dort sein Theaterstück »Die Holländerbraut« uraufgeführt worden. Seitdem schickte man ihm den Spielplan. Da, hab ich bekommen, sagte Vater und legte ihn auf den Küchentisch. Auch diese Faltblätter studierte und sammelte ich. Um die Wahrheit zu sagen, ich besitze sie, wie auch einen Teil der »Starpostkarten«-Sammlung, noch heute.

Ich sang, tanzte, dachte über die Schauspielerei nach und las. Ja, ich konnte mich in eine andere Welt lesen. Von Mutter beeinflußt, las ich russische Belletristik: Puschkin, Gogol, Tolstoi, Turgenjew, Tschechow und die Gegenwartsautoren. Ich las auch Shakespeare, dessen Sprache mich in der Übersetzung von Schlegel und Tieck faszinierte, wenngleich ich vom Inhalt der Verse wenig verstand.

Es war anheimelnd, im Doppelstockbett zu liegen und zu lesen. Besonders im Winter spann ich mich in Lektüre ein. Die beiden blaugestrichenen Doppelstockbetten nahmen eine Wand des Kinderzimmers ein. Ich schlief in einem der oberen Betten. Ilja und Matthes *bewohnten* die unteren Betten, die Kojen. Das vierte, für Jakob geplante Bett blieb unbenutzt. Jakob lebte von Anbeginn auf der anderen Flurseite in einem kleinen Zimmer, einer ehemaligen Küche, das ursprünglich durch eine Tür mit Mutters Zimmer verbunden gewesen war. Nun war die Tür auf der einen Seite hinter einem Vorhang und auf der anderen Seite hinter einem Bücherregal verborgen. Die stillgelegte Tür ermöglichte es Jakob und Mutter, sich *durch die Wand* zu unterhalten.

Wie bereits an anderer Stelle erwähnt, besitzt Mutter die Gabe, Räume wohnlich einzurichten. Jedes Zimmer hatte seine eigene Atmosphäre, doch alle wie auch die Küche und der Flur harmonierten miteinander. Ländlich war das alte Haus ausgestattet, dem war etwas russisches Kolorit beigegeben. Vor allem aber hatte jegliches Ding, im Gegensatz zum Neuruppiner Alltag, seinen Platz.

Mutter hielt uns auch im Kinderzimmer zur Ordnung an. Jeder Sohn besaß ein Fach im blauen Kleiderschrank, ein kleines Bücherregal und ein Schubfach unter den Doppelstockbetten. Das reichte aus. Mir jedenfalls reichte es aus. Und es hätte alles gut sein können, wenn nicht, ja wenn nicht …

Ilja begeisterte sich für Motoren, er *schnickerte* mit dem Taschenmesser, trug einen Cowboyhut und hielt sich für Old Shatterhand. Matthes nannte eine Modelleisenbahn, einen Försterhut und eine kleine Tabakspfeife sein eigen. Matthes, der *Förster*, ging in den Wald zu seinen Freunden, den Waldarbeitern. Ich fotografierte, entwickelte Filme und fertigte Linolschnitte von Schauspielerinnen an. Ich backte Kuchen und züchtete Kaninchen und Meerschweinchen. Ich gärtnerte. Und ich verkleidete mich. Den fünf Jahre jüngeren Matthes überredete ich zum gemeinsamen Theaterspiel. Wir errichteten auf dem Hausflur zwischen Truhe und Wandspiegel unser Theater. Dank Mutters *freundlicher Unterstützung* besaßen wir sogar einen Bühnenvorhang. Mehrere schwenkbare Bürolampen dienten als Lichtanlage. Das Publikum, das aus Mutter, Jakob und, sofern er uns gnädig gesinnt war, aus Ilja bestand, saß auf den unteren Stufen der Bodentreppe. *Unter meiner Regie* führten wir die Geschichte vom »Bruder Rabbit« auf.

Wir spielten auf anderthalb Quadratmetern, wie der Hase Rabbit das »Teerbaby« findet. Kaum gaben wir uns im engen Bühnenraum dem unserem *Drama* gebührenden Ausdruck hin, so rannte Klein Jakob in die Dekoration und beharrte darauf, mitspielen zu dürfen, was wir empört ablehnten. Aber das Publikum – Mutter! – sprach zu Jakobs Gunsten. *Mutterchen, wo ist mein Kostüm?* wurde für lange Zeit ein oft zitierter Satz am Eßtisch. Bei dem geforderten Kostüm handelte es sich um eine viel zu große Schürze. Jakob hatte in solcher Kostümierung in unserer Aufführung nichts zu suchen. Dennoch schenkte ich dem kleinen Bruder einen Satz, den er beflissen, aber stets im ungünstigen Augenblick aufsagte. Schließlich war Matthes und mir das Theaterspiel verleidet. Ich baute die Bühne ab und saß wieder auf der nackten Holztruhe, von wo aus ich in den großen Wand-spiegel starrte.

Das war eine meiner Lieblingsbeschäftigungen. Wenn ich mich unbeobachtet wußte, übte ich den *inneren Ausdruck*. Ich verführte mich mit Hilfe von Erinnerungen zum Lächeln. Oder ich dachte mir tragische Geschehnisse aus, die mir die Tränen in die Augen trieben – eine Übung, die mir leichter glückte als ein Lachanfall. Mehrmals ließ ich die gesamte Familie sterben …

Ich *schaufühlte* vor dem Spiegel, genoß den wechselnden Gesichtsausdruck und fand mich herausragend interessant. So befriedigte ich meine Eigenliebe und meinen Hang zum Spiel. Und so vermied ich die Gedanken an die Schule und an Vater. Neuerdings brachte er zum Abendbrot Zeitungs-ausschnitte mit. Den einen Abend mußte Ilja, den anderen Abend mußte ich vorlesen, was Vater ausgeschnitten hatte: populärwissenschaftliche Texte, in denen Fremdwörter vor-kamen. Wir hätten auch ohne die vielen Fremdwörter ge-stottert. Sowohl Ilja als auch ich vermochten nicht fließend laut zu lesen. Vater hatte es entdeckt und wollte uns helfen. Er bedachte nicht, daß jemand, dem lautes Lesen eine Qual ist, sich vermehrt quält, wenn er einer Person vorlesen muß, deren Gegenwart ihn einschüchtert. Die Marter am Eßtisch erreichte eine neue Qualität.

Ich war froh, als ich die Winterzeit in der Villa der Rheinsberger Arztfamilie Geiger verbringen durfte. Das ersparte mir weiteres Vorlesen, und es ersparte mir die täglichen Radfahrten zur Oberschule – über Winter war der Weg *durch den Busch* nach Rheinsberg anstrengend. Und wieder kam ich nur an den Wochenenden aufs Gehöft der Eltern. Und sieht man von den Monaten bis zum nächsten Sommer ab, in denen ich abermals mit dem Rad zur Schule fuhr, so blieb es bis zur elften Klasse dabei, denn während der zehnten Klasse lebte ich im Rheinsberger Schulinternat.

Weder das Leben im Hause Geiger noch das Leben im Internat half meinen schulischen Leistungen auf. Ich verlor gänzlich den Ehrgeiz, der an der Menzer Schule einen guten Schüler aus mir gemacht hatte. Mein Wunsch war die Schauspielerei, und mein Wunsch war es, die Schule nach dem Abschluß der zehnten Klasse zu verlassen. Vater verweigerte mir den Schulabgang. Er drohte, mir kein Stipendium zu zahlen, sollte ich die Schule ohne Abitur beenden. Dem Sohn eines Gutverdieners stand kein Stipendium zu. Wollte ich Schauspiel studieren, so wäre ich auf Vaters finanzielle Unterstützung angewiesen gewesen. Also beugte ich mich seiner Forderung; doch bewarb ich mich im November 1969 heimlich an der Berliner Schauspielschule. Ebenso heimlich übte ich »Vorsprechrollen«. Soviel hatte ich aus den einschlägigen Zeitungen erfahren: Für die Eignungsprüfung an der Schauspielschule benötigte man »Vorsprechrollen«. Ich wußte aber nicht, welche Rolle zu mir paßte. In meiner Unwissenheit lernte ich einen Monolog des Molierischen »Don Juan« auswendig.

In der Nähe vom Rheinsberger Schulinternat lag zwischen Grundstücken eine Schneise zum See hin. Dort stand ich im

Abenddunkel im hohen Schnee und sprach zum erstenmal laut Bühnenworte, dort übte ich *meinen* »Don Juan«. Ich, der ich noch nie etwas von Zungenküssen gehört hatte, ließ mich großspurig über Liebeshändel aus. Zusätzlich übte ich eine Rolle ein, die aus einem russischen Gegenwartsstück stammte und die eher meinem Alter und meiner sexuellen Kenntnis entsprach.

»Don Juan« wurde bei der Eignungsprüfung verlacht. Als ich die zweite Rolle »vorgesprochen« hatte, beschied mir die Jury, man könne nicht beurteilen, ob ich begabt sei; darum rate man mir, in zwei Jahren erneut »vorzusprechen« – ich sei noch so jung.

Künstlerisch abgeschmettert, wollte ich mich vor die Berliner S-Bahn schmeißen. Dann entschied ich, aus Rache für die erlittene Niederlage ohne Fahrschein S-Bahn zu fahren. Ich wurde als Schwarzfahrer entdeckt und mußte fünf Mark Strafe zahlen, was ich gerecht fand.

Wieder saß ich hoffnungslos in der Schulbank. Links und rechts wehte Lehrstoff an mir vorüber. Selbst der Chemieunterricht begeisterte mich nicht mehr. Weil mir der junge Chemielehrer gefiel, hatte ich für die mündliche Abschlußprüfung der zehnten Klasse die Chemiebücher sämtlicher Jahrgänge auswendig gelernt. Das hatte mir zu einer anständigen Prüfungsnote und zu einer gewissen Begeisterung für chemische Reaktionen verholfen. Nun verlor ich auch dieses Interesse. Ich wollte fort. Doch wohin? ... Ich war zum Warten verdammt. Zwischen meinen Mitschülern, zwischen den *Opportunisten*.

Ich hatte von Anfang an wenig Kontakt zu ihnen gehabt. Alle anderen waren entweder zusammen in Rheinsberg zur Grundschule gegangen, oder sie waren von den Landschulen als Gruppen zur Oberschule gekommen. Nur ich war allein von der Menzer Schule an die Rheinsberger Oberschule übergewechselt, und es wollten sich zwischen mir und den Jungen meiner Klasse keine Gemeinsamkeiten

finden. Unsere Mädchen wiederum waren in erste Liebe-
leien verstrickt, oder sie waren dem schulischen Ehrgeiz verfallen. Für einen linkischen, nur in Literatur bewanderten
Jungen interessierte sich niemand. Hinzu kam, daß sich der
Außenseiter Strittmatter gegen seine Mitschüler aufgelehnt
hatte.

Im Sommer nach dem Abschluß der neunten Klasse waren wir Schüler verpflichtet worden, ins »Lager für Arbeit
und Erholung« zu fahren. Herzchen, sag selbst, es klingt
nach »Kraft durch Freude«. Der Name weckt Mißtrauen.

Wir kamen, ohne einen Lehrer als Begleitung, in Lucken-
walde bei Berlin an. Vierzehn Tage würden wir »für eine
Initiative der Freien Deutschen Jugend« Wälder roden. Ein
»hauptamtlicher« FDJ-Sekretär empfing uns in einer über
Sommer leerstehenden Schule. Der untersetzte Kerl im
Blauhemd führte uns in ein Klassenzimmer, in dem wir auf
Luftmatratzen nächtigen sollten. Wir hatten uns kaum auf
den Matratzen niedergelassen, als die erste Schnapsflasche
von Mund zu Mund gereicht wurde. Das *Blauhemd* gefiel
sich gegenüber den Mädchen in anzüglichen Bemerkungen.
Ich war der »FDJ-Maßnahme« nur widerwillig gefolgt. Jetzt
erlebte ich, wie sich Jugendliche betranken. Zoten hörte ich
und Saufgesänge. Ich zog mir die Decke über den Kopf und
beschloß, anderntags abzureisen.

Am nächsten Morgen wollten die noch alkoholbenebel-
ten Schüler zur Waldarbeit fahren. Ich aber trug meinen
Koffer die Treppe hinab. Der *Abtrünnige* wurde entdeckt.
Das Blauhemd versuchte mich aufzuhalten. Ich widersetzte
mich. Da rief er meine Mitschüler herbei, die ihm das
nächtliche Gelage zu Kumpanen gemacht hatte. Ich flüchtete mit dem Koffer in die Toilette und verriegelte sie. Das
Blauhemd und die Mitschüler schlugen gegen die Tür. Ich
wurde beschimpft.

Endlich ließ man von mir ab. Der Lastwagen, der die
Schüler und das Blauhemd zur Waldarbeit bringen sollte,

würde nicht warten …Ich lief ungehindert zur Bushalte-stelle. Ein Bus kam – ich stieg ein und fuhr heim.

Wenn ich in jenem Sommer meinen Mitschülern auf den Rheinsberger Straßen begegnete, schauten sie weg oder sie drohten mir mit der Faust. Auch mein späterer Freund Michael blickte zur Seite, als ich ihm begegnete.

Das Schuljahr begann. Die Stimmung im Klassenzimmer war seltsam. Es wurde getuschelt. Mich ließ man in Ruhe. Die Tür öffnete sich, und der Schuldirektor, der Klassen-lehrer und ein Funktionär der FDJ-Kreisleitung betraten den Raum. Der Direktor gestand den Schülern mit Bedau-ern, daß in den Schulferien ein *Malheur* geschehen sei. Der FDJ-Sekretär habe den Verdienst der Schüler veruntreut. Er sei flüchtig, hörten wir. Die Schüler empörten sich laut. Es stellte sich heraus, sie hatten einen teilweise verminten Wald gerodet. Munition vom benachbarten russischen Schießplatz war explodiert. Die Detonationen hatten einen Waldbrand entfacht … Und nun mußten die Schüler erfah-ren, daß ein FDJ-Sekretär sie um ihren Verdienst geprellt hatte. Der Direktor und der Klassenlehrer zuckten ratlos die Schultern. Der Funktionär der Kreisleitung versprach, die FDJ würde den finanziellen Schaden begleichen.

Ich erinnere mich nicht mehr, wer mich zuerst fragte, wo-her ich gewußt hätte, daß *die Sache faul sei* … Zumeist war die Frage von einem neidischen Ton unterlegt: Wir lassen mit unserem Leben spielen, und der da reist ab und packt sich zu Hause auf die faule Haut.

Die Geschichte, für die sich meine Mitschüler bei mir hätten entschuldigen müssen, hatte mich in der Klasse noch mehr zum Außenseiter gemacht. Dagegen kam auch die Freundschaft mit Michael nicht an. Ich paßte nicht ins *Rheinsberger Bild.*

Aber kehren wir nach Schulzenhof zurück. Die Eltern beka-men in jenen Jahren oft und viel Besuch. Meistens erschien er unangemeldet zur Mittagszeit. Wenn es nach einem gewöhnlichen Sonntag aussah, erscholl plötzlich der Ruf: Ein Auto steht vor dem Hoftor! ... Die Brüder oder ich hatte es erspäht. Wir ließen die unangemeldeten Gäste aufs Gehöft. Mutter änderte sofort ihr Essensprogramm. Darin war sie meisterhaft. Nie, wirklich niemals ging jemand unbeköstigt vom Hof. Mutters Keller – er ersetzte ihr Speisekammer und Kühlschrank – war immer gefüllt. Und reichten die gekauften Lebensmittelvorräte tatsächlich einmal nicht aus, um die Gäste zu bewirten, so fand sich noch das eingeweckte Kaninchenfleisch. Kaninchenfleisch war jederzeit zur Hand. Oder wir Söhne holten von den Nachbarn Hühnereier herbei.

Mutter kochte. Unterdessen saßen die Gäste harmlos lächelnd im Wohnzimmer – nur besonders dreiste Besucher wie der Oberarzt des Krankenhauses von F. nahmen auf dem weinroten Küchensofa Platz. Die Türen von Küche und Wohnzimmer waren geöffnet, und während Mutter auf dem Gasherd kochte, unterhielt sie sich von der Küche her über den Flur hinweg mit den Besuchern. Vater hingegen folgte seinem Tagesplan. Welcherart Gäste das Anwesen der Eltern auch unangemeldet aufsuchten, er erledigte in der Stallstube unbeeindruckt sein Schreibpensum, dann erst kam er ins Haus. Herzlich begrüßte er die Gäste. Und wollte sich Mutter gleichfalls den Eindringlingen ein wenig verweigern und ihnen nur ein bescheidenes Mahl vorsetzen, weil sie augenblicklich die unangemeldeten Besuche leid war, rief ihr Vater vom Wohnzimmer aus zu, die Gäste würden sich über ein wunderbar ländliches Essen gewiß freuen.

Führt jemand ein gastfreundliches Haus, so spricht es sich herum. Landauf, landab. Von überall her kamen unangemeldete Besucher. Verstärkt kamen sie im Sommer. Als stünde Mutter einem Restaurant vor, fiel es Leuten ein, ihre Urlaubsfahrt an die Ostsee auf halbem Weg zu unterbrechen und mittags *bei den Strittmatters* einzukehren, um sich gegen ein Lächeln und ein Händeschütteln bewirten zu lassen. Leser erschienen, Pferdezüchter, Funktionäre, Germanisten aus dem In- und Ausland und Schriftstellerkollegen. Obendrein belagerten im Sommer die Kinder der umliegenden Ferienlager das Gehöft. Auch die Ferienlagerkinder wurden, wenigstens mit Brause, bewirtet. Vater unterhielt die Gäste, er aß mit ihnen zu Mittag, ließ sich, sofern die Besucher gesprächig waren, literarisch anregen, und dann verabschiedete er sich. Er mußte Mittagsschlaf halten. Das war bekannt. Und wem es unbekannt war, der hatte dafür Verständnis. Natürlich mußte der Dichter ruhn!

Alle Gäste bildeten sich ein, oder sie gaben vor, es sich einzubilden, einzig sie hätten die Idee gehabt, *die Strittmatters* unangemeldet zu besuchen. Man saß überraschend im Wohnzimmer, lobte die Gastlichkeit und beneidete die Eltern um ihr beschauliches Leben auf dem Lande. Ach, könnten wir auch so leben! hieß es aus dem Wohnzimmer.

Wie sie gekommen waren, entfernten sie sich wieder: mit Lächeln und Händedruck. Kaum einer der ungebetenen Besucher fragte, ob er Mutter beim Abwasch zur Hand gehen könne. Und fragte wer, so antwortete sie: Aber wozu? Unsere Söhne kennen sich im Haushalt aus. Das ist gar kein Problem.

Doch nicht nur mittags erschien unangemeldeter Besuch. Schon vormittags konnte er in unser Leben einfallen, oder er fiel nachmittags oder abends bei uns ein. Sicher waren wir nie. Niemand hat all die Teller voller belegter Brote gezählt, die Mutter und ich den Gästen vorgesetzt haben. Mir war es lieb, *den Küchenknecht zu geben*. Der Küchenknecht war eine vorzügliche Rolle, in der ich mich nach Herzenslust bedauern konnte. Eßt nur, ihr Lieben! Ja, laßt es euch munden. Ich will mich mit dem begnügen, was übrigbleibt, dachte ich bei einem entsprechenden Gesichtsausdruck, während ich Brote belegte. Auch war den Küchenknecht zu mimen angenehmer, als am Wohnzimmertisch sitzen und ermüdende Gespräche über Pferde mit anhören zu müssen. Welche Araberstute welches Fohlen geworfen hatte, war mir unwichtig. Es erinnerte mich nur daran, daß Vater wohl die Geburtstage seiner Pferde kannte, er aber Mal um Mal die seiner Söhne vergaß. Wir hingegen liefen auf Mutters Geheiß am Morgen des 14. August um Heidekrautsträuße in den Wald. Vater hatte in seiner Jugend jedes Jahr zum Geburtstag einen Heidekrautstrauß geschenkt bekommen – ein Brauch, den Mutter beibehielt.

Es war beeindruckend, zu beobachten, wie Vater am Wohnzimmertisch vor den Gästen erzählerisch glänzte und wie er, sobald die Gäste vom Gehöft waren, ein abweisendes Gesicht zeigte und seine Stimme, die gerade noch laut Geschichten erzählt hatte, nun wieder leise und matt klang, wenn er uns älteren Söhnen Arbeiten zuteilte, bevor er sich in die Stallstube zurückzog.

Vater ließ sich nicht selten vor dem Besuch verleugnen, auch vor angemeldeten Gästen. Er verbarg sich in der Stallstube. Wir Söhne waren verpflichtet, zu sagen, er wäre auswärts und wir wüßten nicht, wann er heimkäme. Wir sagten es und sahen, wie Vater die bunte Gardine vom Stallstubenfenster vorsichtig bewegte. Im günstigen Augenblick eilte er, derweil Mutter im Haus die Gäste unterhielt, vom Gehöft.

Manchmal mußten wir Söhne die Gäste unterhalten. Dazu eignete sich der redselige Matthes am besten. Die Eltern waren in Berlin, und wir *kämpften* mit dem Überfallbesuch. Ich belegte in der Küche Brote, Ilja kochte Kaffee, und Matthes flunkerte im Wohnzimmer. Die Gäste lachten. Matthes verstand sein *Handwerk*. Von frühester Kindheit an.

Es gab nur wenige Besucher, denen ich wohlgesinnt war. Die meisten Gäste verdächtigte ich, Nutznießer zu sein. Und wenn ich auf das Schulzenhofer Leben jener Jahre zurückschaue und mich an die Gäste der Eltern erinnere, darf ich sagen, ich hatte recht, mißtrauisch zu sein. Von all den

Leuten, die überfallartig aufs Anwesen kamen und meinten, ihnen stände es zu, unterhalten und bewirtet zu werden, interessierte nach dem Niedergang der DDR kaum einen, wie es den Eltern ging. Man bemerkte, die Strittmatters wurden alt, sie bewirteten ihre Gäste nicht mehr so aufwendig. Also zog man sich zurück. Man verzichtete darauf, die Strittmatters zu besuchen. Sogar die telefonische oder briefliche Frage nach dem Wohlergehen der Eltern blieb aus. Ja, ich habe in meinen Schulzenhofer Jahren *Nassauer* beobachtet. Freilich gab es auch bescheidene und großzügige Gäste, doch waren die Nutznießer in der Überzahl.

Zu meinen wenigen Lieblingen gehörte der Schweizer Benno Besson. Vater und Benno kannten sich aus ihrer gemeinsamen Zeit am Berliner Ensemble. Benno ist Regisseur. Schon dadurch war er für mich interessant. Verbarg ich mich auch für gewöhnlich vor Theaterleuten – in Bennos Fall war ich ohne Scheu, denn er ist ein Familienmensch. Ebenso waren die Frauen, die er mitbrachte, Familienmenschen. Sie nahmen nicht nur den Schriftsteller und seine Ehefrau, sondern auch die restliche Familie wahr. Das galt für Imma Besson wie später für Usch Karusseit.

Ich verehrte die junge Schauspielerin Ursula Karusseit, noch bevor ich sie zum erstenmal auf der Bühne des Deutschen Theaters spielen sah. Und wie hätte ich sie nicht verehren sollen! ... In Vaters Beisein betrachtete die seinerzeit schwangere Usch meine »Starpostkarten«-Sammlung und kommentierte die einzelnen Schauspieler. Mehr konnte ich mir nicht wünschen. Was Usch und Benno erzählten, nährte meine Phantasie und es tröstete mich über den ungeliebten Schulunterricht hinweg.

Usch und Benno luden mich ein, sie in Berlin zu besuchen. Sie wollten mir das Deutsche Theater zeigen. Es sei angemerkt, die beiden haben ihr Versprechen gehalten. Ich habe die Hinterbühne vom Deutschen Theater und den *ruhenden* Drachen aus Bessons berühmter Inszenierung »Der

Drache« gesehen. Das will und werde ich Usch und Benno nicht vergessen.

Anders erinnere ich mich an die Schauspielerin und Chansonette Vera Oelschlegel.

Vera begleitete den Schriftsteller Hermann Kant aufs Schulzenhofer Anwesen. Eben noch war sie mit dem Autor Günther Rücker verheiratet gewesen. Nun kam sie als Kants Lebensgefährtin nach Schulzenhof. Die blonde Vera wirkte unnahbar. Ich konnte sie bewundern und tat es. Ich konnte auch zu ihr sprechen; sie hielt aber Abstand.

Vera war nach Schulzenhof gekommen, um Vater zu huldigen und ihn zu beeindrucken. Eine langstielige rote Rose in den Händen, wandelte sie im engen schwarzen Kleid übers Gehöft. Sie verweilte am Gartenzaun und blickte in die Wiesenlandschaft. Wenn ich zu jener Zeit schon gewußt hätte, daß Vera kurzsichtig war, hätte mein Gedächtnis das Bild der Schauspielerin, die eine langstielige rote Rose in den Händen hält und in die Landschaft schmachtet, als ein Synonym für Theatralik verwahrt. Damals aber putzte ich auf der Haustreppe eigenhändig gefangene Fische, und wenn ich vom Fischeputzen aufschaute, war ich von dem Bild der mit einer Rose geschmückten Dame beeindruckt. So müssen Filmschauspieler aussehen! dachte ich. Der Gerechtigkeit halber will ich sagen, als Vera von Vater erfuhr, daß ich Schauspieler werden wollte, schenkte sie mir die Memoiren des Schauspielers Alexander Granach – ein wohlüberlegtes Geschenk. Granachs Memoiren zeigen deutlicher als andere Schauspieler-Biographien, wie hart einen die Schauspielerei ankommen, was sie einem abverlangen kann, ehe man *in großen Rollen* auf der Bühne steht.

Weniger pädagogisch war es von Vera, mir anzuvertrauen, daß eine meiner Lieblingsschauspielerinnen jeden Tag in Begleitung einer Thermosflasche voll Schnaps am Drehort erschienen war.

Besuche, denen ich freudig entgegensah, waren die Ausnahme. Für gewöhnlich lief es darauf hinaus, daß wir Kinder, nachdem wir Mutter in der Küche geholfen hatten, eine Weile mit am Wohnzimmertisch sitzen mußten, wo wir den Eltern als lebender Beweis für Familiengeschichten dienten, die sie Freunden oder Bekannten erzählten. Falls die vorgetragene Geschichte einen selbst betraf, konnte das peinlich sein. Ein Heranwachsender hört ungern, er habe als Dreijähriger beim Anblick des Mondes *Momm!* zum Fenster hinausgerufen. Ebenso ungern hört er, daß er es in früherer Zeit geliebt habe, für seinen Vater nackt auf dem Tisch zu tanzen – bei derartigen Erzählungen kennen Erwachsene Kindern gegenüber anscheinend wenig Taktgefühl.

Das war typisch fürs Familienleben: Nicht nur wenn Besuch im Wohnzimmer saß, auch an den Feiertagen wie Weihnachten und Ostern wurde an Geschichten erinnert. Und genaugenommen wurde der Tag weniger gegenwärtig gelebt als in Geschichten nacherlebt, was sich einst an demselben Feiertag zugetragen hatte. Erinnerungen wurden gepflegt. Nein, das ist ungenau. Vater lebte und Mutter lebt nahe der Vergangenheit. Und ich tue es auch. Mag sein, wir leiden an einer Familienkrankheit.

Das war jenes Ostern, als Krähen die Ostereier, die Mutter im Garten versteckt hatte, aufstöberten und sie fraßen. Erinnert euch! …

Nein, es war jenes Ostern, als die Ringelnatter im Osternest unterm Johannisbeerstrauch lag.

Ja, aber war es dasselbe Ostern, als die Ostereierfarbe nichts taugte?

Wer weiß …

So wurde zu Ostern am Frühstückstisch geredet.

Indes war Ostern, verglichen mit Weihnachten, ein freundliches Fest. Es sei denn, wir älteren Söhne hatten Stalldienst. Es kam vor, daß Onkel Arthur über Ostern Urlaub nahm und wir älteren Söhne ab früh um sieben Pferde striegeln, Mist aus den Boxen harken, ihn auf der Schubkarre zum Misthaufen karren, Pferde füttern und tränken mußten. All das erledigten wir unter Vaters Aufsicht, wobei wir uns stets um sein Wohlwollen bemühten. Eine Woche lang spähten wir früh, mittags und abends durchs Kinderzimmerfenster, erkundeten wir, ob Vater den Pferdestall schon betreten hatte und wie seine Laune war. Vater war meistens schlecht gelaunt, weil er körperlich arbeiten mußte. Folglich blieb wenig Osterfreude übrig. Betrüblich waren die Ostertage aber nur, wenn Onkel Arthur Urlaub hatte, wohingegen Weihnachten immer ein gefährdetes Fest war.

Vater war schon Tage vorher unmutig. Es mißfiel ihm, daß er seinen Tagesablauf einem kleinbürgerlichen Fest unterordnen sollte. Selbstverständlich behelligte ihn Mutter nicht mit Weihnachtseinkäufen. Er mußte auch den Weihnachtsbaum nicht herbeischaffen. Dennoch störten ihn unsere Vorbereitungen. Spätestens am Weihnachtsvormittag brach die Wut aus ihm hervor. Vater verließ erregt die Stallstube. Er polterte die Treppe herab und stellte Ilja oder mich auf dem Hof. Er erteilte uns abwegige Befehle. Auch schalt er uns wegen nichtiger Unachtsamkeiten. Aber das genügte ihm nicht. Kurz darauf hörten wir, wie er Mutter vorwarf, daß er nicht zum Schreiben käme. Dann schlug Vater Türen zu, dann war es still. Ilja und ich schmückten schweigend die Tanne, die Ilja aus dem Wald geholt hatte. Von Zeit zu Zeit begutachtete Mutter, was wir im Wohnzimmer vollbracht hatten. Waren die Kerzenhalter am Baum endlich befestigt worden? – Vaters Wutausbruch machte Mutter nervös.

Abends stiegen wir Söhne festtäglich gekleidet die Treppe zur Stallstube hinauf. Wir klopften an die Tür, hörten ein barsches: Herein! und betraten Vaters Zimmer. Vater – nun gleichfalls festtäglich gekleidet – wies uns an, wo wir sitzen durften. Er nahm die Mandoline von der Wand, zupfte ein paar Akkorde und hob an, ihm altvertraute Volkslieder zu singen. Matthes fiel in den schwachstimmigen Gesang ein. Matthes, Vaters Liebling, kannte die Lieder. Ilja und ich hörten zu. Wir versuchten zutraulich und heiter zu wirken. Vater und Matthes sangen *Klipperklapp, klipperklapp geht mein kleines Pferd. Zuckeltrab, auf und ab, geht mein kleines Pferd* ... Ilja und ich warteten. Wir schauten uns verstohlen in dem uns wenig bekannten Mansardenzimmer um. Endlich vernahmen wir unterhalb der Flurtreppe den erlösenden Glockenklang. Er war Mutters Zeichen, daß der Weihnachtsmann seine Arbeit getan hatte. Wir konnten sein Werk besichtigen ... Mutter war im Unterschied zu Vater begabt, Harmonie zu verbreiten. Das bewies auch das weihnachtliche Wohnzimmer. Wir öffneten die Tür – und klassische Musik drang uns entgegen. Neben dem Kachelofen erstrahlte der Weihnachtsbaum. Das Kerzenlicht ließ rote und silberne Weihnachtskugeln glänzen. Auf dem Tisch drehte die Weihnachtspyramide Kreise. – Verzichten wir auf weitere Einzelheiten. Nur soviel sei gesagt: Es war der schönste Anblick im Jahr. Darüber konnten wir Vaters vorweihnachtlichen Zornesausbruch vergessen.

Ich erinnere mich soeben an ein weitzurückliegendes Weihnachtsfest. Es fällt in die Zeit, als Ilja und ich bei Großmutter lebten. Wir durften erst am Heiligabend nach Schulzenhof kommen ... Es hatte heftig geschneit. Vater holte uns mit dem Pferdeschlitten vom Köpernitzer Bahnhof ab. Er trug eine tief in die Stirn geschobene Pelzmütze und einen wuchtigen pelzgefütterten Mantel. Obgleich es schon dunkelte, sah ich, Vater war zornig. Er hieb mit der Peitsche auf die Pferde ein, und vielleicht galten die Peitschenhiebe uns Söhnen. Wir waren schuld, daß er nicht schreiben konnte, daß er einem kleinbürgerlichen Fest Zeit opfern mußte. Die Kälte minderte Vaters Wut nicht. Wir saßen auf der Rückbank des Pferdeschlittens und hörten, wie er die Pferde antrieb, und womöglich war dieser pelzgewandete Mann Knecht Ruprecht ... Unversehens kam der Schlitten vom Weg ab. Wir kenterten im Schnee. Die

Pferde bäumten sich auf. Knecht Ruprecht griff in die Zügel. Er brachte die Pferde zum Stehen und richtete mit unserer bescheidenen Hilfe den Schlitten wieder auf. Schweigend fuhren wir zum Gehöft – eine unvergeßliche Fahrt. Ihr folgte ein Weihnachtsfest, das meinem Gedächtnis entraten ist.

Nach der Bescherung aßen wir Würstchen und Kartoffelsalat. Auch das war ein Ritual. Viele Leute leben an den Weihnachtstagen Rituale, darum will ich sie hier nicht näher beschreiben. Wichtig war – und das erhellt mein Wesen –, daß mir die meisten Geschenke, die ich bekam, nicht gefielen. Ich sagte es nicht, bestaunte aber sehnsüchtig die Geschenke der Brüder. Selbst wenn ich bekam, was ich mir gewünscht hatte, bewunderte ich ihre Geschenke. Matthes erhielt eine hölzerne Bahn. Sie lief an einem Seil talwärts. Je nach Belieben konnte man das Seil steil abwärts spannen, oder man ließ die Bahn am weniger schräg gespannten Seil sanft zu Tal gleiten. All meine Geschenke waren mir unwert. Mich entzückte einzig die Bahn – ein Spielzeug, für das ich längst zu alt war.

Auch wir Söhne beschenkten die Eltern. Wir überreichten meist Selbstgebasteltes. Mutter lobte unsere Geschenke. Vater hingegen ironisierte sie, und kurz danach verschwanden sie in einem seiner vielen Schränke. Ich wußte von vornherein, daß ich auf die Geschenke sinnlos Mühe verwendete. Als ich in späteren Jahren über ausreichend Taschengeld verfügte, war ich froh, daß ich Vater gekaufte Geschenke überreichen konnte. Auch sie verschwanden in seinen Schränken, doch hatte ich keine Zeit darauf verwendet, sie zu basteln.

Zu den glücklichen Erinnerungen meiner Schulzenhofer Kindheit gehören Abende, an denen Filme vorgeführt wurden … Vater besaß eine Schmalfilmkamera. Er filmte und ließ die Filme entwickeln. Mutter aber war es, die, wenn wir lange genug bettelten, den Filmprojektor, das Umspulgerät und die Filme hervorholte.

Es begann stets harmlos. Die Leinwand wurde vor der Wohnzimmertür aufgebaut, und unsere technisch wenig bewanderte Mutter versuchte sich an Einzelheiten der verschwundenen Bedienungsanleitung zu erinnern. Ilja assistierte ihr. Als erstes sahen wir unseren Lieblingstrickfilm »Ameisenstaat«:

Ferdel, ein Ameiserich mit einem getupften Halstuch, gerät in das Netz einer fetten sechsarmigen Spinne. Er rüttelt an den Netzmaschen, er schreit. Niemand eilt ihm zu Hilfe. Die Spinne wetzt lachend das Messer. Es fängt an zu regnen. Plötzlich bricht der Waldboden auf, und ein Pilz wächst im Zeitraffertempo. Ferdel sitzt auf dem Pilz. Von der Pilzkappe aus hangelt er sich durch eine größere Netzmasche in die Freiheit. Die garstige Spinne aber wird gefangen und muß im Würfelzucker-Bergwerk schuften. Der Zuschauer sieht sie im Tretrad, und er sieht Ferdel, wie er Zucker verkostet. Ende. Ein glücklicher Schluß. Das war der Beginn der Filmabende.

Durch unser Lachen angeregt, zeigte Mutter einen zweiten Märchenfilm; dann griff sie nach Vaters Produktionen: Landschaftsaufnahmen, zum Teil in Farbe. Eine Schlauchbootfahrt auf dem Törnsee. Das Boot gleitet durchs Schilf. Abendstimmung. Heimat. Wir verlangten mehr Schulzenhofer Landschaft zu sehen. Da wurde die Zimmertür geöffnet. Hinter der Leinwand zeichnete sich Vaters Umriß ab. Kommen Sie doch herein, sagte Mutter – die Eltern siezten sich zuweilen scherzhaft. Vater betrat das Wohnzimmer. Er hatte sein literarisches Tagwerk getan und war bereit, am Kinovergnügen teilzuhaben. Das dämpfte unser Lachen. Trotzdem war die Veranstaltung weiterhin schön. Bis ein Film riß. Er mußte aus dem Projektor befreit und geklebt werden. Wenn wir Glück hatten, sahen wir unterdessen einen anderen Film. Fiel das Glück etwas kleiner aus, so sahen wir einen Film lang Vaters Ponys. Auf vielen Schmalfilmen waren sie sein Hauptmotiv. Es konnte jedoch geschehen, daß Mutter einen Film in den Projektor eingelegt hatte, an den sich weder sie noch Vater erinnerten. Einer zeigte Aufnahmen der frühesten Schulzenhofer Zeit: das Gehöft, kurz nachdem es die Eltern gekauft hatten, die alte Scheune, den Ziegenbock Müller-Muck und und und.

Ilja und ich waren auf den Filmen selten zu sehen. Vielleicht mochte Vater nicht filmen, wenn wir älteren Söhne in Schulzenhof waren. – Mir fällt auf, und es ist verständlich, auch Vater war auf den Filmen selten zu sehen, weil er zumeist die Kamera geführt hatte. Womöglich habe ich deshalb keine zwiespältigen Erinnerungen an die Schmalfilme.

Mutter veranstaltete des öfteren Heimkino-Abende. Eines Tages aber bemächtigte sich Klein Jakob in einem unbeaufsichtigten Moment etlicher Filme. Jakob zerstückelte sie in seinem Laufgitter. Das ergab zwar eine erzählbare Geschichte, doch hielt es Mutter davon ab, uns weiterhin unseren Wunsch nach einem Heimkino-Abend zu erfüllen. Vielmehr wurden auch die Filmvorführungen ins Repertoire der Familiengeschichten aufgenommen. Heute lagern sie im Schulzenhofer Archiv, die beweglichen Bilder meiner frühesten Kindheit.

26. 6. 2001

Der Brief ist leider liegengeblieben. Ich mußte mich für einen Abend meiner Gesprächsreihe »Der Wahrheit die Ehre« mit Wissen präparieren. Und gleich werden Johanna und ich für vierzehn Tage nach Thüringen reisen, wo ich in einem Suhler Hotel meine Gedichte vortragen soll.

Ich hoffe sehr, Du kommst nicht in der ersten Julihälfte nach Berlin. Da wäre ich traurig. Aber so was von traurig.

Sei umarmt und für den Junibrief bedankt. Die Antwort folgt bald.

Gruß an Reto, mein Herzchen, mein tätowiertes. Mußte das sein?! Auf 'n Rücken! Wer hatt 'n nu was davon? ...

27. 6. 2001

Hallo Herzchen!

Ich sehe was, *was* du nicht siehst, und das ist *grau* … Kennst Du dieses Spiel? In Neuruppin haben wir es oft gespielt. Wir saßen an Regentagen im Treppenhaus oder auf einer balkonüberdachten Steinstufe vorm Haus. Jemand sagte den Satz, die anderen mußten raten. Ich war der einzige Junge bei diesem Spiel. Und das ist die Wahrheit: Meine Ruppiner Spielgefährten waren die Mädchen aus dem Haus Robert-Koch-Straße Nummer zwei. Ihre Gesellschaft war mir angenehmer als der Umgang mit Jungen. Die Gesprächsthemen waren spannender, waren passender.

Jetzt sitze ich im Markthallen-Bistro am Fernsehturm, und das, was ich sehe, das Du nicht siehst, trägt ein graues Hemd, eine olivfarbene Hose und weiße Turnschuhe. Er raucht und wirkt sportlich. Sein dunkelblondes Haar ist kurz geschnitten, sein Gesicht ist schmal. Nicht älter als fünfundzwanzig wird er sein. Bis eben sah ich ihn, den Du nicht siehst, zweifach. Einmal wahrhaftig und einmal im Wandspiegel. Dann schob die plattfüßige Serviererin die fahrbare Geschirrablage vor den Spiegel. Ich muß nun leicht nach links schauen, wenn ich den zeitunglesenden jungen Mann betrachten will. Unauffällig. Das gebietet der Altersunterschied. Seit gestern bin ich achtundvierzig Jahre alt. Das übelste an den achtundvierzig ist: Soweit ich mich aufs Rechnen verstehe, habe ich bereits achtundvierzig Jahre gelebt. Nun zehre ich das neunundvierzigste auf.

An meinem siebenundvierzigsten Geburtstag besuchten Johanna und ich meine Mutter. Sie hatte uns vorgeschlagen, nach Schulzenhof zu kommen. Sie saß im neuen Haus in der Diele, reichte mir einen Finger und wünschte Gesundheit.

Was soll ich dir sonst wünschen? sagte Mutter. Keine Blume bekam ich an jenem Tag von ihr und kein Geschenk. Nichts. Nur eine Geldanweisung wurde nebenher erwähnt. Wir sprachen über mancherlei; über meinen Geburtstag sprachen wir nicht mehr. Der Besuch ähnelte unseren anderen Schulzenhof-Besuchen in den letzten Jahren. Nein, an jenem Tag erfuhr ich, daß mich Mutter beschwindelt. Ihre Mitarbeiterin Franziska hatte mir zufällig erzählt, Mutter habe ihr ein Auto geschenkt. An meinem Geburtstag war das Auto kaputt. Ich sagte zu Mutter: Das ist ärgerlich für Franziska. Viel Geld hat sie fürs neue Auto ausgegeben, nun ist es kaputt, und sie muß auch noch die Reparatur bezahlen.

Mutter, anstatt zuzugeben, daß das Auto ein Geschenk von ihr sei, starrte mich an und antwortete:

Ja, denk mal bloß!

Gleich darauf wechselte sie das Thema, redete sie von einer Zahnentzündung. Ähnliches wollte ich an meinem diesjährigen Geburtstag nicht erleben. Herzchen, mir ist es egal, wen Mutter beschenkt. Sie aber befürchtet anscheinend, ich könnte neidisch sein. Ich, der ich sie niemals um Geld gebeten habe.

Ich wollte vorgestern keinen Gram, und ich wollte mich am Geburtstag nicht fragen: Weshalb tut mir Mutter das an? ... So fuhren Johanna und ich nach Buckow und nach Altfriedland. Auf der Heimfahrt erklomm ich am Straßenrand einen Süßkirschbaum, pflückte ich alter Knabe für Johanna Süßkirschen. Da spürte ich die achtundvierzig Jahre. Weniger die verminderte Körperkraft zeigte mir mein Alter an, vielmehr ließen mich Gleichgewichtsschwankungen in der Baumkrone übers Alter nachdenken. Später saßen wir im Abendsonnenschein auf einer Wiese, und alles war angenehm und gut. Ich hatte die Herausforderung gesucht, und wir wollen sehen, ob ich in diesem Urlaub täglich auf Bäume klettern werde oder ob ich aufs Klettern ganz verzichte. Auch darauf.

Sexualität – ich hätte es wissen müssen, daß irgendwas mit mir nicht stimmte. Meine Spielgefährten waren, wie erwähnt, Mädchen. Ich malte Prinzessinnen, bastelte Puppen, war anstellig im Haushalt und verabscheute Spiele wie Räuber und Gendarm. Nun ja, ich hätte es wissen müssen. In den Neuruppiner Jahren aber ahnte ich nichts von einer *sexuellen Alternative*. Erst in Rheinsberg hörte ich von der runksigen Arztgattin Frau Geiger das Wort »schwul«. Lachend sagte Pia Geiger über einen alten Schauspieler:

Aber der S. ist doch schwul!

Es klang *wissend*. Ich fragte nicht nach, doch war die Information es mir wert, sie in meinem ersten Tagebuch-Versuch zu notieren: *Tante Pia hat gesagt, Walter S. ist schwul.*

Seit der Menzer Schulzeit beschäftigten mich meine Lehrer mehr als meine Lehrerinnen. Vorausgesetzt, die Lehrer waren jung und ansehnlich. Dann phantasierte ich über ihr Privatleben. Vorher hatten Ilja und ich, als wir noch bei Großmutter wohnten, auf der Bahnfahrt von Neuruppin nach Köpernitz ein Erlebnis:

Wir waren allein im Eisenbahnwagen. In Herzberg betrat ein hünenhafter Mann das Abteil. Er setzte sich uns gegenüber. Der Hüne – vielleicht war er Gleisarbeiter – trug eine Eisenbahneruniform. Er fragte dies und das, und es dauerte nicht lange, und er streichelte Iljas Schenkel. Wahrscheinlich weil er älter war als ich, war Ilja für den Mann begehrenswerter. Ich sah, daß in der Hose des Hünenhaften etwas geschah. Ich ging auf die Toilette und verriegelte die Tür.

Ich blieb in der Toilette, bis der Zug Köpernitz erreichte. Ilja verstand nicht, wovor ich mich gefürchtet hatte. Er fand das, was ihm der uniformierte Hüne gezeigt hatte, beachtlich.

Ein Riesending, sagte er, als wir aus dem Zug stiegen. Hättste sehn solln!

Ich hatte mich der unüberschaubaren Situation entzogen; kaum aber war sie vorüber, dachte ich über sie nach. Das war ein Grunderlebnis.

Anfang 1969 durfte ich einige Tage allein in Berlin verbringen. Mutter hatte mir seit langem versprochen, ich könnte irgendwann in den Winterferien in Berlin ins Theater gehen. Nun wurde das Versprechen erfüllt.

Ich war fünfzehn. Jeden Abend fuhr ich von der Wohnung der Eltern aus zum Theater. Ich ging ins Deutsche Theater, ins Metropol-Theater und in die Volksbühne, die damals unter einem schlechten künstlerischen Ruf litt. Ihr Zuschauerraum war wohl deshalb während der Vorstellungen oft halb leer.

Eines Abends wollte ich einige meiner an der Volksbühne engagierten »Starpostkarten«-Schauspieler leibhaftig sehen und schaute mir die Komödie »Doch unterm Rock der Teufel« an. Allein saß ich in einer Mittelreihe des seinerzeit noch riesigen Zuschauerraums. Die Reihen hinter mir waren leer. In der Reihe vor mir saßen einzig zwei Männer. Ein dunkelhaariger und ein blonder. Der blonde hatte einen Arm um die Schulter des dunkelhaarigen gelegt. Das hatte mich dazu gebracht, mich hinter die Männer zu setzen. Aus der Nähe wollte ich beobachten, was das für Leute waren: *die Schwulen.* Denn schwul waren die Männer. Ich war mir dessen sicher. Gebannt starrte ich auf den blonden und auf den dunklen Nacken. Allmählich löste sich der Arm, der auf der Schulter des Freundes gelegen hatte, und ich spürte an meinem Knie eine Hand. Erschrocken stieß ich sie fort. Die Hand kehrte zurück. Ich wehrte sie erneut ab. So ging es bis zur Pause. Als das Saallicht aufleuchtete, flüchtete ich ins Freie, doch nach der Pause saß ich wieder hinter den Männern. Zwischen Neugierde und Ekel, ließ ich mehr Berührung zu.

Plötzlich war das Theaterstück zu Ende. Die Männer erhoben sich. Sie liefen, ohne mich anzuschauen, zum Ausgang. Ich folgte ihnen, weil ich dachte, sie würden vor dem Theater auf mich warten. Ja, ich wollte sie sprechen. Unbedingt. Ich wollte mehr wissen. – Die Männer waren verschwunden. Heute sage ich: Natürlich! Man hatte nach einem Minderjährigen gegriffen. Nicht anders als der uniformierte Hüne.

An jenem Abend aber suchte ich die Straßen in der Nähe der Volksbühne nach den beiden Männern ab. Später rätselte ich auf der Schulbank: Was wäre geschehen, wenn?

Im Jahr darauf wurde meine Wißbegierde durch Michael ein wenig befriedigt. Doch kam das Wort »schwul« in unserer Freundschaft nicht vor. *Schwul* traf Michael und mich erst, wie ich Dir schrieb, auf der Bank unter der Schulzenhofer Birke. Und überhaupt: *schwul* war unstatthaft. Also kämpfte ich dagegen an. *Schwul* gab es nur, insofern *ich* es nicht war. Deshalb verstand ich nicht, weshalb Vater mit mir einen festen Händedruck übte. Es war mir unangenehm. Ich empfand es als lästig, als anmaßend, als herabsetzend. Wollte ich sein wie Vater? Nein! Niemals würde ich rauchen und Lederkleidung tragen. Die Abscheu gegen das Rauchen verlor ich während der Rheinsberger Schulzeit. Meine Abneigung gegen Lederkleidung hielt länger an.

In der Schulzenhofer Manege wurden nicht nur Pferde longiert. In der Manege wurden auch jedes Jahr die Stuten »gedeckt«. Der Araberhengst bestieg die meist widerborstigen rossigen Stuten. Vater führte den brünstigen Hengst an der Longierleine. Ilja und ich hielten die Stuten am Halfter. Eine Tages sagte Vater, nachdem der Hengst seine Arbeit getan hatte:

Und so ist es auch bei den Menschen.

Ein aufschlußreicher Hinweis des Pferdezüchters für seine Söhne, die längst wissend waren. Und weil der Hinweis des

Vaters zu spät kam und die Söhne wissend waren, erröteten sie, was der prüde Patriarch aber nicht bemerkte.

Soviel zum Thema Sexualität.

Der sportliche junge Mann ist gegangen. Alt Erwin wird auch das Bistro verlassen. Vielleicht wird er ein wenig laufen. Vor der Tür wartet ein Sonnentag auf den Spaziergänger.

Johanna und ich wollen von Suhl aus nach Würzburg fahren. Ich möchte die Stadt sehen, in der Du als Jugendlicher gelebt hast.

Guten Tag, Herzchen!

Da sind wir also heimgekehrt. Nach anderthalb Wochen sitzen wir wieder in der Wohnung: die Maus Mullito, die Raupe Krethi de Berner und ich. Wir sitzen in der Wohnung, und es regnet. Auch in Thüringen hat es geregnet, aber erst in der zweiten Woche. Dementsprechend gab es Spaziergänge in Gummistiefeln. Ansonsten war es recht vergnüglich. Ich wütete im Garten gegen die Brennesseln. Ich tat, was ich vom Podium herab verkündet hatte. Nachdem ich meine Lesung im Suhler Hotel »Thüringen« beendet hatte, befragte mich unsere Freundin Lilo vor dem Publikum. Eine der Fragen sollte lauten: Erwin, woran arbeitest du zur Zeit? Ich wollte antworten: An euren Brennesseln. Dann stellte Lilo die Frage nicht, weil sie die zu erwartende Antwort für zu privat hielt. Ausweichend fragte sie nach meinen nächsten Plänen.

Ich aber sagte: Ich werde auf dem Kinkelschen Hanggrundstück Brennesseln ausreißen. Das tue ich jeden Sommer. So reagiere ich den übers Jahr angestauten Ärger ab.

Meine Antwort gefiel den Zuschauern. Mehr noch gefiel sie ihnen, als sie von mir erfuhren, daß ich Lilo reingelegt hatte. Nun mußte auch Lilo lachen.

Ja, es war eine gelungene Veranstaltung. Hauptsächlich trug ich aus meinem Gedichtband »Der böse Knabe« vor. Daß alle bereitgestellten Stühle besetzt waren und sich die Presse für meinen Auftritt interessierte, verdankte ich unseren Suhler Freunden Lilo und Gerd Kinkel. Sie hatten die aufwendige Vorarbeit geleistet. Gute Freunde, nicht wahr?

Lilo und Gerd sind sehr in mein Leben eingeweiht, und

obgleich sie eher bürgerlich leben, haben sie für meine und für Johannas unsichere Berufsaussichten Verständnis. Wir haben auch in diesem Urlaub viele Stunden miteinander verbracht. An meinem vorletzten Thüringer Abend veranstalteten wir im Kinkelschen Garten ein Lampionfest. Es erinnerte mich an meine Kindheit. Denn das hatte es in meiner frühesten Zeit auch gegeben: ein Lampionfest. An einem warmen Sommerabend verabredete Mutter mit anderen Schulzenhofer Frauen einen Kinderspaziergang zum Törnsee. Jedes Kind erhielt von ihr einen Lampion. Ich trug an einem Stab einen blau-gelben Papiermond zum See. Welch wunderbares Erlebnis.

Herzchen, nun, wo der Urlaub vorüber ist, muß ich Dir gestehen, ich bin weder täglich auf Bäume geklettert, noch sind wir nach Würzburg gefahren. Unsere Autofahrten brachten uns nur in die nähere Umgebung: nach Meiningen, nach Schleusingen und zu Orten, die Dir unbekannt sind. Das *Abenteuer Würzburg* ist in die Zukunft verschoben worden. Und ich hätte Dich gern durch Fachwissen überrascht.

Nach wie vor beschäftigt mich, was ich Dir über meine Kindheit geschrieben habe, und vor allem wegen der Schreiberei zog es mich schon nach anderthalb Wochen nach Berlin zurück. Ich will weiterarbeiten. Um mir das Ende der Arbeit vor Augen zu halten, habe ich vor dem Urlaub in Stichpunkten Erinnerungen notiert, die ich Dir erzählen möchte, bevor ich zum Eigentlichen komme. Dazu, weshalb ich Schulzenhof verließ.

Da wäre als erstes die Familie Klaffke, genannt Onkel Arthur und Tante Ilse. Onkel Arthur liegt wie Vater auf dem kleinen Schulzenhofer Waldfriedhof begraben. Tante Ilse lebt noch in Schulzenhof, doch gehe ich ihr aus dem Weg ... Früher arbeiteten Klaffkes für die Eltern. Onkel Arthur betreute die Pferde, Tante Ilse wirtschaftete halbtags im Haus.

Onkel Arthur, der ehemalige Waldarbeiter, war es gewohnt, *in Kompanie* zu arbeiten. Auf Vaters Gesellschaft konnte er nicht hoffen. Deshalb hielt er sich an uns Kinder. So wie wir uns vor Vaters Launen fürchteten, so fürchteten wir Onkel Arthurs Aufforderung, ihm bei der Arbeit zur Hand zu gehen. Mehrmals beanspruchte er unsere Hilfe derart, daß sich Mutter dagegen verwahren mußte.

Wenn Onkel Arthur morgens oder nach dem Mittagsschlaf, den auch er sich gönnte, aufs Gehöft kam, führte ihn sein erster Gang zumeist ans Kinderzimmerfenster. Sein Handknöchel schlug fordernd an die Fensterscheibe. Onkel Arthur ließ sich durch unser Schweigen nicht beirren. Er bummerte gegen das Glas, bis wir stöhnend das Fenster öffneten und fragten, was zu tun sei. Mal sollten wir helfen, die Pferde einzuspannen, dann wieder sollten wir einen Schlauch daran hindern, aus dem Wasserfaß zu springen – eine langweilige, zeitraubende Beschäftigung. In der warmen Jahreszeit wurden alle paar Tage mehrere Wasserfässer gefüllt, die Onkel Arthur mit dem Pferdewagen zur Ponykoppel transportierte. Zuvor aber mußten Ilja, Matthes oder ich den Schlauch ins Faß halten und uns anhören, was Onkel Arthur unter General Rommel in Afrika oder was er in der amerikanischen Kriegsgefangenschaft erlebt hatte.

Die gleichen Erzählungen mußte derjenige ertragen, der von Mutter beauftragt wurde, Onkel Arthur am Sonnabendvormittag auf seinen Pferdewagenfahrten zum Dollgower Konsum zu begleiten.

Die Brause- und Seltersflaschen klirrten in den Kästen auf der Ladefläche. Angewht von Onkel Arthurs Stumpen-Rauch, hörten wir Geschichten vom *Wüstenfuchs* Rommel. Wir waren erleichtert, wenn das Fuhrwerk wieder auf dem Gehöft anlandete und der Kutscher uns anwies, daß wir vom Wagensitz springen und das Hoftor schließen sollten.

Ja, Onkel Arthur verstand es, uns zu beschäftigen. Es fand sich auch immer ausreichend Arbeit, die er vorgeblich nicht allein verrichten konnte: eine Koppel bauen; die Pferde zur Weide führen; sie nachmittags heimholen oder Sägespäne vom Pferdewagen abladen. Und dergleichen Dinge mehr. Onkel Arthur spürte, daß wir ihm ungern zur Hand gingen. Heute denke ich, Arthur Klaffke suchte nicht nur Gesellschaft. Er genoß es auch, uns zu kommandieren.

Tante Ilse verhielt sich anders. Solange ihr von Mutter nicht erlaubt worden war, uns Kinder in ihre Arbeit einzubeziehen, ließ sie uns in Ruhe. Sie hatte ihr Arbeitsprogramm für den Vormittag: die Kachelöfen heizen; staubsaugen und staubwischen; Geschirr abwaschen; Wäsche waschen und bügeln; Gemüse putzen oder den Blumengarten jäten. All das erledigte sie mit gleicher Gelassenheit. Änderte Mutter kurzfristig Tante Ilses Arbeitsprogramm und mußten wir Kinder es ihr ausrichten, so sagte sie: Mir is et egal. Ich mach's eine so gern wie's andre. Zwölwe wird's soundso ... Eine Uhrzeit, die Tante Ilse nicht immer abwarten mochte. Wenn die Eltern auswärts waren, verließ sie das Gehöft bereits eine Viertelstunde vor 12 Uhr. Ick geh denn mal ... Oder liegt noch wat an? sagte sie. Sie schaute kurz ins Kinderzimmer, das Kopftuch schon in der Hand.

Soweit war gutes Auskommen mit Tante Ilse. Gefährlich wurde es, wenn wir ihr auf Mutters Geheiß bei der Hausarbeit helfen sollten oder wenn einer von uns Brüdern in der Küche saß und Tante Ilse hinzukam. Dann konnte sie einem mit Fragen zusetzen. Harmlosen Fragen am Rande der Arbeit. Tante Ilse hätte hervorragend als »verdeckte Ermittlerin« tätig sein können – eine Berufsbezeichnung, die ich damals noch nicht kannte. Dafür kannte ich nur zu gut, was folgte, wenn ich Tante Ilses Fragen beantwortete. Und in Neuruppin allens in Ordnung? ... Oder: Ich hab schon lang nichs mehr von die Geigersens gehört. Die komm' nun wohl gar nich mehr nach Schulzenhof? ... Oder: Euer Ilja soll ja jetzt 'ne Freundin haben? ... Tja, die Liebe zieht und ick muß ... Oft, zu oft, beantwortete ich die Fragen. Erst später machte ich mir einen Spaß daraus, genauso *hintenherum*, wie Tante Ilse fragte, zu antworten. Gab ich aber in jener Zeit eine ehrliche oder gar eine ausführliche Antwort, so konnte ich sicher sein, Tante Ilse würde, was sie durch mich erfahren hatte, vermarkten. Nicht an irgendwen, sondern direkt an Mutter. Und selbstverständlich aus ihrer Sicht. Und auch Vater würde, auf dem Umweg über Onkel Arthur, meine Antwort erfahren.

In verfälschter Darstellung hören zu müssen, was ich über die Arztfamilie Geiger oder über Großmutter gesagt hatte, war unangenehm. Weit schlimmer war es jedoch, daß Tante Ilse und Onkel Arthur den Eltern, wenn sie von einer Berlinfahrt heimkehrten, sogleich Bericht erstatteten. Noch bevor es uns möglich gewesen wäre, ihnen zu gestehen, welches Mißgeschick uns inzwischen widerfahren war oder welches Verbot wir mißachtet hatten, wurden sie informiert. Selbst wenn Tante Ilse zuvor gemeint hatte: Ick sach nichs. Mir geiht dat nichs an!, wurde Mutter umgehend unterrichtet. Mutter ärgerte sich über die mitteilsamen Klaffkes. Untersagt wurden ihnen ihre Zuträgereien nicht.

Vaters Zimmer war für uns Kinder in seiner Abwesenheit ein verbotener Ort. Eines Sommers – die Eltern waren verreist – stieg ich die Treppe zur Stallstube hinauf und nahm den Schlüssel vom Haken; er hing und hängt wohl noch immer im Treppenflur hinter der Weltkarte. Ich schloß die Tür zu Vaters Reich auf, lief einmal über den weinroten Kokosläufer durchs Zimmer, sah aus dem Fenster und betrachtete auf dem breiten Giebelfensterbrett Vaters Kakteensammlung. Schließlich setzte ich mich auf die Holztruhe neben der Tür. Nebenbei griff ich nach der Gitarre. Die Eltern hatten sie mir zu Weihnachten geschenkt. Nicht lange danach hatte Vater sie mir entzogen, weil ich mich nicht zum Gitarrenunterricht angemeldet hatte.

Ich klimperte auf der Gitarre, bis ich unter mir im Pferdestall Schritte hörte. Ich ließ von der Gitarre ab und stahl mich aus dem Zimmer. Wie ein Dieb verschloß ich die Tür und hängte den Schlüssel hinter die Weltkarte. Vorsichtig stieg ich die Treppe hinab. Leider knarrte eine Stufe.

Warst in Vatern seine Stube gewesen! sagte Onkel Arthur, als ich in den Pferdestall kam. Arthur Klaffke belächelte meinen Ausflug in die verbotene Welt. Ich wußte, er würde mich anschwärzen.

Die Eltern kehrten heim. Sie griffen wie üblich zuerst nach der Post und den Zeitungen. Vater und Mutter zogen sich in ihre Zimmer zurück. Dann aßen wir zu Mittag. Das war keine gute Zeit für Geständnisse. Anschließend ruhten die Eltern. Und kurz darauf erfuhr ich ein Donnerwetter. Denn kaum hatte Vater nach dem Mittagsschlaf den Pferdestall betreten, so war ihm von Onkel Arthur hinterbracht worden, was sich während seiner Abwesenheit in der Stallstube zugetragen hatte. Wohlgemerkt, ich hatte nichts berührt, hatte nichts entweiht. Wie wurde ich bestraft? – Ich hab's vergessen. Nicht vergessen habe ich Onkel Arthur und Tante Ilse diese und andere Anschwärzereien. Ich bin, wie geschrieben, nachtragend. Das macht, daß ich, wenn ich mich in Schulzenhof aufhalte, Klaffkes Gehöft weiträumig meide.

Vor zwei Jahren ließ ich mich in Schulzenhof für eine Illustrierte fotografieren. Tante Ilse erspähte mich. Sie kam von ihrem Anwesen den Weg über den Hügel herab. Wieder verbarg sie ihre Neugierde hinter einer unverfänglichen Frage: Na, kommste Muttern besuchen? Unsereins, jedenfalls, scheinst ja nich mehr zu kennen.

Da sagte ich, und der Moment wurde fotografiert: So was kommt von so was, Tante Ilse ...

Vielleicht wurde ich verstanden.

Neben den Anschwärzereien habe ich eine andere Erinnerung an die Klaffkes. Beide kämpften auf dem Gehöft zäh miteinander, wer welche Arbeit zu verrichten hatte. Am heftigsten wurde morgens ums Heizen gefochten. So-

94

fern nicht wir älteren Söhne fürs Heizen zuständig waren, schaffte Onkel Arthur die Feuerung herbei. Die Kachelöfen im alten Haus zu heizen war Tante Ilses Aufgabe. Bei dieser Arbeitsaufteilung blieb ungeklärt, wer die Kohleneimer vor die Öfen zu tragen hatte: der Transporteur oder die Heizerin. Tante Ilse fluchte in die Morgendämmerung, wenn sie sah, daß die Kohleneimer einige Schritte von der Hoftreppe entfernt im Schnee standen. Onkel Arthur frohlockte, jedoch nur, bis er bemerkte, daß er die leeren Eimer aus den Zimmern holen mußte. Er rächte sich. Er *vergaß*, bevor er das Haus betrat, seine schweren Schuhe am Treppenrost zu reinigen. Das erboste Tante Ilse, die ihrem Mann *hinterherwischen durfte*. Aber letztendlich war es ihr einerlei, welche Arbeit sie bis um *zwölwe* zu erledigen hatte.

Ein nicht weniger gewaltiger Redner als Onkel Arthur war Großvater Heinrich, Vaters Vater. Obendrein paarten sich in seinem Wesen Rede- und Prahlsucht in hervorragender Weise.

Anfangs kamen Großvater Heinrich und Großmutter Lenchen sommers zu Besuch. Aber das liegt weit zurück, und ich erinnere mich an Großmutter nur noch als an eine freundliche alte Frau. Sie war klein, hatte ein gewaltiges Hinterteil und eine große Nase. Ich sehe Großmutter auf der Haustreppe auf einem Stuhl sitzen. Die Sonne scheint. Großmutter Lenchen blinzelt hinter ihrer Brille. Sie trägt Männerturnschuhe und eine Rüschenschürze ... Und schon wird die Erinnerung von Fotos überlagert, die Vater damals von seiner Mutter gemacht hat. Es war das letzte Mal, daß ich Großmutter Lenchen sah. Ihr fiel es schwer, zu reisen. Also fuhren wir eines Sommers nach Bohsdorf. Dort hörten wir, Großmutter läge im Krankenhaus. Während die Eltern und Großvater sie besuchten, blieben Ilja, Matthes und ich in Onkel Heinis Obhut. Heini, Vaters jüngerer Bruder, der Vater nicht unähnlich sieht, jedoch kinderfreundlicher ist, zeigte uns sein Gewächshaus, seine Kakteensammlung und den auf Großvaters Gehöft von der Landwirtschaftlichen Produktionsgenossenschaft eingestallten Eber. Und er führte uns zum Baggersee, einer stillgelegten Braunkohlengrube. Am Wegrand wuchsen Brombeeren. Onkel Heini lief mit uns jenen Weg zum Baggersee, den Vater als Junge oft gegangen war. Mich beeindruckten nur die Brombeeren, und gern hätte ich sie gesammelt und verwertet.

Auf der Heimfahrt nach Schulzenhof fragte Matthes im Auto in die Stille hinein: Habt ihr gesehn, was der Eber für Eier hat?!

Ilja war ein bißchen am Sterben. Er hatte uns auf die *Ebereier* aufmerksam gemacht. Wie hätte er auch ahnen können, daß Matthes sie im ungünstigsten Augenblick erwähnen würde.

Einmal noch kehrte ich nach Bohsdorf zurück: zu Großmutter Lenchens Beerdigung. Die Todesnachricht war nach Schulzenhof telegraphisch übermittelt worden. Zum ersten und einzigen Mal hatte ich Vater weinen sehen. Er hatte sich an den Mittagstisch gesetzt. Wir wußten, seine Mutter war gestorben. Vater hatte schweigend gegessen. Tränen waren ihm übers Gesicht gelaufen. Unvermittelt war er aufgestanden und aus der Küche gegangen.

Derweil Großmutter Lenchen auf dem Bohsdorfer Friedhof beerdigt wurde, blieb ich unter der Aufsicht von Onkel Heinis Frau Erna in Großvaters Haus zurück. Erna, eine tüchtige Trinkerin, war freundlich zu mir. Sie zeigte mir die einstige Backstube. Erna trug Schwarz. In meiner Erinnerung scheint an jenem Tag alles schwarz gewesen zu sein.

Nach Großmutter Lenchens Tod hielt sich Großvater während mehrerer Sommer für jeweils vier Wochen in Schulzenhof auf. Wir Kinder hatten Schulferien und konnten ihm nur schwer entrinnen. Großvater wünschte Unterhaltung. Wenn er sie nicht bekam, weil wir auf dem Gehöft arbeiten mußten, gesellte er sich uns zu. Egal, ob es uns gefiel.

Ich stand auf einer langen Leiter und strich bei starker Sonne das Giebelfenster der Stallstube. Großvater rekapitulierte für mich am Fuß der Leiter seine große Zeit als Offiziersbursche im Ersten Weltkrieg. Zwischendurch untermalte er seine Heldentaten mit bewundernden Pfiffen. Sie kamen mir, ebenso wie die Erzählungen über die zurückgehaltenen Margarine-Reserven, ungelegen. Ich mußte aufpassen, daß ich das Fensterglas nicht mit roter Farbe überstrich. Großvater aber bot am Fuß der Leiter das dar, was man heute eine großartige Performance nennen würde. Gottlob hielt er gern ein *Nickerchen*. Bedenke ich es recht, so bin ich nie wieder einem derart selbstzufriedenen Manne begegnet.

Großvater war Rentner. Vater unterstützte ihn mit Geld. Was stand sich Großvater aus? – Nichts, sagte Großmutter Hedwig in Neuruppin. Sie beobachtete eifersüchtig, daß der Strittmatter-Vater Wochen in Schulzenhof verbrachte, wohingegen sie nur anreisen durfte, wenn *Not am Mann* war. Wenn unsere Eltern auf eine längere Reise gingen, durfte sich Hedwig Braun um die *Gören* kümmern.

Großvater Heinrich war selbstzufrieden, aber nicht genügsam, denn er war eitel. Bäckerblut ist zu allem gut! verkündete der gelernte Bäcker und pfiff bedeutungsvoll. Oder der Satz hieß: Wir Strittmatters sind zu allem gut! Selbstredend hatte Vater sein schriftstellerisches Talent vom Großvater Heinrich geerbt. Großmutter Lenchen hatte Vaters Talent eher ihrem Clan gutgeschrieben.

Lenchen war tot, und Großvater fing an, sich wie Vater zu kleiden. Auch er trug nun ein Fleischerhemd und eine Schiebermütze. Fuhren Vater und er mit dem Auto nach Rheinsberg und ging Vater in ein Geschäft, um etwas zu kaufen, so zog Großvater unterdessen auf dem Beifahrersitz ein Notizheft und einen Stift aus der Tasche. Mit bedeutungsvoller Miene kritzelte er Worte ins Heft. Die Vorübergehenden sollten denken: Da sitzt der Dichter und wartet auf seinen Chauffeur.

Eines Tages mißhagte Vater die Vorstellung, sein Vater könnte auch in diesem Sommer vier Wochen auf dem Schulzenhofer Anwesen verbringen. Die Eltern ersannen Gründe, die ihn davon abhalten würden. Fortan verschwand Großvater Heinrich aus meinem Leben. Es kamen mir jedoch Geschichten zu Ohren, die sich in Bohsdorf zutrugen. Absonderliche Geschichten, die erzählen soll, wer sie miterlebt hat.

Mir blieb ein Schwarzweißfoto: Großvater Heinrich sitzt neben meinem nunmehr erwachsenen Bruder Matthes. Er ist jetzt wirklich alt. Grimmig blickt er in die Kamera. Ich sehe das Foto und denke: ein *unwürdiger* Greis, dein Großvater. Trinker, Weiberheld, Aufschneider und Choleriker. Ich fühle mich der Strittmatter-Linie nicht zugehörig … Und doch: Wie vieles von dem, was mein Wesen ausmacht, entspringt dieser Linie.

An einem Sommerabend – wieder waren die Eltern auswärts – erschien in Schulzenhof unangemeldeter Besuch. Ein Auto hielt vor dem Hoftor. Wir Söhne ließen die Fremden ein: einen dickbäuchigen Herrn und eine dürre Frau. Die Fremden liefen ungebeten übers Grundstück. Sie öffneten Türen und schauten sogar in die Garage. Laut rechneten sie Vaters Besitz zusammen. Handelte es sich um eine Inspektion? Nein, Vaters Bruder Martin und seine Frau waren aufs Gehöft gekommen. Mich empörten die Rechner, und ich war froh, als sie es endlich verließen.

1979 hörte ich, Onkel Martins Sohn hatte sich erhängt. Sein Vater tat es ihm Tage darauf nach. Es hieß, die Mutter hätte den Sohn geschurigelt und sein Vater hätte sich nicht schützend vor ihn gestellt. Nun war der Vater dem Sohn, wohin auch immer, gefolgt.

Das ist ebenfalls ein Erbteil aus der Strittmatter-Linie: die *Lust*, sich das Leben zu nehmen. Onkel Martin und sein Sohn waren nicht die einzigen Strittmatters, die darauf sannen und es vollbrachten.

In den letzten DDR-Jahren fuhren Johanna und ich an manchem Wochenende mit ihrem Trabant über Land. Wir kamen auch nach Spremberg, die Stadt, deren Gymnasium Vater besucht hatte. Spremberg wirkte noch trostloser als Neuruppin. Wir fuhren weiter nach Bohsdorf. Ich wollte Großvaters Haus wiederfinden. Bohsdorf hatte sich seit meiner Kindheit verändert. Auch waren, wie ich von Mutter wußte, die Eichen vor Großvaters Haus gefällt worden. Ich fand das Haus dennoch. Und den Bohsdorfer Friedhof fanden wir. Es war Sonntag. Dorffrauen hatten auf dem Friedhof geharkt. Sie standen beisammen und beobachteten, welchem Grab wir uns näherten. Ich verwirrte die Frauen und hielt vor einem mir unbekannten Grab inne. Zu Johanna sagte ich bedauernd: Tja, da liegt er nun!

Großvater Heinrichs und Großmutter Lenchens Gräber sah ich im Vorübergehen. Unerkannt von den Dorffrauen, kehrten wir nach Berlin zurück. – Soviel zur väterlichen Verwandtschaft.

In den 60er und 70er Jahren reisten die Eltern öfters in die Sowjetunion. Sie besuchten die Krim und auf der Hin- und Rückreise Moskau. Als wir älteren Söhne noch in Neuruppin lebten, bekamen wir Ansichtskarten, die sich in Großmutters düsterer Wohnung fremd ausnahmen. Strand und Palmen, Rosen, Terrassen und Promenaden waren zu sehen. Mutter schickte jedem Sohn seine eigene Ansichtskarte, zumeist aus Jalta oder Sotschi. Mutter schrieb, wie wunderbar es am Schwarzen Meer sei. Und sie schrieb, wir würden eines Tages gemeinsam in die Sowjetunion reisen. Vater ließ grüßen, teilten die Karten am Rande mit. Ich sammelte die blaßbunten Ansichtskarten. Ich sammelte sie auch noch, als

ich längst nicht mehr hoffte, daß Mutter ihr Versprechen erfüllen würde. Nein, Ilja und ich würden nie mit den Eltern
in die Sowjetunion reisen. Großmutter dachte ebenso. Und
wir behielten recht. Erst Matthes und Jakob durften mit den
Eltern ins Ausland fahren. Wir älteren Söhne erfreuten uns
an den Geschenken.

Von einer der Rußlandreisen brachte Mutter farbige
Schaumstofftiere mit. Die federleichten Tierchen hatten
ihre eigene Geschichte, waren sie doch auf dem Flug aus
Mutters Reisetasche gesprungen und hatten sich im Flug-
zeug verteilt. Ich liebte die kunstvoll gefertigten Tierchen,
und es dauert mich, daß nicht eines die Jahre überlebt hat.
Ein andermal brachte Mutter bemalte Gipsfiguren nach
Schulzenhof mit. Bunte Pfauenhühner, Bauern und Da-
men. Sie stehen zum Teil noch heute auf dem Klavier und
in den Bücherregalen im alten Haus. Auch die bunten Gipsfiguren liebte ich.

Mutter brachte russisches Konfekt von der Reise mit.
Und erstmals sah ich einen Granatapfel in einer Zeit, als
kaum ein DDR-Kind Granatäpfel kannte.

Neben all den schönen Mitbringseln und all den farbigen
Erzählungen über das ferne Rußland gab es Geschenke, die
mir wenig behagten, die sogar meinen Widerwillen weckten.

Vater und wohl auch Mutter hatten etwas sonderbare Vorstellungen davon, wie sich Kinder kleiden sollten. Die Eltern
gerieten damals unter russischen Einfluß. Nein, auch wenn
es zeitlich später einzuordnen ist, sage ich zuerst, die Eltern
gerieten unter georgischen Einfluß. Uns Söhnen wurden
Kachuris, bestickte Trachtenmützen, geschenkt. Jede Mütze
war anders gestaltet. Auf dem Gehöft setzte ich die Kachuri
auf. Ich trug meine paillettenbestickte weinrote Samtmütze
und bildete mir ein, ein fremdländischer Prinz zu sein. Ein
Foto aus jenen Tagen zeigt mich in einem von Großmutter
gestrickten hellblauen Pullover, auf den ich eitelstolz war,

mit der Kachuri auf dem Kopf und in Holzpantinen. In der Hand halte ich einen Kehrbesen. Ich gebärde mich dabei wie ein Tänzer. Sonntag wird es gewesen sein. Obgleich ich feiertäglich gekleidet war, sollte ich den Hof kehren. Vielleicht *drohte* uns ein wichtiger Besuch.

Wie gesagt, die Kachuri mochte ich, zumindest auf dem Gehöft der Eltern, tragen. Niemals aber wollte ich jene Mütze aus Nutriapelz aufsetzen, mit der mich Mutter nach einer Moskaureise überrascht hatte. Damals, als die Eltern unter russischen Einfluß gerieten.

Ich verabscheute die Mütze auf den ersten Blick. In der Garnisonsstadt Neuruppin war es für einen Jungen schon waghalsig, wenn er eine gewöhnliche Pelzmütze trug. Auf der Straße wurde ihm »Holzrusse!« nachgerufen. Die dunkelbraune Pelzmütze aber glich einem Topf. Sie besaß weder Ohrenklappen noch einen hochklappbaren Schirm. Ich wußte nicht, wo bei diesem Topf vorn, wo hinten war. Eingehend betrachtet, zeigte eine Futternaht an, wie er zu tragen war. Setzte ich ihn auf, so verschwand mein Kopf zum größten Teil unter dem Pelztopf. Großmutter widerstand *der Russenhelm* auch. In Neuruppin mußte ich ihn nicht tragen; doch mußte ich ihn tragen, wenn ich am Wochenende nach Schulzenhof fuhr. Am Fahrkartenschalter auf dem Bahnhof Rheinsberger Tor wurde Ilja vom Fahrkartenverkäufer gefragt: Und das Fräulein Schwester ist noch nicht zwölf?

Mir brannten die Ohren unter dem Pelztopf. Ich verbarg ihn fortan in meiner Schultasche und setzte ihn erst auf, wenn ich mich dem Schulzenhofer Gehöft näherte.

Die russische Pelzmütze verfolgte mich bis in die Rheinsberger Schulzeit. Um ihr zu entgehen, verlor ich sie bei einem Herbstspaziergang. Nach der Schneeschmelze kehrte Vater eines Abends vom Ausritt heim. In der Hand hielt er wie eine Trophäe die Pelzmütze. Der Dalmatinerhund Assan hatte sie im Wald aufgespürt. Wieder mußte ich den

Pelztopf tragen. Durchs lange Liegen im Schnee hatte seine Form gelitten. Wenn ich ihn nun aufsetzte, sah ich aus, als gehörte ich zur »Roten Reiterarmee«, nachdem die unter feindlichen Beschuß geraten war. Schließlich beerdigte ich den Pelztopf in einer Rheinsberger Mülltonne. Nie wieder habe ich von ihm gehört.

Ein ähnlicher Widerwille packte mich, als wir Brüder lederne Kniebundhosen erhielten. Ich wollte kein *Alpentoni*, ich wollte nicht *ländlich-sittlich* sein. Ich war Sänger, Schauspieler, Tänzer. Ich lechzte nach Seide. Vater wollte uns auf seinem Anwesen in Holzpantinen sehen. Ich hingegen sah mich in Tanzschuhen. Ich lag auf dem Bett und sah deutlich, wie ich mich drehte, wie ich sprang. Es war ganz einfach, ganz leicht. Irgendwann würde ich Schulzenhof hinter mir lassen, und es würde sich zeigen, daß sich all das, was ich, auf dem Bett liegend, gesehen hatte, ganz mühelos vollbringen ließe.

Weil ich mich von der russischen Manier der Eltern abgrenzen wollte, verzichtete ich darauf, sowjetische Belletristik zu lesen. Ich kaufte nur noch Bücher vom Hinstorff-Verlag. Er veröffentlichte viel skandinavische Literatur. Herzchen, es gibt einen Erzählungsband des norwegischen Dichters Vesaas, der »Das Seltsame« heißt. Eine der Geschichten trägt den Titel »Drei Menschen«. »Drei Menschen« entsprach, ehe Michael mein Freund wurde, meinem Sehnen.

Der achtzehnjährige Torvil und seine gleichaltrige Freundin Aud streifen durch den Wald. Unter Reisig verborgen, finden sie einen toten Säugling. Dann begegnen sie Valborg, der Mutter des toten Säuglings, einem achtzehnjährigen Mädchen aus der Stadt. Torvil und Aud verraten sie nicht. Nein, die drei verbindet von nun an ein Geheimnis. Das wollte ich auch: jemandem im Wald begegnen, der mir ein Vertrauter sein, mit dem ich ein Geheimnis teilen würde. Ich lief durch die Wälder, sang, suchte und träumte.

Im alten Haus saß derweil angemeldeter oder unangemeldeter Besuch. Kam ich aus dem Wald heim und begrüßte im Wohnzimmer die Gäste, so gebärdete ich mich seltsam. Ich wirkte wie abwesend. Dennoch nahm ich Namen wahr, über die gesprochen wurde. Abusch, Bredel, Kurella, Henniger, Plavius: Namen, die mit der DDR-Literatur zu tun hatten und die zum Leben der Eltern gehörten. Außerdem war da noch *die* Anna. Wie jedermann am Tisch wußte ich, die Schriftstellerin Anna Seghers war gemeint. In solchen Kürzeln wurde geredet, wenn Hermann Kant oder Bruno Apitz, der Autor des Buchenwald-Romans »Nackt unter Wölfen«, und seine junge Frau Kiki im Wohnzimmer saßen. So wurde auch geredet, wenn der Kinderbuchautor Gerhard Holtz-Baumert oder gar *Onkel* Ljowa im Wohnzimmer saß.

Onkel Ljowa war Vaters russischer Übersetzer. Er kam aus Moskau, trug einen hellblauen Anzug und war höflich und freundlich. Jahre später war Onkel Ljowa der berühmte Regimekritiker Lew Kopelew, der in Westdeutschland lebte und sich dort zum russischen Weisen erhöhte.

Nach dem Ende der DDR traf ich ihn unerwartet in der Berliner Wohnung der Eltern. Es war eine Begegnung, die mich befremdete. Mir schien, der Weise mit dem kunstvoll gepflegten weißen Bart redete von sich im Plural der Erhabenheit. Nun beherrschte Vaters ehemaliger Übersetzer das Gespräch. Es war mir unerträglich, und ich verließ die Wohnung der Eltern vorzeitig.

Damals aber saß ich *seltsam* am Schulzenhofer Wohnzimmertisch. Ich schnappte Namen aus der Literaturszene und den Inhalt von Büchern auf – Mutter kritisierte meisterhaft neuerschienene Bücher. Ich benutzte ihr Wissen. Ein Strittmatter-Sohn mußte sich in Literatur auskennen. Das doch wohl! Meine Lehrer und die Rheinsberger Buchhändlerinnen verwickelten mich in literarische Gespräche. Weniger aus Eitelkeit als aus Scheu gestand ich ihnen nicht, daß mir der Inhalt der von ihnen zitierten Bücher unbekannt sei. Ich griff aufs angehörte Wissen zurück und tat, als hätte ich es lesend erworben. Soweit ich mich erinnere, blieb meine Scharlatanerie unentdeckt.

Unabhängig von solchen Scharlatanerien las ich in jenen Jahren viel. Nur las ich nicht die Bücher, von denen man annehmen durfte, daß ein Strittmatter-Sohn sie lesen würde. Ich las auch kaum Strittmatter. Ich vermochte es nicht. Hinter dem Geschriebenen sah ich Vater. Meine Gedanken entfernten sich beim Lesen von der Handlung. Da hat er *das* geschrieben, dachte ich, und verhält sich *so*. Oder: *Das* glaube ich ihm nie und nimmer! Kurz, ich befand mich auch zu Vaters Büchern in innerer Abwehr. Dennoch waren mir die Bücher lieber als der *Leibhaftige* selbst. Solcher Haltung entsprang der Satz, den ich zu Mutter sagte:

Als Schriftsteller, ja – als Mensch, nein!

Frage mich nicht, warum, aber Mutter hinterbrachte Vater meine Worte.

Ich sehe die Familie auf dem verwaisten Grünhofer Gehöft. Die Bauern der Umgebung haben fortgetragen, was sie brauchen konnten. Im Stall entdecken wir ein totes Kalb ... Es ist Abend. Fünfzig Schritte vom Haus entfernt liegt der von Birken umstandene verwilderte Teich. Frösche quaken. Ich laufe umher und halte mich von Vater fern; er hat das verlassene Gehöft bei einem Ausritt entdeckt. Ich halte mich abseits, denn ich weiß nun, Vater kennt meinen Satz. Soeben habe ich es von Mutter erfahren.

Da ich wenig Einblick in andere Künstlerhaushalte hatte, kann ich nicht sagen, ob das Folgende für Künstlerfamilien üblich oder unüblich ist. Nie gab es Aussprachen, an denen sich die gesamte Familie beteiligte. Alle Probleme wurden zu zweit geklärt. Wenn mehrere Familienangehörige beisammensaßen, wurde nur über die Probleme von abwesenden Familienmitgliedern gesprochen. Mein ehemaliger Freund Markus Ries hat es benannt. Nachdem Markus, ein

nüchterner Beobachter, mehrere Gespräche am Schulzenhofer Küchentisch miterlebt hatte, sagte er zu mir:

Ihr redet nicht *mit*einander, ihr redet *über*einander.

Ein hartes Urteil, das ich teile. In meiner Jugend hätte es
aber keiner von uns Brüdern gewagt, bei Tisch ein Problem
vorzutragen, das zuvor nicht mit Mutter besprochen worden
wäre. Mutter war die Vermittlerin. Oder sie bestimmte den
Zeitpunkt, wann wir Vater mit einem Problem behelligen
durften. Ich gewöhnte mich daran. Und irgendwann trug
ich Konflikte zwischen Vater und mir nur noch mit Mutters
Hilfe aus. Es sei denn, es kam zum Krach. Doch dazu später.

Wenn ich es recht bedenke, so vermittelte Mutter auch
zwischen uns Brüdern. Sie war die *Zentrale*, und fast nie
schien sie dieser Rolle überdrüssig gewesen zu sein.

Zurück zum Reisen. Ein einziges Mal durften Ilja und ich
die Eltern auf einer längeren Fahrt begleiten. Sie galt als Iljas
Jugendweihegeschenk.

Wie fast jedes Jahr im August sollte Vater in Weimar und
in Leipzig vor ausländischen Germanistikstudenten lesen.
In Weimar logierten wir im berühmten Hotel »Elephant«.
Ich war überwältigt: Ich besaß ein eigenes abschließbares
Zimmer. Ich nutzte meine Unabhängigkeit und schlief auf
dem Bett, hinter der verschlossenen Tür, ein. Weder das
Klopfen gegen die Zimmertür noch das Telefonläuten vermochten mich zu wecken. Trotzdem erinnere ich mich, daß
ich Goethes Gartenhaus gesehen habe. Auch Naumburg
und den Naumburger Dom sah ich auf dieser Reise und ein
wenig von Leipzig.

In Leipzig besuchten wir die Professorenfamilie Taube.
In ihrem Haus lebte der mongolische Germanistikstudent
Galsan Tschinag. Er hatte Vater eine Erzählung geschickt.
Galsan schrieb so fehlerfrei deutsch, daß Vater seine mon-
golische Herkunft angezweifelt hatte. Nun saß er dem
Tuwiner Galsan gegenüber und bestaunte den *Wunder-*

knaben, der sich mit Wildpferden und dem Lassowerfen auskannte.

Galsan besuchte bald darauf Schulzenhof. Auf dem Hof wurde Lasso geworfen. Ich beobachtete es durchs Kinderzimmerfenster, und – man wird es verstehen oder nicht – ich war auf Galsan eifersüchtig. Doch hoffe ich, daß ich ihn meine Eifersucht nicht spüren ließ. Ich bemühte mich, zu verbergen, was ich empfand, als ich Vater sagen hörte, Galsan sei für ihn wie ein Sohn.

Ich bemühte mich, meine Eifersucht auf Galsan zu verbergen, wie ich mich jahrelang bemüht hatte, meine Furcht vor dem Reiten zu verbergen.

Aufrechte Körperhaltung! ... Die Leine nicht zu straff halten! ... Der Druck der Hacken zeigt dem Pferd an, ob es nach rechts oder nach links gehen soll!

Weil ich Vater beeindrucken wollte, ritt ich ohne Sattel. Ich ritt freilich nicht im Trab, sondern nur Galopp. Allein wie ich mich auch bemühte, sobald ich auf dem Pferd saß, wurde ich ängstlich. Ich fürchtete, das Pferd könnte seinen Willen gegen mich richten, was schließlich auch geschah. Beim Longieren in der Manege biß mir der Blauschimmel Malek in die Schulter – eine schmerzhafte Warnung. Sie hatte mir bedeutet, daß ich künftig aufs Reiten verzichten sollte. Und er ist so gerne geritten! Hat sogar beim Galoppieren gelacht! sagte Vater noch Jahrzehnte später am Küchentisch. Man kann auch aus Furcht lachen. Ich jedenfalls neige dazu. So lache ich jetzt, weil ich fürchte, ich habe einen zu langen Brief geschrieben. Herzchen, was mute ich Dir und mir zu?

Du kommst im Sommer nicht nach Berlin, schreibst Du im letzten Brief. Was soll ich sagen? Ich bedaure es. Ja. Tröstlich ist es, zu lesen, daß Du wieder zeichnen kannst.

Kennst Du die Sängerin Noa? Kurz bevor ich nach Suhl reiste, ließ mich ein Lied im Radio aufhorchen. Leider wurde der Name der Sängerin nicht genannt. Ich rief, entgegen meiner sonstigen Zurückhaltung, beim Rundfunksender an. Nach einer umständlichen Recherche erfuhr ich, die Melodie des Liedes stammt aus dem Film »Das Leben ist schön«, und die Sängerin, die die Melodie für sich nutzt, heißt Noa. Der Musikhandel bietet mehrere CDs von Noa an. Du solltest Noa hören ... Testen Sie es, *Herr Herz*.

Liebes Herzchen!

Am Montag habe ich Mutter angerufen und ihr meine
Rückkehr aus dem Urlaub vermeldet. Sie schlug vor, ich
solle für einige Tage nach Schulzenhof kommen. Ihr Angebot verwunderte mich. Das wiederum verwunderte Mutter.
Sie fragte sich laut am Telefon, weshalb es jedesmal Umstände gebe, wenn es darum gehe, daß ich nach Schulzenhof
kommen solle. Auch habe sie im Juni, als Jakob und seine
Freundin Cathrin in England Urlaub machten, gehofft, ich
würde sie in Schulzenhof besuchen. Da verlor ich die Selbst-
beherrschung. Ich hatte von der Reise erst am Abend vor
Jakobs Abfahrt erfahren, obwohl ich ihn letzten Sommer
gebeten hatte, es mir künftig rechtzeitig zu sagen, wenn er
vorhabe, auf längere Zeit zu verreisen. Nun traf mich am
Montag unversehens Mutters Vorwurf. Ich sagte, daß ich
von der Englandreise nichts erfahren hätte, sei bezeichnend,
und ich sagte, ich fühlte mich vom Schulzenhofer Leben
ausgeschlossen. Mutter verlangte zu wissen, wie ich zu dieser Ansicht käme. Ich erwähnte das Auto, das sie Franziska
geschenkt hat. Ich sagte, es kränkt mich, daß sie Geschenke
vor mir verheimlicht und mich damit zum angeblichen Nei-
der macht. Und ich erwähnte Mutters Verhalten an meinem vorletzten Geburtstag. Im selben Moment wußte ich,
sie würde sich für ihre Lüge nicht entschuldigen. Richtig,
Mutter redete die Lüge klein. Enttäuscht legte ich den Telefonhörer auf.

Tja, so stehen die Dinge, und vorerst fahre ich nicht nach
Schulzenhof. Ich denke, eine Mutter sollte sich bei ihrem
Sohn entschuldigen, wenn sie unrecht gegen ihn gehandelt

hat. Mutter aber wird schweigen und auf mein Mitleid oder auf meine Sorge um sie hoffen. Verflucht, ich kenne das! Mutters Verhalten erinnert mich unangenehm an Neuruppiner Zeiten. Großmutter hatte mit jedem ihrer Söhne Geldgeheimnisse. Wolfgang, der ältere Sohn, durfte nicht erfahren, wieviel Geld Udo, der jüngere Sohn, zugesteckt bekam, und umgekehrt: Aber sag es bloß nich …! – Wie ich diesen Satz verabscheue. Auch Mutter hat diesen Satz verabscheut. Beide Brüder durften ihr, der Schwester, gleich gar nichts von Großmutters Geldgeschenken erzählen. Mutter, die Großmutter bis zu deren Tod großzügig mit Geld ausstattete, durfte nicht erfahren, wo das Gesparte, das doch vornehmlich von ihr stammte, abblieb. Darüber hat sich Mutter oft geärgert. Und nun? Nun wiederholt es sich. All das läßt einzig den unschönen Schluß zu: Der Mensch mag sich noch so sehr seiner Herkunft erwehren, am Ende besiegen ihn die Gene. Zuweilen funkeln Mutters Augen böse, genießt sie es, es jemandem mit Worten *zurückgezahlt*, es ihm *gegeben zu haben*. Großmutter und deren Mutter, *die alte Berner*, waren für *Strafaktionen* berüchtigt. Vorwurfsvolles Schweigen war das bescheidenste Mittel der Bestrafung. Und meist traf es die nachfolgende Generation, traf es die eigenen Kinder. Großmutter fürchtete ihre Mutter. Onkel Udo, Onkel Wolfgang und meine Mutter fürchteten die Launen ihrer Mutter. Ist das nicht lächerlich? Nein, ich laß mich nicht in solch eine unwürdige Situation bringen.

Nach wie vor gilt für mich, was ich Dir nach Deinem Besuch bei Deinen Eltern geschrieben habe: Es ist besser, sich über Ungerechtigkeiten nicht zu beklagen. Geht es aber um Würde, so muß man reden. – Genug.

Wie in jedem Urlaub kam auch diesmal der Tag, an dem ich in die Thüringer Landschaft schaute und mir ungewollt Berliner Straßen und Plätze vor Augen standen. Der Berliner Sog ist stark. Nun suche ich Plätze auf, nach denen ich mich auf dem Kinkelschen Hanggrundstück gesehnt habe. Dabei will ich arbeiten. Ganz aber kann ich mich dem Wunsch noch nicht fügen. Es ist Sommer. Ich möchte ein kleines Stück von ihm in mich hineinfressen. Leider ist mein Magen übellaunisch. Mir bekommt nicht, wonach ich greife – die Plätze und auch die Personen wollen nicht meinen Vorstellungen entsprechen.

Vorgestern habe ich jedoch Lisa Rettich besucht, und es wurde ein heiterer Vormittag in Lisas Küche. Nebenbei erfuhr ich, daß mein letzter Freund, der Banker Markus Ries, neuerlich liiert ist. Lisa, seine Bankkundin, hatte ihm »Steuerkarten« fürs Berliner Ensemble besorgt. Als Gegengabe stellte ihr Markus seinen neuesten Freund vor. Der *Aktuelle* soll nicht so jung sein wie mein Nachfolger oder wie der Nachfolger des Nachfolgers. Der Aktuelle ist auch durchaus nicht schlank. Dafür wackelt er, wenn er erzählt, mit dem Kopf. Lisa – in ein kleidlanges mattgrünes T-Shirt gewandet – spielte vor, wie Markus' Freund, sobald er redet, den Kopf vorschiebt: Ich mag das nicht. Verstehst du?!

Ich auch nicht, Lisa.

Lisa fährt in einigen Tagen nach Salzburg. Der Intendant Peymann lädt die Regieassistentin Rettich ein, sich seine jüngste Inszenierung anzusehen, die nächste Spielzeit ins Repertoire des Berliner Ensembles übernommen werden soll.

Lisa ist mit sich im Einklang. Sie hat am BE ein Jahr lang hart gearbeitet, und nun steht ihr Urlaub zu. Sollte ihr Salzburg nicht gefallen, so bleibt ihr noch eine Fahrt nach Cuxhafen. Lisas Mutter war dort im Zweiten Weltkrieg *Lazarettmädel.* Die alte Frau wünscht sich eine Erinnerungsreise nach Cuxhafen, und die Tochter soll sie begleiten. So geht's auch!

Ein Ort, der *mir* bleibt, ist Johannas Wohnung. Jeden zweiten Tag gieße ich auf ihrem Balkon die Blumen. Danach sitze ich eine Weile im Wohnzimmer. Ich genieße die Stille in der verwaisten Wohnung. Doch hauptsächlich bin ich der Vergangenheit untertan. Wenn mich derzeit irgend etwas umtreibt, sind es die *Erinnerungen an Schulzenhof*.

Geschlagen hat mich mein Vater ein einziges Mal …

Familie S. war in Schulzenhof zu Besuch. Auch Großmutter war für einige Tage angereist. Die Erwachsenen saßen am Wohnzimmertisch. Bruno S., ein ehemaliger stellvertretender Landwirtschaftsminister und begeisterter Jäger, erzählte Geschichten übers Zentralkomitee der SED und über die Jagd. *Onkel* Bruno ist wie jeder *anständige* Jäger ein hervorragender Erzähler. Vater hatte eine von Brunos Erzählungen zu Literatur gemacht. »Die Cholera« mißfiel den DDR-Oberen. Und es war wohl Vaters Erzählung schuld daran gewesen, daß Bruno S. seinen Posten verloren hatte, was er Vater aber nicht verübelte.

Familie S. hatte sich nach dem *politischen Sturz* in der Nähe von Neuglobsow in einem einstigen Forsthaus angesiedelt. Onkel Bruno war zum Landleben zurückgekehrt. Der Kätnersohn und seine Frau züchteten Pferde, Hühner, Gänse und Puten. Sie besuchten uns oft in Schulzenhof, und auch wir waren in ihrem Forsthaus gern gesehen.

An jenem Tag nun hatten sie Monika und Carmen, zwei handfeste Mädchen in meinem Alter, mitgebracht, denen an den Erzählungen ihres Vaters wenig gelegen war. Ich wollte ebenfalls nicht hören, was ein Landwirtschaftsminister einst unsinnigerweise angeordnet und was Onkel Bruno bauernschlau hintertrieben hatte. Auch war ich kein Freund des Jägerlateins. Und war es kein *Latein*, dann war es um so schlimmer. Ich mag es nicht, wenn Tiere aus dem Hinterhalt – und ein Hochstand ist ein Hinterhalt – getötet werden.

Da Monika, Carmen und mir an Brunos Geschichten nichts lag und wir obendrein im Pubertätsalter waren, kam

111

uns die Idee, auf dem Stallboden im Heu zu spielen. Klein Matthes folgte uns. Ich wußte, im Heu zu spielen war untersagt. Vater hatte es ausdrücklich verboten. Was aber ist ein Verbot verglichen mit der Pubertät? Die Pubertät kommt erst richtig in Schwung, wenn sie sich den Anordnungen der Erwachsenen widersetzt. Und was Matthes anlangte: Wir hatten ihn nicht gebeten, mit uns ins Heu zu kriechen. Im Gegenteil: er störte.

Weil er merkte, daß er störte, stahl sich Matthes fort und meldete sich heuhalmgeschmückt am Kaffeetisch zurück. Sofort wurden wir anderen vom Stallboden gerufen. Und mir befahl Vater, in sein Zimmer zu kommen.

Schuldbewußt schlich ich die Treppe zur Stallstube hinauf. Hinter der Tür traf mich eine Ohrfeige. Ich war bereits sechzehn. Vater – damals ein kräftiger Mann – schlug erbarmungslos auf mich ein. Ich ging in die Knie. Vater hielt mich am Nacken. Wieder und wieder hieb er auf mich ein. Ich spürte die Wucht der Schläge und umkroch auf dem weinroten Kokosläufer Vaters Beine. Während ich schrie und weinte, hörte ich Carmen und Monika unterhalb der Stalltreppe rufen: Onkel Erwin, wir wollen auch Schläge! Bitte, Onkel Erwin, schlag uns auch!

Schließlich kam Mutter die Treppe heraufgehastet. Sie öffnete die Tür und erblickte die erniedrigende Szene. Vater sah, was Mutter sah – er ließ von mir ab, warf sich in einen Sessel und keuchte:

Du bist noch mal mein Tod!

Ich flüchtete die Treppe hinab. Einen Arm vorm Gesicht, rannte ich vom Gehöft. Als verfolgte mich Vater, als läge er nicht, nach Atem ringend, im Ledersessel, stürmte ich durchs Vorwerk und verbarg mich in einem Schuppen. Hier weinte und wütete ich. Meine Augenlider schwollen an. Mir war, als hätte mich mein blindwütiger Vater blindgeschlagen. Die Vorstellung tröstete mich. Das wäre Vater eine gerechte Strafe. Über solche Gedanken wurde es Abend.

Ewig konnte ich im Schuppen nicht bleiben. Ich kehrte zum Gehöft zurück. Abermals verdeckte ich die Augen mit dem Arm. Umständlich griff ich übers Tor und hangelte nach dem Türschlüssel. Ich öffnete die Tür und humpelte schreiend auf den Hof.

Ich kann nichts mehr sehn! Ich sehe nichts mehr! rief ich.

Großmutter entdeckte mich zuerst. Sie ließ sich *kein X für ein U* vormachen.

Hör auf mit dem Geplärr … Was solln die Leute denken! sagte sie. Da wußte ich, ich hatte übertrieben. Ich verzichtete auf den Plan, von Stund an blind zu sein. Auch war Familie S. heimgefahren. Einzig für sie hätte sich die Darstellung des Blindgeschlagenen gelohnt. Sie hätte Vater in Verlegenheit gebracht. Nun aber saß er bereits wieder in der Stallstube. Und auch für mich wäre es besser, wenn ich mich ins Kinderzimmer zurückzöge. Die Folge seines Jähzornsanfalls war, daß Vater wochenlang gegen mich schwieg.

Heute weiß ich, weshalb es ihn wild erzürnte, daß ich mich seinem Verbot widersetzt hatte. Er fürchtete, eines von uns Kindern, und besonders Klein Matthes, hätte beim Spiel auf dem Stallboden im Heu versinken und darin ersticken können. Derartige Unglücksfälle waren bekannt. Trotzdem war Vaters Zorn unverhältnismäßig heftig. Auch wirkte er in mir alptraumhaft nach.

Vater hatte aus zwei vorherigen Ehen je zwei Söhne. Wir Kinder kannten über Jahre nur Knut, Vaters jüngeren Sohn aus seiner ersten Ehe. Bis zu seinem Abitur, das er, ebenso wie es die Eltern von mir erwarteten, an der Rheinsberger Oberschule ablegte, lebte Knut mit auf dem Schulzenhofer Gehöft. Ich mochte ihn. Denke ich daran, wie er damals war, so höre ich ihn Schlager singen oder pfeifen. Mein Halbbruder Knut war freundlich, doch führte er schon ein Erwachsenenleben. Nach dem Abitur erlernte er auf dem

Volksgut Klein Kreutz, das auch für mich kurzzeitig wichtig werden sollte, den Schäferberuf.

Mutter und Knut verstanden sich gut. Selbst in Zeiten, als Vater mit Knut unzufrieden war, blieb Mutter ihm freundschaftlich verbunden. Das änderte sich durch einen Brief. Knut schrieb an Mutter, er bewundere ihre in der »Neuen Deutschen Literatur« veröffentlichten Gedichte. Mit Vaters letztem Buch, dem »Schulzenhofer Kramkalender«, könne er hingegen nichts anfangen. Empört und enttäuscht wandte sich Mutter vom zweitältesten Sohn ihres Mannes ab.

Knut hatte einen Schulfreund: August Meier. Der wortkarge August kam eines Abends nach Schulzenhof, um Knut zum Dorftanz abzuholen. Er saß eine Weile schweigend im Wohnzimmer. Ich bestaunte ihn, denn ich hatte gehört, daß er Schauspieler werden wollte. Entgegen Vaters Prognose wurde der schweigsame August tatsächlich Schauspieler. Ich sah ihn während meiner Schauspielausbildung auf der Bühne des Stralsunder Theaters spielen. Nicht gut, nicht schlecht. Egal. August Meier erhält im Fortgang meiner Geschichte auf andere Weise eine Bedeutung.

Ende der 60er Jahre lud Vater Uwe, den älteren Sohn aus seiner zweiten Ehe, nach Schulzenhof ein. Anders als Knut sah Uwe, der Biologie studierte, seinem Vater nicht ähnlich. Sein vernarbtes Gesicht war kantig.

Ilja und ich ritten zusammen mit Uwe aus. Wir zeigten ihm die Foßkuhlen, zwei mit Gletscherwasser gefüllte Erdlöcher. Die Foßkuhlen, heißt es, sind gefährlich tief. Auf jeden Fall ist ihr Ufer, wie allgemein bekannt war, morastig. Uwe mißachtete den Morast. Unser fremder Bruder stieg vom Pferd, trat ans Ufer und versank bis zu den Hüften im Schlamm. Wir halfen dem fremden Bruder, sich aus dem Morast zu befreien, und führten den nach Moder Riechenden heim. Zwei Tage darauf verließ Uwe das Schulzenhofer Gehöft. Wenig später erlahmte der Briefwechsel zwischen

114

Vater und Uwe. Ich sah ihn erst Anfang 1994 wieder, auf Vaters Beerdigung, zu der sie alle erschienen, die *Herren Söhne.*

Heute überlege ich, wie Uwe zumute gewesen sein mag, als er bei seinem Besuch Vaters Anwesen wie ein Fremder von außen betrachtet hatte. Hatte ihn einzig die Neugierde nach Schulzenhof geführt?

Vater war die meiste Zeit mit den Söhnen aus seinen ersten Ehen unzufrieden. Er unterstützte sie finanziell, erfuhren wir. Und wir erfuhren, daß seine ersten Ehefrauen Kleinbürgerinnen waren. Tief in der Seele. Indes war es mit dem Kleinbürgertum so eine Sache. Manches, was Ilja und mir gefiel, wurde in Schulzenhof als kleinbürgerlich abgetan. Würfel- und Kartenspiele waren als kleinbürgerlicher Zeitvertreib verpönt. Gleiches galt fürs Fußballspiel, was mich als Fußballverächter aber nicht störte. Geburtstagsbesuche bei Verwandten waren genauso kleinbürgerlich wie Hochzeits- und Jugendweihefeiern. Auch wenn das jüngste Kind von den Eltern bevorzugt wurde, war das ein Merkmal für kleinbürgerliches Verhalten. Nesthäkchen – ein schauderhaftes Wort, sagte Mutter. Kleinbürgersprache. Es zeugte von Kleinbürgerstolz, wenn jemand erzählte, er habe seine Doktorarbeit *gebaut.*

In seinen letzten Lebensjahren neigte Vater zur Sentimentalität. An seinem achtzigsten Geburtstag fiel es ihm ein, man könnte ein Gruppenfoto machen: »Der Vater und seine Söhne«.

Gefeiert wurde auf dem Gehöft, in der talwärts offenen Stallung. Die Gäste – Literaten, Pferdezüchter, Ärzte, Verlagsmitarbeiter, Funktionäre und Freunde – saßen an aufgebockten Tischen. Das Essen wurde vom neuen Haus her aufgetragen. Vater zeigte sich gut gelaunt. Er schlug das Gruppenbild vor. Knut war anwesend und Thomas, Vaters jüngerer Sohn aus seiner zweiten Ehe. Ich war verblüfft, als ich von Vaters Idee hörte. Jakob verschwand in seinem Kellerzimmer im neuen Haus und wurde Stunden nicht mehr gesehen. Ich zog mich ebenfalls zurück. Zu solch einem Gefallen war ich nicht bereit. So kam es nicht zu dem Gruppenbild »Der Vater und seine Söhne«.

Ja, in seinen letzten Jahren war Vater nicht selten sentimental. Und er war nun stolz auf Knut. Der hatte seine Doktorarbeit *gebaut*. Vater sagte es unter der Hofbirke zu einem Pferdezüchter. Mutter hörte es auf der Treppe zum alten Haus. Längst sah sie ihr Leben mit Vater kritisch.

Mein Mann wird alt, meinte Mutter kopfschüttelnd, ohne zu ahnen, wie sehr das Alter auch sie umformen würde.

Daß Ilja mein Halbbruder ist, hatte ich beim Zank auf einer Neuruppiner Straße erfahren.

Ich hatte Gerhilde Adlers Kleid zerrissen. Gerhilde war zwei Jahre älter als ich. Sie schwärmte für Ilja. An jenem Tag spielten wir zusammen, und es kam zu dem Streit, bei dem ich aus Versehen ihr Kleid zerriß und Gerhilde die Hände in die Hüften stemmte und schrie: Ilja is überhaupt nich dein Bruder!

Gerhilde wohnte, Straßen von Großmutters Wohnung entfernt, am Rheinsberger Tor. Stimmte, was sie behauptete, war Ilja nicht mein Bruder? Wußten die Leute in der Stadt mehr als ich?

Ich lief heim zur Großmutter. Die rief: Lüge! und schwor, sie würde sich das Früchtchen Gerhilde kaufen.

Tage danach war der Streit zwischen Gerhilde und mir beigelegt. Sie klopfte an die Wohnungstür und fragte, ob ich mit ihr auf der Straße spielen dürfe. Großmutter schoß wie ein siebenköpfiger Drache durch die offene Tür; sie packte Gerhilde, schüttelte sie und zieh sie, ein nichtsnutziges, dämliches Gör zu sein. Gleich darauf schlug Großmutter die Wohnungstür zu. Damit war die Sache für sie erledigt.

Ich wagte Ilja nicht zu fragen, ob er mein Bruder sei; am Wochenende aber erzählte ich in Schulzenhof, was in Neuruppin geschehen war. Mutter gestand mir, daß Ilja einen anderen Vater hatte. Großmutter hatte ihr abverlangt, uns ihre erste Ehe zu verschweigen. Andernfalls hätte sie uns Kinder nicht länger bei sich behalten.

Ilja kennt seinen Vater nicht, sagte Mutter. Das ist auch nicht nötig, denn nun ist unser Vater Iljas Vater.

Allerdings hatte Vater Ilja noch nicht adoptiert. Zur Adoption gehörte ein Bluttest, der Vater mißhagte. Mutter war es einmal gelungen, zusammen mit ihm ein medizinisches Labor aufzusuchen; dann aber war er aus dem Warteraum geflüchtet.

Ilja war also mein Halbbruder – eine beeindruckende Neuigkeit, fand ich. Auch Mutters erste Ehe, von der ich ein wenig erfuhr, hörte sich beeindruckend an. Dennoch sprach ich mit Ilja nicht darüber.

Als Kinder kamen wir, bis auf die alltäglichen Zankereien, gut miteinander aus. In unseren frühen Neuruppiner Jahren erzählte ich ihm abends, wenn Großmutter bereits das Licht im Kinderzimmer ausgeschaltet hatte, von Bett zu Bett Geschichten. Ich ersann Fortsetzungs-*Romane*; er bettelte oft, ich möge weitererzählen. Manchmal lauschte Großmutter hinter der Tür. Wurde die Geschichte zu lang, so flog die Kinderzimmertür auf und Großmutter herrschte ins Dunkel: Und nu is Ruhe! Ich spürte aber, auch Großmutter gefiel meine Geschichte vom Boxerhund Pan, der den Blinddarm findet.

Ilja – vielleicht weil er älter war als ich – wagte es zuerst, sich gegen Vater aufzulehnen. Er sperrte den Zornigen in den Kohlenstall ein und rannte fort, was Vater noch mehr erzürnte. Später verlegte sich Ilja gemäß Großmutters Ermahnung: Denk dran, du brauchst *ihn* noch!, aufs Schöntun. Ich wußte, wie Ilja über Vater dachte, und mir wurde leicht übel, wenn ich hörte, daß er Vater *Väterchen* nannte. Solch Kosename wäre mir selbst an dem familienharmonischsten Tag nicht über die Lippen gekommen.

Doch will ich gerecht sein: Ilja hatte eine härtere Kindheit als ich. Ich kämpfte um die Anerkennung meines leiblichen Vaters. Ilja rang, seitdem er als Vierzehnjähriger von seinem wirklichen Vater gehört hatte, um die Gunst eines *fremden Mannes*. Auch hatte er als Kleinkind eine Weile in einer Berliner Wochenkrippe leben müssen. Großmutter hatte ihn aus der Krippe geholt und nach Neuruppin gebracht – eine Geschichte, die Großmutter, wenn sie ihrer Tochter zürnte, in düsteren Farben malte. Seit der Zeit in der Wochenkrippe stotterte Ilja. In meiner Erinnerung höre ich den spillerigen Bruder noch immer Vokale hervorstoßen.

Ja, Ilja traf es in der Kindheit hart. Trotzdem verhält es sich so, daß wir uns heute nichts zu erzählen haben ... Nachdem er erfahren hatte, daß man Vaters Anerkennung nur fand, wenn man ihm nützte, suchte sich Ilja andernorts Freunde. Mir war es genehm. So gut wie wir uns in der frühen Kindheit verstanden hatten, so wenig paßten wir in der Pubertät zusammen. Und ich war froh, als Ilja in Kunsterspring eine Forstlehre begann, wenngleich mich sein Fortgehen in Schulzenhof zum *Einzelkämpfer* machte.

Die Birke steht mitten auf dem Hof. Es ist die zweite Birke, die Vater dort hat setzen lassen. Die erste brach nach wenigen Jahren der Sturm. Auch die jetzige Birke hat in einer stürmischen Nacht ihre Krone verloren. Nun reckt sie zwei Astarme gegen den Himmel. Heute überragt die Birke längst das alte Haus und den Pferdestall. Unter ihren Zweigen stehen ein wachstuchbespannter Tisch und zwei grüngestrichene Bänke. Wenn man auf der einen Bank sitzt, hat man das Wiesental im Rücken. Sitzt man auf der anderen, schaut man aufs Tal. Das Grundstück ist an dieser Stelle leicht abschüssig, weil es, wie Schulzenhof überhaupt, auf einer Anhöhe liegt. Man schaut von oberhalb auf das vom Bach geteilte Wiesental. In der Kindheit badeten wir im Bach. Zur Laichzeit fingen wir Hechte im Bach. Im Frühjahr und Herbst hält sich morgens und abends Nebel über dem Tal. Für Rheumatiker wie Mutter ist das Wiesental gesundheitsgefährdend. Allein die schöne Landschaft verhindert die schwarzen Gedanken an Krankheit.

Unter der Birke saß ich und las. Hier lernte ich Englisch, putzte ich Pilze, dachte ich über die Schauspielerei nach. *Konspirative Gespräche* über Vater führte ich unter der Birke. Und meine letzte Auseinandersetzung mit Großmutter hatte ich unter der Birke.

Großmutter war unangemeldet auf dem Gehöft erschienen; die alte Frau war mit dem Zug und dem Fahrrad nach Schulzenhof gekommen. Nach dem Mittagessen, als alle anderen ruhten, trafen wir unter der Birke aufeinander. In schrillem Ton forderte Großmutter Rechenschaft. Weshalb hatte ich mich ihr entzogen? Hatte ich vergessen, was sie alles für mich getan hatte? Im Unterschied zu meinen feinen Eltern!

Ich erhob mich von der Bank und sagte, es gäbe *in ihrer Welt* gewiß geeignetere Leute zum Streiten als mich. Ich ging ins Haus und ließ die weinende Alte unter der Birke zurück. Mein Abgang stimmte mich froh, und ich hielt mich für sehr erwachsen. Nie habe ich Großmutter wiedergesehen. All das verbindet sich für mich mit der Birke auf dem Schulzenhofer Gehöft.

Ein weiterer für mich einst wichtiger Platz findet sich im Garten. Dort, wo das Grundstück und die benachbarte Wiese auf gleicher Höhe liegen, steht die Laube. Als sie mir wichtig war, stand sie jedoch näher zur Scheune hin. 1971 wurde das neue Haus gebaut, und die rostrote Laube mußte in die Tiefe des Gartens ausweichen. Ich liebte sie von Anbeginn. Sie wird mich immer an heiße Sommertage erinnern, wenn sich die Sonnenhitze unterm geteerten Laubendach staut.

Die Laube ist schlicht gebaut. Vom überdachten Vorraum

führt eine Tür ins kleine Zimmer. Das Zimmerchen hat Fenster nach zwei Seiten. Mehrmals wohnten junge Dichter darin. Sie schrieben in der Laube und zeigten Vater, was sie zu Papier gebracht hatten. Vater beriet die jungen Dichter künstlerisch. Nach ihren ersten literarischen Erfolgen wußten sie nichts mehr davon … Später stand die mit Tisch, Stuhl, Klappbett und Regal ausgestattete Laube jahrelang leer, war sie Abstellkammer.

Im Sommer 1968 quartierte sich Ilja dort ein. Damals malte er. Sobald er das Fenster öffnete, drang Terpentingeruch in den Garten. Ich beneidete Ilja um seine intensive Arbeit. Mir gefiel auch, was er malte. Seine naiven Bilder erinnerten an Van-Gogh- und Gauguin-Gemälde. Weniger gefiel mir, daß er durchs Laubenfenster mit Kati Thalbach poussierte.

Der Sommer 1968 war ein Ausnahmesommer. Das Dach und die Schornsteine vom alten Haus wurden erneuert. Matthes, Jakob und ich hausten wochenlang in der Garage. Vater ertrug den Baulärm nicht und flüchtete in die Berliner Wohnung. Fortan konnten wir unser *Jugendleben* in der Garage genießen, ohne Vater in seiner Stallstube zu stören. Obendrein geriet Kati Thalbach nach Schulzenhof. Benno Besson, Katis Vater, und Usch Karusseit wollten in der Schweiz Urlaub machen. Für Kati, deren Mutter vor zwei Jahren gestorben war und die seitdem bei den Eltern einer Mitschülerin wohnte, fand sich in jenem Sommer keine Unterkunft. So kam sie mir zur Freude nach Schulzenhof.

Die großäugige Kati drängte es ebenfalls zur Schauspielerei. Sie konnte sogar *erste berufliche Erfolge* aufweisen. Sie hatte an der Seite ihrer Mutter gefilmt. Auch synchronisierte sie ausländische Filme, und nach dem Sommer würde sie in der »Faust«-Inszenierung vom Deutschen Theater Statistin sein. Einen Engel und eine kleine Hexe durfte die Vierzehnjährige spielen. Das waren Aussichten!

Kati und ich improvisierten auf dem Scheunenglatt, einer

betonierten Fläche vor dem Pferdestall, Szenen aus Offenbachs »Schöner Helena«. Ich hatte in den Kammerspielen des Deutschen Theaters Bennos »Helena«-Inszenierung gesehen. Es war großartig gespielt und nicht minder großartig gesungen worden. Herzchen, Schöneres hätte es in jener Zeit für mich nicht geben können. Und nun sangen und spielten wir die Lieder aus der »Helena«, wobei Kati auch hier mir gegenüber im Vorteil war. Sie hatte sich die »Helena«-Inszenierung des öfteren anschauen können, weil ihre Pflegeeltern gewissermaßen vor der Haustür des Deutschen Theaters wohnten – sie saß nicht wie ich auf dem platten Lande fest.

Kati hatte nicht nur das Deutsche Theater vor der Haustür. Sie hatte auch eine Westberliner Großmutter und einen dazugehörigen Onkel. Großmutter und Onkel besuchten Kati. Der Onkel schmuggelte für sie Schallplatten *in den Osten*. Ja, Kati Thalbach führte ein beneidenswertes Leben. Sie wohnte ganz allein in einem Zimmer in jener Stadt, nach der ich mich sehnte. Leider schien Kati zuweilen eine *sadistische Neigung* zu verspüren. Beim Heumachen sagte sie, es würde ihr gefallen, mir die Heugabel in die kleine Zehe zu stechen. Wir saßen am Wiesenrand auf dem Heuwender. Kati hielt sinnend die Heugabel in der Hand. Ich lachte, doch ahnte ich die Untiefe hinter dem Spaß.

Kati trug ihr aschblondes Haar schulterlang. Ihre Hüften waren ausladend. Unter dem gelben Strandkleid, das sie in jenen Wochen bevorzugte, zeichnete sich ein kräftiger Busen ab. Kati schwor darauf, der Typ Monroe sei wieder im Kommen. Ich fotografierte sie im gelben Strandkleid. Im Gegensatz zu mir, der ich, wenn ich fotografiert wurde, auf *gestaltete Natürlichkeit* Wert legte, liebte es Kati, für den Fotografen zu posieren.

Wir verbrachten viel Zeit miteinander im Sommer 68. Aber dann begann sich Kati für Ilja zu interessieren. Sie *lungerte* vor dem offenen Laubenfenster *herum* und kicherte über Iljas banale Witzeleien. Mehr noch empörte mich, daß Vater, der für kurze Zeit nach Schulzenhof zurückgekehrt war, Kati und Carmen S., die im Sommer 68 gleichfalls einige Tage auf dem Gehöft der Eltern verbringen durfte, zwei dumme Gänse nannte. Carmen entfernte sich weinend vom Mittagstisch. Kati hingegen bedankte sich für Vaters *Kritik*.

Kati war in der Aufmachung einer Pensionatsschülerin – brauner Samtrock, braune Samtweste über einer weißen Bluse und braunes Samtbarett – nach Schulzenhof gekommen. In derselben Aufmachung verließ sie Schulzenhof nach vier Wochen wieder.

Ich besuchte sie einige Male in Berlin. An ihrer Zimmertür hing eine Luftaufnahme von Paris. Wie ich mich nach Berlin sehnte, sehnte sich Kati nach Paris. Sie besaß Schallplattenaufnahmen von französischen Sängern. Durch Kati lernte ich Montand und Aznavour kennen. Ich saß in ihrem Zimmer und hörte französische Chansons und den Kantinenklatsch aus dem Deutschen Theater – Katis Klatschgeschichten beschäftigten meine Phantasie. Auch korrespondierten wir damals eifrig.

Kati spielte ihre erste große Fernsehrolle. Dann holte Helene Weigel sie ans Berliner Ensemble. In der »Dreigroschenoper« mimte sie eine kleine Hure, bevor sie, sechzehnjährig, die »Polly« des Berliner Ensembles wurde. Nach ihrem erfolgreichen Debüt beendete Kati unsere *Korrespondenz*.

Im Sommer 1974 begegneten wir uns zufällig nachts in Berlin Unter den Linden. Kati flanierte leicht angeheitert zwischen zwei Männern. Sie sah mich und blieb stehen. Mit nunmehr nasaler Stimme fragte sie, wie's denn so gehe … Kati wirkte kindlich. Sie war schlank, trug gewagt hohe Schuhe und einen *fipsigen* Minirock. Nach einem ersten freudigen Moment wußten wir, wir hatten einander nichts zu erzählen.

1993 sollte ich, kurz vor dessen Schließung, am Berliner

Schiller Theater »gastieren«. Eines Vormittags wartete ich in der Kantine auf den Probenbeginn. Ich sah ins Textbuch, und wenn ich aufschaute, saß da, einige Tische entfernt, eine fröstelnde Frau. Mehrmals schaute ich ins Textbuch, mehrmals schaute ich die Fröstelnde an, die ich für eine übernächtigte Putzfrau hielt. Endlich begriff ich, daß ich *die* Thalbach anschaute. Die Thalbach hatte nichts mehr mit dem Mädchen gemein, das vorm Laubenfenster *gelungert* und Iljas Witzeleien bekichert hatte. Und auch ich hatte nichts mehr mit dem Jungen gemein, der, vom Apfelbaum verborgen, eifersüchtig beobachtet hatte, was am Laubenfenster geschah.

Nach dem Sommer 1968 war die Laube wieder unbewohnt. Einige Sommer darauf bat ich die Fotografin und Freundin der Eltern, Edith Rimkus, mich für die Filmbesetzungsbüros zu porträtieren. Edith meinte, es gebe von mir bereits hervorragende Fotos; sie hatte sie in Zeitungen gesehen. Ich hatte in einem »Polizeiruf 110« des DDR-Fernsehens meine erste Filmrolle gespielt. Es gab tatsächlich ausdrucksstarke Fotos. Für die Besetzungsbüros wünschte ich mir jedoch *neutrale* Fotos.

Als Edith schließlich einwilligte, mich zu fotografieren, und als Hintergrund für die Fotos die Laube auswählte, packte mich die Eitelkeit. Meine Haarwirbel störten mich. Ich rannte ins Haus, befeuchtete mein Haar und zwang die Wirbel nieder. So ließ ich mich vor der Laube fotografieren. Albern sehe ich auf den Fotos aus: ein blasses Jüngelchen mit nassem Haar. Ich reichte Ediths Fotos nicht an die Besetzungsbüros weiter. Doch bewahre ich sie auf. Wenn sie mir heutzutage in die Hände fallen, belächle ich meine jugendliche Eitelkeit.

In den Jahren, als die Laube leer stand, eignete ich mir zuweilen den Laubenschlüssel an. Ich setzte mich ins Zimmerchen und träumte. Zumeist aber war der überdachte Vorraum meine Zuflucht. Hier schaute ich abends zu den

Sternen hinauf, wartete ich tagsüber den Regen ab, schützte ich mich im Sommer vor der Sonne. Hier vermutete man mich nicht. Hier fühlte ich mich geborgen.

Zum letzten Mal wurde der Laubenvorraum während meiner Freundschaft mit Werner Häusler wichtig. Schon lebten wir, weil Werner an einem Gehirntumor erkrankt war, in einer ausweglosen Zeit.

Im Sommer 1995 kam ich für einige Tage nach Schulzenhof. Ich wollte mich von Werners nahendem Ende ablenken. Wie trunken rezitierte ich unterm Laubenvordach Gedichte und klassische Texte. Ich sprach Kleist, Hölderlin und Goethe. Ich redete mich in einen Rausch. Momentweise fürchtete ich, überm Rezitieren den Verstand zu verlieren. Bevor es dazu kam, verzankte ich mich mit Mutter und reiste ab. Ja, das war das letzte Mal, daß mir die Laube, in der ich in meiner schlimmsten Schulzenhofer Zeit Zuflucht gefunden hatte, wichtig war.

Schaut man von der Laube aus in Richtung Manege, so wachsen rechter Hand Johannis- und Stachelbeersträucher. Von allen Obstsorten sind mir Johannis- und Stachelbeeren die liebsten. Kaum vermag ich es abzuwarten, bis sie reif sind. Ich erspähe die erste rote Johannisbeere, verbirgt sie sich auch hinter Blättern und Zweigen. Stachelbeeren esse ich unreif vom Strauch.

Die Stachelbeeren neben der Laube schmecken von Strauch zu Strauch verschieden. In meiner Jugend hätte ich mit verbundenen Augen sagen können, von welchem Strauch ich Beeren esse. Unter den Sträuchern fand sich einer, von dem wir Kinder keine Beeren pflücken durften. Egal, ob vor oder nach der Reife, wenn nur noch wenige tiefrote Beeren an ihm hingen. Einzig Vater kam es zu, seine Stachelbeeren zu essen. So hatte Mutter es uns beigebracht: Das ist Vaters Stachelbeerstrauch … Du warst doch nicht etwa an Vaters Stachelbeeren?!

Mutter merkte sich Vaters Vorlieben, und fortan blieb das, was er bevorzugte, ihm vorbehalten. Wenn wir Fisch aßen, bekam Vater den Rogen, unabhängig davon, wieviel Rogen vorhanden war. Aß er während einer Mahlzeit *seinen* Rogen nicht auf, so wurde der restliche Rogen für ihn verwahrt. Du hast ja noch *deinen* Rogen, sagte Mutter, wenn sie sah, wie Vater bei Tisch ihr Essenangebot unschlüssig begutachtete. Du hast ja noch *deine* Taubenbrühe ... Wir waren es gewohnt, daß Vater das Besondere zustand. In späteren Jahren reute es Mutter, Vater stets mit dem Besonderen versorgt zu haben. Damals aber war sie es, die es für ihn *reservierte*. Mutter hielt uns davon ab, unseren Wunsch nach Rogen oder nach Taubenbrühe zu äußern. Wie gesagt, das System Schulzenhof hatte Mutter eingeführt.

Früher trennte die Reihe Johannis- und Stachelbeersträucher den Obst- vom Gemüsegarten. Dann wurde der Gemüsegarten, der sich in seiner prächtigsten Zeit bis zum Manegenzaun ausgedehnt hatte, in einen Acker verwandelt, auf dem die Indianerkartoffel Topinambur wuchs. Nachdem das neue Haus gebaut worden war, wurde der Acker dem Obstgarten zugeschlagen. Vater ließ Kirschbäume pflanzen, die leider verkümmerten.

Als sich in meiner Kindheit hier der Gemüsegarten befand, fütterte ich den Zwergziegenbock Müller-Muck mit Kohlpflanzen. Die Eltern waren auswärts, und die junge Hausangestellte Christa ließ mich unbeaufsichtigt im Garten. In kurzer Zeit riß ich für meinen geliebten Zwergziegenbock sämtliche Kohlpflanzen aus der Erde. Ich bot Müller-Muck mehr Kohl an, als er fressen wollte. Die unnötig ausgerissenen Pflanzen legte ich aufs Beet zurück. Christa wunderte sich nicht wenig über das, was im Garten geschehen war.

Laut Mutters Beschreibung war ich damals ein fettes, unansehnliches Kind ... Die Eltern waren auf Reisen. Christa gab mir täglich Ziegenmilch zu trinken. Die Eltern kehrten

von ihrer Reise heim und trafen auf ein fettes, unansehnliches Kind. Ich liebe diese Zeit sehr, wenngleich ich sie nur
durch Mutter kenne. Sie hat die Geschichten so oft schön
erzählt, bis ich mir die schönen Bilder zu eigen machte. Anfang der 80er Jahre erfuhr ich den traurigen Hintergrund
von manch einer Geschichte. Heute passen die Bilder und
die Hintergründe dieser Geschichten nicht zusammen.

Ein Erlebnis aus früher Kindheit, an das ich mich ohne
Mutters Erzählungen erinnere, zeigt Mutter, Ilja und mich
auf dem Köpernitzer Bahnhof. Wir sitzen im Wartesaal. So
klein der Landbahnhof war, er besaß einen Wartesaal – inzwischen gibt es nicht einmal mehr den Fahrkartenschalter.
In meiner Kindheit herrschte hinter ihm die grauhaarige
Frau Weiß.

Wir wollten nach Neuruppin fahren. Der Zug kam und
kam nicht. Ilja und ich wurden hungrig. Mutter spazierte
mit uns zum Dorf Köpernitz. Sie erkundete, wo sich der
Konsum befand, und, wahrhaftig!, der Laden war geöffnet.
Mutter kaufte Brause, Brötchen und Leberwurst. Wir liefen
zum Bahnhof zurück. Mutter bat Frau Weiß durchs Fenster
vom Fahrkartenschalter um ein Messer. Frau Weiß öffnete
die Tür und reichte ihr ein blinkendes Messer, und unsere
fürsorgliche Mutter konnte Ilja und mich auf der Wartesaal-
bank vom Köpernitzer Bahnhof mit Leberwurstbrötchen
bewirten. Gleich war das Warten nicht mehr anstrengend. –
Diese Geschichte besagte mir über viele Jahre, es findet sich
Rat in der Not. Man darf nicht verzagen. Ich fühlte mich
auch geborgen, wenn ich an diese Geschichte dachte.

Anfang der 80er Jahre wurde die Ehe der Eltern von außen
bedroht. Da nun erzählte mir Mutter den Hintergrund der
Geschichte: Ilja und ich hatten Vater in Schulzenhof beim
Schreiben gestört. Es kam deswegen zwischen Vater und
Mutter zum Streit. Vaters Jähzorn siegte. Ohne zu wissen,
wann ein Zug nach Neuruppin fahren würde, chauffierte
er Mutter, Ilja und mich mit dem Auto nach Köpernitz.

Er setzte uns am Bahnhof ab und kehrte nach Schulzenhof heim.

Als ich die Geschichte so von Mutter hörte, bewunderte ich sie dafür, daß sie uns Kinder nicht hatte spüren lassen, was zwischen den Eltern vorgefallen war. Erst als wir Söhne erwachsen waren, zog uns Mutter, wenn Vater und sie uneins waren, ins Vertrauen, bildete sie Parteien.

Zu meinen ungetrübten Kindheitstagen gehört die Erinnerung an Pauline Hundt.

Tante Pauline war die Schwester des gräflichen *Knüppel*-Försters und die Grundstücksnachbarin der Eltern. In ihrem Garten wuchs ein Walnußbaum, dessen Äste einen hellblauen hölzernen Pavillon überdachten. In jener Zeit, an die ich denke, war der Pavillon unversehrt. Er besaß rundum Glasfenster, auch in seinen Türen. Vom Pavillon aus sah man über die angrenzenden Gärten. Ich durfte einige Male in Tante Paulines Pavillon sitzen.

Zumeist aber besuchte ich die altersgekrümmte Tante Pauline in ihrem düsteren, nach Nüssen duftenden Parterrezimmer im Nachbarhaus. Sie schenkte mir Kekse, Schokolade und Wal- oder Haselnüsse. Zu Ostern überreichte sie mir mit Zwiebelschalen gefärbte Eier. Tante Paulines Ostereier waren weniger ansehnlich als die auf herkömmliche Weise gefärbten; doch rochen sie herb, und sie waren braun, wodurch sie für mich außergewöhnlich waren. Irgendwann hörte ich in Neuruppin, die freundliche Pauline Hundt sei *in den Westen* gezogen. Ich bedauerte sie: Sie mußte nun in einem fernen Land leben.

Über viele Jahre beobachtete ich, wie Tante Paulines Pavillon verfiel. Eines Tages war er völlig verschwunden. Wieder war etwas, was von der Schulzenhofer Vergangenheit gezeugt hatte, ausgelöscht worden.

Schulzenhof, 1553 als Ortsteil von Dolghe (Dollgow) gegründet, gehörte bis in die zwanziger Jahre des letzten

Jahrhunderts hinein der Familie von Arnim. In meiner Kindheit erinnerte am Törnsee noch eine Jagdhütte ans herrschaftliche Leben. Auch sie verfiel allmählich. Das gemauerte Häuschen, aus dessen Fensterhöhle ich auf den Törnsee schaute, beeindruckte mich. An dem rechter Hand von der Jagdhütte gelegenen Seeufer fanden sich auf einem Hügel die Trümmer der »Berlauer«, einer einstmals geräumigen Villa. Sie war bei Kriegsende von russischen Soldaten zerstört worden, weil sich Nazis in ihr versteckt gehalten hatten. Hieß es. Kann auch sein, die Neubauern der Umgebung hatten Baumaterial benötigt – die Bauern trugen schließlich auch die Jagdhütte ab.

Der Sockel der »Berlauer« war mit Schieferplatten ummantelt gewesen. Auf den graublauen Schieferplatten, die zwischen den Grundmauern des einstigen Hauses lagen, sonnten sich im Sommer Waldeidechsen. Akelei wuchs hier wild und Baltischer Storchschnabel, den wir Weihrauch nannten. Es war ein verwunschener Ort oberhalb unserer Badestelle. Wenn ich im Törnsee gebadet hatte, erklomm ich den »Berlauer«-Hügel. Ich lief barfuß über die heißen Schieferplatten und hielt nach Eidechsen Ausschau. Wellen von herbem Storchschnabelduft stiegen mir in die Nase. Eines Sommers trug ich Storchschnabelwurzeln zum Gehöft der Eltern und pflanzte sie neben der Pferdestallmauer ein. Die Wurzeln wuchsen an, und die Pflanzen vermehrten sich. Noch heute wuchert und blüht neben dem Pferdestall der Baltische Storchschnabel, den wir Weihrauch nannten.

Entschuldige, Herzchen, ich bin ins Träumen geraten … Verzeih. Auch sehe ich, mein Vater nähert sich vom Waldrand her dem Grundstück. Gleich steigt er vom Pferd und öffnet die Manegentür. Den Araberhengst an der Leine, wird er den Gartenweg entlanglaufen und mich im Laubenvorraum entdecken. Ich muß mir überlegen, was ich zu Vater sagen werde. Du verstehst …

Sei bedankt für Deine blaue Karte. Die schwarze Schrift auf blauem Grund zu lesen fiel mir allerdings schwer. Da Du es wünschst, lasse ich mich von der Karte nicht beunruhigen. Doch sage ich: Was Du schreibst, klingt nicht gut. *Die seelischen Schmerzen überwiegen fast die körperlichen Schmerzen –* was bedeutet das? Ich vermute, Du bist unglücklich verliebt. Ja? Oder Du hast Kummer wegen Reto. Nein? – Nun, ich will nicht in Dich dringen. Du wirst reden, wenn es Dir möglich ist. Vorerst wünsche ich Dir, falls Du Entscheidungen treffen mußt, Kraft und Mut.

Grüße Reto. Und grüße Deine Schwester. Sag ihr, ich nehme sie beim Wort: Du darfst im Herbst nach Berlin kommen. Andernfalls bin ich böse. Erzähl Deiner Schwester, was das bedeutet …

Sei umarmt und umgarnt

Liebes Herzchen!

Wie vorausgesagt, hat sich meine Mutter bei mir nicht entschuldigt. Dafür traf mich gestern übers Telefon der Vorwurf, ich würde seit anderthalb Jahren eine Aversion gegen sie hegen. Sie spüre es deutlich. Was soll ich dazu sagen? Kränkungen werden zur Aversion umgemünzt, und augenblicklich halte ich die »Schwarzer Peter«-Karte in der Hand. Und was nun? Nun habe ich für morgen eine Bahnfahrkarte nach Gransee gekauft. Von Gransee aus werde ich mit dem Taxi nach Schulzenhof fahren und dort zwei Tage bleiben. Ich möchte Mutter beweisen, daß ich keine Aversion gegen sie hege. Gebe Gott, wir zanken uns nicht. Nein, ich will weder Zank noch Lüge. Ich will familiären Frieden. Wer aber möchte ihn nicht?

Johanna ist letzte Woche von Thüringen nach Berlin zurückgekehrt. Wir entflohen für zwei Nachmittage der drükkenden Sommerhitze und fuhren an den Berliner Stadtrand. In Rauchfangswerder – ein schöner Name, nicht wahr? – gingen wir ins Wasser. Abseits vom offiziellen Badebetrieb saßen wir, beargwöhnt von einer Ente und einem Bläßhuhn, auf Holzpfählen im Wasser. Die Pfähle sollen Motorboote daran hindern, das Uferschilf zu beschädigen. Uns dienten sie als Sonnenbank; doch badeten wir auch. Für mich geschah's überraschend. Im vergangenen Sommer bin ich kein einziges Mal geschwommen. Nun überkam mich für zwei Nachmittage das Gefühl von Urlaub und Freiheit, das ich so nur beim Baden spüre. Ja, es trifft zu, was der Maler Hubertus Giebe während eines Sommeraufenthalts in Schulzenhof gesagt hat: Baden ist ein anderes Leben …

Zwei Tage Urlaubsstimmung – dann fuhr Johanna zu ihrer Mutter nach Stralsund, wo sie eine Woche bleiben wird. Anschließend wollen wir in Richtung Westdeutschland fahren. Wir werden es drei Tage lang halten wie im letzten Sommer, als wir mit dem Auto planlos durch Schleswig-Holstein fuhren. Nach der Reise ins Ungewisse soll der Sommer 2001 für mich beendet sein.

Was ich bislang unerwähnt ließ: einige Theaterleute haben auf meine »Spezialisten« reagiert. Nach langer Wartezeit erhielt ich auch vom Intendanten des Cottbusser Staatstheaters ein brauchbares Urteil zum Stück. Der Brief zeigt, Intendant Schroth nimmt mich als Bühnenautor ernst. Zwar sandte er »Die Spezialisten« zurück, doch schrieb er, er wolle das Stück *im Kopf* behalten. – Soviel zu Arbeit und Zukunft.

Vier Nachmittage habe ich auf dem Balkon der Wohnung meiner Eltern verbracht. Ich sonnte mich und las noch einmal Mutters »Briefe aus Schulzenhof«, Band 1. Mit zeitlichem Abstand sage ich, nach wie vor ist es ein gutes Buch. Möchte jemand etwas übers Schreiben, über die täglichen Mühen von Schriftstellern oder über Ästhetik erfahren, dann seien ihm Mutters Briefe empfohlen. So gesehen hat sich meine Meinung nicht gewandelt. Anders verhält es sich mit dem, was ich über unseren Familienalltag lese, insbesondere über die Jahre, die ich in Schulzenhof verlebt habe. Da berührt manches schmerzlich, was mich, als ich die Briefe kurz nach ihrer Veröffentlichung las, nicht schmerzte. Mag sein, ich bin derzeit *sensibilisiert*, weil ich schreibend meiner Vergangenheit nachspüre. Mag auch sein, mein Selbstwertgefühl war damals durch meine Theater- und Filmarbeit gestärkt. Ich las und glaubte, was im Buch über mich geschrieben steht, hätte nichts mehr mit mir zu tun. Ich sah es Mutter nach, daß sie mich im schlimmsten Fall zum *Hausdämon* ernannt hatte, wohingegen sie Vaters Verhalten nicht kritisierte. Heute, zwanzig Jahre später, befremdet mich die einseitig beschriebene Beziehung zwischen Vater und Sohn.

Ich fand im Buch Äußerungen zur Rangfolge von Arbeit, Freunden und Familie und zum Thema Kleinbürgertum. Mutters Ansichten entsprechen dem, was ich in meinen Briefen an Dich geschildert habe. Ich habe nicht übertrieben.

Franziska erzählte unlängst, Mutter beabsichtige wieder einmal, die Berliner Wohnung aufzugeben. Sie wird den Plan kaum verwirklichen. Trotzdem brachte mich die Mitteilung dazu, die Wohnung zu fotografieren. Es reut mich, daß wir es versäumt haben, die Bodenstube im alten Schulzenhofer Haus zu fotografieren, bevor der Dachboden umgebaut wurde. Viele Details lassen sich einzig auf Fotos bewahren.

Herzchen, ich verlasse das Markthallen-Bistro. Der Brief ist kurz. Er bleibt auch vorerst liegen, denn morgen fahre ich nach Sch…

Gestern hatte sich durchs geöffnete Fenster ein Spatz in meine Wohnung verirrt. Der Jungspatz hüpfte aufgeregt von Zimmer zu Zimmer. Ich, nicht minder aufgeregt, folgte ihm. Ich versuchte ihn zu fangen, was mir am Ende auch gelang. Ich setzte ihn auf den Balkon und bot ihm Wasser und Brotkrumen an. Der Spatz zog es vor, auf den Balkon meines Nachbarn zu flüchten. Ob er noch lebt, der junge Spatz? Als ich in der Küche gesessen hatte und es aus dem hinteren Zimmer durchdringend tschilpen hörte, glaubte ich zu halluzinieren. Ich wußte, alle Fenster waren geschlossen. Erst als ich nochmals das hintere Zimmer anschlich, verriet sich der Spatz hinter der Gardine. Raupe Krethi und Maus Mullito waren begeistert. Ich war es weniger. Der junge Spatz hatte auf meiner Auslegware viele gelbweiße Kotflecken hinterlassen – Angst!

Sei gegrüßt und umarmt

Liebes Herzchen!

Schon während der Bahnfahrt nach Gransee ahnte ich die aufsteigende Erkältung. Noch wurde sie von der Hitze des Sommertags überlagert; doch spürte ich, wie sie nach mir griff.

Ich hatte gehofft, von Gransee aus mit dem Taxi nach Schulzenhof fahren zu können. Da aber kein Taxi kam, mußte ich anderthalb Stunden auf dem öden Bahnhofsvorplatz auf den Bus nach Dollgow warten. Der Schnupfen nahm zu, und ich überlegte, ob ich nicht umkehren sollte. Nur würde Mutter mir glauben, daß ich bis nach Gransee vorgedrungen war? Meine Umkehr hätte auch auf mich befremdlich gewirkt. So saß ich vor dem dauerhaft verbarrikadierten Bahnhofsgebäude der ehemaligen Kreisstadt Gransee und beobachtete, wie zwei hagere Halbwüchsige – ein Junge und ein Mädchen mit rotem Kopftuch – eine Glasflasche zerschlugen und die Scherben vor die Hinterräder der geparkten Autos legten. Der Junge versuchte sogar, Autos über die Scherben zu rollen. Ratlos sah ich zu. – Ein Bus hielt auf dem Bahnhofsvorplatz. Ich fragte den Fahrer, ob er die Polizei herbeirufen könne. Wie zu sich selbst sagte der Fahrer: Ja, über Funk ... Gleich darauf fuhr er den Bus vom Platz. Mit dem nächsten Bus entschwanden der Junge und das Mädchen.

Endlich traf der Dollgower Bus vor dem Bahnhof ein. Durchs Fenster schaute ich ein letztes Mal auf die Glasscherben. Ich wünschte den Eigentümern, sie sollten rechtzeitig entdecken, was unter ihren Autos lag. Aber irgendwie paßten der heiße Sommertag, der öde Bahnhofsvorplatz und die zerstörungswütigen Jugendlichen zu meiner Grippestimmung.

Wie vierzig Jahre zuvor das Postauto, so fuhr auch der Bus von Dorf zu Dorf. Im Zickzackweg wich er von der Hauptstraße ab. Ich sah Dörfer wieder, an deren Namen ich mich erst erinnerte, als ich die gelben Ortsschilder las. Schöne, stille Dörfer, die mir in der Kindheit vertraut gewesen waren. Rauschendorf, Neulögow und Wolfsruh. In Wolfsruh hatte sich eine Gärtnerei befunden. Eines Frühjahrs waren Tante Ilse und ich mit dem Fahrrad nach Wolfsruh gefahren und hatten für die Schulzenhofer Gärten körbeweise Blumensetzlinge und Gemüsepflanzen gekauft.

Der Bus fuhr in Dollgow ein. Vor der Gaststätte »Sühring« wendete er, ehe er hielt. Ich stieg aus, hängte mir die weiße Segeltuchtasche – ein Erbstück von Freund Werner – über die Schulter, setzte die Sonnenbrille auf und lief die Dorfstraße entlang.

Dollgow hat sich verwandelt: vom *Kuhdorf* zum gepflegten, auf Touristen hoffenden Urlaubsort. Die Straße ist geteert. Zwischen Häusern und Straße, wo früher Jaucherinnsale versickerten, wächst Rasen. Soeben war man dabei, von Haus zu Haus neue Stromleitungen zu verlegen. Die Kirche, die keine Schönheit ist, ist renoviert worden, wohingegen die Plätze, die früher das Dollgower Leben ausmachten, stillgelegt worden sind. Oder man hat sie wie das Haus, in dem der Konsum untergebracht war, abgerissen. Schule, Post und Friseur *arbeiten* nicht mehr.

Dort, wo das Konsum-Gebäude stand, in dem das beflissene Fräulein Neumann in einem Atemzug *Bittedanke* sagen konnte, klafft zwischen Häusern eine Lücke. Fräulein Neumann galt im Dorf als *eine Zugereiste.* Sie war freundlich zu jedermann, trug eine weiße Schürze, und ihre Brille hatte beeindruckend dicke Gläser. Dennoch schob sie sich die Brille ins graue Haar, wenn sie kontrollieren wollte, was sie errechnet und was der Kunde zu zahlen hatte. Ganz nahe hielt sich Fräulein Neumann die Rechnung vor die Augen. Rita, eine kleinwüchsige junge Frau, ging ihr zur Hand. Wohin ist Rita entschwunden? Fräulein Neumann starb in Dollgow. Erblindet, saß sie in einer Einzimmerwohnung im hinteren Teil vom Konsum-Gebäude ihren Lebensrest ab. Ein langes Sterben. Wofür wurde das freundliche Fräulein Neumann bestraft?

Fast schon am Ortsausgang steht ein kleines Haus. Hier werkelte Friseur Heinerle, ein gebeugter Alter mit militärischem Haarschnitt. Ich war einige Male in seinem *Etablissement* Kunde – für gewöhnlich wurde mir in Neuruppin unter Großmutters Aufsicht das Haar gestutzt; eine Prozedur, die ich verabscheute. Friseur Heinerles enge Barbierstube erzählte von einer verblichenen Zeit. Die Reklameschilder und Fotos an den Wänden hatten mit der Gegenwart, mit den 50er und später mit den 60er Jahren, nichts zu tun. Bis kurz vor seinem Tod kam Heinerle einmal im Monat mit dem Fahrrad nach Schulzenhof geradelt, um Vater die Haare zu schneiden. Je älter er wurde, desto höher war der Dienstgrad, den er Vater beim Haarschneiden zuerkannte: Ist's recht so, Herr General?!

Friseur Heinerle ist tot, seine Barbierstube ist geschlossen. Frau Strumpf ist tot, und auch das Postamt existiert nicht mehr. Es befand sich in der Veranda des Strumpfschen Hauses.

Eine Glocke klirrte, wenn man die Veranda vom gepflegten Vorgarten her betrat. Frau Strumpf war meist in der Küche beschäftigt. Sie huschte auf Pantoffeln herbei, um zu erkunden, was man begehrte. Auch Frau Strumpf war freundlich; doch war sie's nicht uneigennützig. Ihre Freundlichkeit übertünchte Neugierde. Da traf es sich gut, daß die Postangestellte Strumpf übers einzige öffentliche Telefon verfügte. Es hing an der Flurwand zwischen dem Postraum und der Küche. Und egal, ob Frau Strumpf, während telefoniert wurde, in der Küche Essen kochte oder in der Veranda Briefe sortierte, sie hörte mit, was am Telefon verhandelt wurde. Hatte sie ein Telefonat nicht ganz verstanden, so scheute sie sich nicht, den Anrufer nach dem Gespräch um Auskunft zu bitten. Auch erteilte sie kluge Ratschläge. Obgleich ich die graugelockte Frau Strumpf in ihrer dunkelblauen Dederon-Kittelschürze für aufdringlich hielt, schaute ich ihr gern beim Briefe- und Paketfrankieren zu. Und die in der Veranda ausgelegten Hochzeits- und Geburtstagskarten brachten mich auf die Idee, ich könnte jemandem einen Kartenglückwunsch in Goldschrift schikken. Allein wem?

Über den Sommer verwandelte sich die Post-Veranda in eine »Aufkaufstelle« für Pilze und Blaubeeren. Dann stand auch noch die Zentnerwaage in der schmalen Veranda. Manche Mark verdankte ich dieser Waage. Nein, Herzchen, ich manipulierte sie nicht. Die Waage zeigte nur an, wie fleißig ich Blaubeeren gesammelt hatte. Und Frau Strumpf entlohnte mich entsprechend. Heute sind sowohl das Haus, in dem sich das Postamt, als auch das Haus, in dem sich die Barbierstube befand, unauffällige Wohnhäuser. Dafür hat sich das Dorf verlängert. Dollgow reicht nun bis zum Abhang, dem *Berg*, der zum Schulzenhofer Wiesental führt. Die neuen Häuser nahe am Hang bleiben mir jedoch unbekannt. Sie sind ein Abbild vom Leben nach meiner Zeit in Schulzenhof.

Bevor es bergab geht, zweigt rechts vom Hauptweg eine unbefestigte Straße ab. Ich entschied mich trotz der schweren Umhängetasche und des lästigen Schnupfens für die unbefestigte Straße. Linker Hand suchte ich einen Pfad, auf dem ich als Kind mit dem Fahrrad zum Konsum gefahren war. Er führte neben dem Wiesental hangaufwärts durch den Wald, querte die unbefestigte Straße, schlängelte sich über den Acker, der im Sommer oft ein Kornfeld war, und mündete in die Dorfstraße. Der Pfad war eine Abkürzung über *Stock und Stein*. Dennoch hätte kein radfahrendes

Kind und kein radfahrender Erwachsener der Bergstraße den Vorzug gegeben. Die Straße *übern Berg* blieb den unwissenden Radfahrern von außerhalb vorbehalten. Ach, ich sehe mich mit dem Fahrrad durchs Kornfeld fahren. Die Ähren reichen mir bis zu den Schultern. Und zwischen den Ähren blühen im Feld links und rechts Korn- und Mohnblumen. Blau und rot. Wenn es je Frieden für mich gegeben hat, so beim Anblick von korn- und mohnblumendurchwirkten Feldern. Heutzutage findet man höchstens ein paar Mohnblumen am Wegrand. Und nur selten erspähen Johanna und ich, wenn wir über Land fahren, eine Kornblume.

Ich suchte den Pfad. Meiner Erinnerung folgend, drang ich durchs Dickicht. Da, wo ich jede den Pfad überwuchernde Wurzel, wo ich jede seiner Windungen gekannt hatte, stieß ich auf Birken und Brombeergesträuch, und das hohe, unberührte Gras umpeitschte meine Hosenbeine. Ich zwängte mich unaufhaltsam durchs Brombeergesträuch, als wollte ich nicht gelten lassen, daß auch Wege ihr Leben einbüßen, daß auch sie *ihre Zeit* haben. Abgekämpft und enttäuscht, fand ich mich auf der Straße am Wiesental wieder. Ich erzählte Mullito und Krethi, die meinen Abstieg in der Umhängetasche blind miterlebt hatten, was mir der Pfad einst gewesen war.

Ich lief Schulzenhof an. Auch Schulzenhof wartete mit Veränderungen auf, mit einem blauen Straßen- und einem gelben Ortsschild vorm Bach und mit modernen Straßenlaternen.

Ich betrat das Gehöft. Nachmittag war's. Wie ich es mit Mutter verabredet hatte, quartierte ich mich in der Stallstube ein. Ich setzte Maus und Raupe aufs Giebelfensterbrett. Zwischen den Resten von Vaters Kakteenzucht bot ich ihnen einen hervorragenden Blick übers Wiesental. Ich legte meinen Schlafanzug aufs Doppelbett und stieg die Stalltreppe hinab. Ich verließ den Teil des Pferdestalls, der in den 60er Jahren Vaters Reich gewesen war … Der Stallstubenschlüssel hängt nicht mehr im Treppenflur hinter der Weltkarte. Als hätte er mich erwartet, steckte er im Türschloß. So gehen Königreiche zugrunde. – Im alten Haus prüfte ich die Tee- und Kaffeevorräte. Was hatte Mutters Angestellter Philipp, der für vierzehn Tage in den Urlaub gefahren war, an Trinkbarem zurückgelassen?

Ich wollte soeben im alten Haus die Kellertür öffnen, als ich Klara auf dem Hof gewahrte. Sie war von ihrem Grundstück herübergekommen, um Mutter von ihrem Zimmer hinters neue Haus zu geleiten. Mutter sitzt nachmittags im Garten, sie braucht aber Hilfe, wenn sie an ihren Platz gelangen will. Ich war überrascht, Klara zu begegnen. Das machte mich wortkarg und blickscheu. Wir liefen schweigend zum neuen Haus. Ich begrüßte Mutter, stattete die weißen Plastestühle im Garten mit Sitzkissen aus und begleitete, gemeinsam mit Klara, Mutter auf ihrem Weg ums Haus. Mutter blieb, auf Krücken gestützt, alle paar Meter stehen. Körperliche Schwäche verbergend, begutachtete sie das Blumenbeet neben dem Haus. Mutter hat abgenommen. Von hinten betrachtet, wirkt ihr Oberkörper nun schmal. Ihr Haar ist noch schütterer als während ihres Krankenhausaufenthalts im Dezember. Die kahle Stelle oberhalb der Stirn hat sich vergrößert.

Mutter ließ sich auf ihrem Gartenstuhl nieder. Klara und ich trugen Kaffee, Kuchen, Zigaretten, Mineralwasser und Mutters Umhängetasche zum Tisch. Dann saßen auch wir hinterm neuen Haus. Klara suchte meinen Blick. Ich suchte Mutters Blick, der mir ebenso auswich, wie mein Blick Klaras Blick mied.

Mutter redete und redete. Zwischendurch wischte sie sich den Schweiß von der Stirn. Ich fing an zu frösteln.

Klara verabschiedete sich. Sie war mit Tante Ilses Tochter Malize, meiner einstigen Spielkameradin, zum abendlichen Bad im Tietzensee verabredet.

Mutter und ich blieben allein ... Leichter Wind wehte um die Hausecke und beleckte mich. Um mich vom Frösteln abzulenken, rückte ich die steinschweren Sonnenschirmständer hin und her. Die Standortwechsel sollten Mutter vor der Abendsonne schützen.

Mutter saß in ihrer Blumenwelt. Die Minifontäne im Goldfischteich plätscherte. Neben meinem Stuhl blühten grellrote Begonien, blühten Friedhofsblumen.

Mutter und ich redeten weder über unser abgebrochenes Telefonat noch über ihre Behauptung, ich würde eine Aversion gegen sie hegen. Wir verkehrten miteinander wie Fremde, die zufällig ähnliche Erinnerungen haben. Wir sprachen über Großmutters Wohnung. Im Geist liefen wir durch ihre Küche und brachten Gegenstände, an die wir uns erinnerten, an ihren Platz. Die Frage, in welchem Zimmer in meiner frühen Kindheit zu Abend gegessen worden war, konnten wir uns nicht beantworten. Dafür erfuhr ich, es hatte während meiner ersten Neuruppiner Jahre in Großmutters Wohnung eine Untermieterin gegeben. Das Wohnungsamt hatte Großmutter verpflichtet, ihre *gute Stube* an eine alte Dame abzutreten. Das mißfiel ihr. Sie verlangte von den Eltern, sie sollten ihre Beziehungen nutzen und sich gegen die unzumutbare Einquartierung *an höherer Stelle* beschweren. Vater lehnte Großmutters Forderung verärgert ab. Daraufhin schrieb Mutter an den Neuruppiner Stadtrat. Während einer öffentlichen Sitzung des Kreistags wurde entschieden, das große Zimmer in Großmutters Dreiraumwohnung sollte untervermietet bleiben. Strittmatter sei Kinderbuchautor; es wäre für ihn gut, wenn seine Kinder bei ihm lebten, hatte der Sitzungsbescheid gelautet, über den Mutter noch nach mehr als vierzig Jahren den Kopf schüttelte.

Mir saß die Geschichte wie ein Knochen im Hals. Wir hatten zu viert in zwei kleinen Zimmern gelebt: Großmutter, Ilja, ich und Großmutters Sohn Udo, der damals das

Neuruppiner Gymnasium besuchte. Derart beengt hatten uns die Eltern in Neuruppin wohnen lassen. Ich war gleichfalls gewillt, den Kopf zu schütteln, unterließ es aber. Ich hörte Mutter zu. Sie erinnerte sich an die frühe Schulzenhofer Zeit. Unvermittelt sagte sie, sie befinde sich mit ihrem Leben im Einklang. Sie bereue nichts, vermisse nichts. Darüber werde sie in ihrem Buch schreiben, jetzt, wo es ihr gesundheitlich bessergehe.

Ich betrachte mein Leben rückwärtsgewandt.

Ich das meine auch, entgegnete ich. Ich nenne es: *die Kulisse von hinten betrachten.*

Tatsächlich?! verwunderte sich Mutter. Das ist recht früh, für dein Alter!

Ich wagte die Frage, ob Mutter noch einmal mit Vater würde zusammenleben wollen. Aber ja, war die Antwort. Sofort. Jederzeit.

Und du wärst bereit, dich nochmals unterzuordnen?

Ja ... Die Unzufriedenheit, die ich in Vaters letzten Jahren verspürt habe, der Freiheitsdrang – all das quält mich nicht mehr. Wie gesagt, ich bin dem Leben nicht gram.

Ich bin ihm auch nicht gram: dem Leben, erwiderte ich. Gleich darauf deutete ich mit dem Kopf auf den Grasboden. Im Gefühl der Fremdheit zwischen Mutter und mir, fügte ich hinzu:

Allerdings ... Würde ich augenblicks tot umfallen, so täte es mir nicht leid.

Aha, sagte Mutter, bevor sie von Ilja erzählte.

Ich wandte mich dem Goldfischteich zu. Beim Abendsonnenschein betrachtete ich das Heliotrop, die Rosen und die Stechapfelstauden. Der Blumenliebhaber Philipp hat Mutter ums neue Haus herum ein Idyll geschaffen. Einen Moment lang vermeinte ich beim Plätschern der Fontäne, daß sich Mutter einlullen läßt. Beruhigende Antidepressiva, Blumen, Sonne und die Fontäne im Goldfischteich ... Ich sah Mutter an. Ihre Finger rieben über die kahle Stelle oberhalb der Schläfe. Je später es wurde, um so mehr neigte sie den Kopf zur Seite, bearbeiteten ihre Finger hastiger und heftiger die haarlose Stelle. Mutter tat mir leid. Sie war in einem traurigen Zustand.

Derweil wir dem Abend entgegensaßen und ich mich nach einer Wolldecke sehnte, es aber verschwieg, weil ich Mutters Erkältungsangst nicht wecken wollte, klingelte viermal das Telefon. Die Telefonate ermunterten Mutter. Sobald sie telefonierte, entfernte ich mich. Ich besichtigte den Garten. Und ich brühte in der Küche Kamillentee auf. Durchs geöffnete Küchenfenster hörte ich, wie Mutter zu einer Leserin von ihren Septemberplänen sprach. Mutter wird in Berlin und in Cottbus lesen: Buchpremiere. Wie will sie die Lesungen bewältigen, wo ihr schon der Gang ums Haus schwer wird?

Eine verwirrte Malerin verwickelte Mutter in ein weitschweifiges Gespräch. Mutter hörte geduldig zu, bereitwillig antwortete sie. Nachdem das Telefonat beendet war, sagte sie, sie empfinde ihre Kontakte zu Geistesgestörten, und es sind deren etliche, als Prüfungen, die sie erdulden wolle. Es klang, als habe Mutter Schuld abzutragen. Seltsam klang es, sehr seltsam.

Spätabends aßen wir in der Küche im neuen Haus Pelmeni. Von Kälteschauern geplagt, begab ich mich in die Stallstube. Ich fühlte mich fremd zwischen den Pferdehalftern und Kakteen. Es widerstrebte mir, in Vaters einstiger Stube zu nächtigen. Ich packte meine Sachen und wollte ins alte Haus übersiedeln. Wo aber hätte ich dort schlafen können? Im alten Haus ist alles verändert. Nur die Küche, das Wohnzimmer und Mutters ehemaliges Zimmer erinnern an die frühere Zeit.

Ich ließ Werners Segeltuchtasche in der Stallstube, lief über den dunklen Hof und betrat das alte Haus. Lange saß ich auf dem weinroten Küchensofa. Mein Blick fiel auf ein Schwarzweißfoto. Es stand auf dem Küchenschrank und gehörte dort nicht hin. Ein Foto hinter Glas im hölzernen Ständer. In meiner Kindheit hatte es auf Großmutters Klavier gestanden. Großmutter hatte einmal im Jahr einen Strauß Alpenveilchen neben das Foto gestellt. So hatte sie den Geburtstag ihres kurz vor Kriegsende in Frankreich *gefallenen* Mannes gefeiert. Ich nahm das Foto von Großvater Fritz in die Hand, befreite es aus dem gläsernen Futteral und betrachtete das mir seit Kindertagen vertraute Bild. Großvaters Augen hatte ich gütiger in Erinnerung. Jetzt bemerkte ich Strenge, und ich sah um Großvaters Augen einen herrischen Zug. Auch entdeckte ich äußerliche Ähnlichkeiten zwischen Mutter und ihrem Vater. Fritz, der *Quartalstrinker*, hatte *Evchens* Kinderjahre beschwert. Irgendwann war es zum Eklat gekommen, hatte sich Großvater wegen all seiner Schulden erschießen wollen; Großmutter hatte ihm die Pistole aus der Hand gerungen. Fortan hatte Fritz nicht mehr getrunken, und er hatte sogar die durch seine Trunksucht verursachten Schulden zurückgezahlt. Weshalb war sein Foto in der Küche im alten Haus gestrandet? Wußte Mutter, daß es sich hier befand? Wahrscheinlich nicht.

Ich verließ die Küche, in der ein junger Kater meine Gesellschaft suchte, und stieg die Treppe zum Hausboden hinauf und sah mich in den neuen Zimmern um. In Bücherregalen entdeckte ich alte Zeitschriften-Sammlungen: »Geflügelzüchter-Zeitung«, »Filmspiegel«, »Das Magazin«. Ich entdeckte Kinderbücher, die mir gehören. »Ljonka«, »Schkid – die Republik der Strolche« und mehrere Ausgaben der »Zaubertruhe«, eines Almanachs für Mädchen, den ich mit Fleiß gelesen hatte.

Mobiliar wandert durchs Haus, durch Häuser. Die Doppelstockbetten, die früher in den Kinderzimmern im Keller des neuen Hauses standen, haben nun unter dem Dach des alten Hauses ebenso einen Platz gefunden wie der rote Teppich aus dem Wohnzimmer im alten Haus. Läßt man die Gefühle außer acht, so sind unterm Dach des alten Hauses schöne Räume entstanden, dachte ich, als ich die Boden-treppe hinabstieg. Die Treppen – die Treppen haben den Umbau fast unverändert überlebt. Abgeschliffen und neu gestrichen: doch die Stufe der Stallstubentreppe knarrte wie einst.

Wieder saß ich in der Stallstube. In einer Ecke erblickte ich *meine* Gitarre. Zerrissene Saiten – so war es recht. Vater hatte mir die Gitarre weggenommen und nun? …

Ich lag im Bett und dachte an Mutter. Wahrhaftig, wir hatten uns im Garten wie *zivilisierte Fremde* unterhalten. Ich hatte schon vermutet, Mutter würde jetzt jedermann zurückhaltend begegnen, schuld sei ihre Krankheit … Da hatte das Telefon geläutet. Mutter hielt das schnurlose Telefon ans Ohr. Sie lauschte in die Ferne, dann sagte sie in glückselig mädchenhaftem Ton: Ach, du bist es, mein Lieber!

Und es war Bruder Jakob, zu dem sie so sprach. Mir wurde übel. Weshalb war ich nach Schulzenhof gekommen? Um *das* zu hören? In den »Briefen aus Schulzenhof« zitiert Mutter einen Picasso-Ausspruch, der sie beeindruckt hatte: *Die meiste Zeit vergeudet man damit, zu halten, was man längst verloren hat. –* Ja.

Mutter wurde Sekunden danach aus ihrer Glückseligkeit gestürzt. Jakobs Freundin Cathrin hatte mittags wegen Unterleibsschmerzen, die von einer Bauchhöhlenschwangerschaft herrührten, ins Krankenhaus gebracht werden müssen. Eine Operation sei zu befürchten, erfuhr Mutter am Telefon.

Ich lag im Stallstubenbett und versuchte in den »Briefen aus Schulzenhof« zu lesen. Allein meine Augen tränten vom Schnupfen. Und eigentlich war ich fehl am Platz. Darüber schlief ich ein.

Am Morgen weckten mich Türschlagen und Metallgeklirr. Mutters Hausangestellte Frau Fürst hatte aus dem Bad einen Eimer geholt. Das Bad liegt parterre neben dem Treppenaufgang zur Stube. Zwar hat es bei den Umbauarbeiten eine neue Badewanne und ein neues Waschbecken erhalten, ein Spiegel findet sich in ihm jedoch nicht. Auch in der Toilette nebenan hängt kein Spiegel. – Ich kleidete mich an und ging ungewaschen ins alte Haus.

In der Küche traf ich Frau Fürst. Ich wandte der freundlichen Hausangestellten den Rücken zu und schlang im Stehen ein Marmeladenbrot in mich hinein. Nebenher brühte ich Schwarztee auf.

Die Tasse Tee in der Hand, flüchtete ich in die Stallstube. Heimatlos und ungewaschen, saß ich auf der Holztruhe in Vaters ehemaligem Reich. Ich betrachtete all die benutzten Zellstofftaschentücher neben dem Bett und dem Kopfkissen und bat Krethi und Mullito, es mir nicht zu verübeln, daß ich mich nach meiner Wohnung, daß ich mich nach meinem Bett sehnte. Am Ende dieser Ansprache improvisierte ich im Bad meine Morgentoilette. Ich rasierte mich kniend vor einem handgroßen Spiegel, den ich im alten Haus gefunden hatte. Es tat mir gut, mich an diesem Morgen im Spiegel nur bruchstückhaft zu sehen.

Ich kehrte in die Stallstube zurück, nahm den Fotoapparat zur Hand – er ist gleichfalls ein Erbstück von Werner – und begann zu fotografieren. So hatte ich es geplant. Ich wollte die Reste meiner Vergangenheit sichern. Vielleicht war ich zum letzten Mal nach Schulzenhof gekommen … Ich fotografierte Pferdehalfter, Bücherregale und meine Gitarre. Durchs waldwärts weisende Dachfenster nahm ich das neue Haus und Mutters Dahlienbeet auf. Durchs andere Dachfenster fotografierte ich den Tisch unter der Birke und den Garten vor Mutters einstigem Zimmer. Ich stieg die Bodentreppe im alten Haus hinauf, öffnete das Giebelfenster und nahm den Blick zum Wiesental auf, den ich vor Augen gehabt hatte, wenn ich mit meinen »Starpostkarten« in der Bodenstube am Schreibtisch gesessen hatte. Die Erinnerungen aufs Foto zu bannen lenkte mich vom Schnupfen ab. Halten, halten, festhalten.

Das Wohnzimmer ist wie alle Räume im alten Haus klein. Kaum fand ich den nötigen Abstand, um zwei Wände gleichzeitig fotografieren zu können.

Ich fotografierte die Tür zwischen dem Wohnzimmer und Mutters Zimmer. In der oberen Türhälfte sind kleine Glasscheiben eingelassen. Wie oft habe ich in meiner Kindheit hinter der geschlossenen Tür gestanden und durch die Glasscheiben zu Mutters Schreibtisch hingespäht. Vom Flur her war ich geräuschlos ins Wohnzimmer getreten. Auf Zehenspitzen hatte ich mich der Tür zu Mutters Zimmer genähert und vor ihr verharrt. Saß Mutter am Schreibtisch, dann sah ich sie nur von hinten. Ich mußte an ihrem Rücken und Hinterkopf erkennen, ob ich an die Tür klopfen und sie stören durfte. Mutter hätte nie wie Vater ungehalten reagiert, wenn sie bei der Arbeit gestört worden wäre. Sie hätte kurz geantwortet, und ihre Augen hätten meinen Blick gemieden. In dem DEFA-Film »Der nackte Mann auf dem Sportplatz« gibt es eine Szene, die mich tief berührt hat. Der Filmheld ist Bildhauer, seine Frau ist Übersetzerin (gespielt von Usch Karusseit). Das Künstlerpaar lebt mit seinem kleinen Sohn auf dem Lande. Die Szene zeigt den Jungen, wie er durchs Atelierfenster schaut: Der Vater arbeitet. Der Junge schaut durch ein anderes Fenster: Die Mutter arbeitet. Und er, der Junge? … Wie gut kenne ich diese Stimmung.

Mutters ehemaliger Schreibtisch steht längs zum breiten Wiesentalfenster. Auf dem Fensterbrett versammeln sich böhmische Glasvasen. Auf dem dunkelbraunen Schreibtisch steht links neben dem Telefon eine Petroleumlampe. Hat sie je funktioniert? Ich entsinne mich nicht. Doch entsinne ich mich, daß jahrelang ein orangefarbener Flamingoflügel auf dem Schreibtisch lag. Und rechts stand die schwarze Puschkin-Büste. Der stolze Poet im Mantel. Nach all den Um- und Ausbauarbeiten, nachdem auch in Mutters Zimmer der Kachelofen entfernt und eine Ölheizung eingebaut worden war, fand ich die Puschkin-Büste im Bücherregal wieder. Ich stellte den *schwarzen Puschkin* fürs Foto auf den Schreibtisch. Einmal noch wollte ich die *Requisiten*, wenn möglich, an ihrem Platz sehen.

Die große Schreibtischplatte ruht auf schlanken Beinen. Fünf Schubfächer hat der Schreibtisch. Das breite Mittelfach war stets verschlossen. Hier lagerten Mutters literarische Arbeiten – Schreibblätter, die sie ins Schubfach schob, sobald Vater oder wir Kinder ihr Zimmer betraten. Im rechten oberen Schubfach fanden sich Briefmarken, Briefumschläge und Umschläge für Postscheckamt-Briefe. Im Fach darunter lag Schreibpapier. In einer *volkswirtschaftlich komplizierten Zeit* schrieben die Eltern auf für uns Kinder interessantem Papier. Es war bereits einseitig bedruckt und stammte, wie wir an den blassen Bildreproduktionen erkannten, aus dem Eulenspiegel-Verlag. Viele DDR-Schriftsteller schrieben Anfang der 60er Jahre auf Makulaturpapier. So begegnete man damals dem *außerplanmäßig* großen Papiermangel im Land.

Im linken oberen Schubfach lag Mutters Notizbuch mit den Ausgabenrechnungen. Mutter hatte irgendwann aus Übermut zu Vater gesagt, daß sie über zuviel Wirtschaftsgeld verfüge. Vom nächsten Monat an kürzte er es ihr. Mutter – zu stolz, Vater zu bitten, er möge die Kürzung rückgängig machen – fing an, zu rechnen und zu sparen. Davon zeugte das Notizbuch. Daneben lagen gefaltete unbeschriebene Blätter: die künftigen Einkaufszettel. Mutter schrieb die Einkaufslisten in Druckschrift. Auch ihre Druckschrift ließ sich nur schwer entziffern. Es empfahl sich, bevor man nach Dollgow oder nach Rheinsberg zum Einkauf fuhr, die Einkaufsliste »gegenzulesen« und Mutter gegebenenfalls zu fragen, ob man Sahne oder Sahna-Margarine kaufen sollte.

Im linken oberen Schubfach lagerten auch die Konsum-Hefte und in Umschläge gezwängte Konsum-Marken. Unsere sparsame Mutter war Mitglied der Konsum-Genossenschaft geworden. Wenn eine Hausfrau übers Jahr all die kleinen roten, gelben, blauen und grünen Marken in die Konsum-Hefte klebte, konnte sie am Jahresende eine beachtliche Rückzahlung erwarten. Mutter konnte es zumindest, denn trotz des auferlegten Sparzwangs blieben ihre Einkäufe im Dollgower Konsum umfangreich. Großmutter, die gleichfalls *klebte*, bekam weniger Geld zurückerstattet. Ihre Einkäufe waren bescheidener als die Schulzenhofer, wo *Hinz und Kunz mit durchgefüttert wurde*.

Im linken unteren Schubfach verwahrte Mutter ihren Lippenstift, die Puderdose, verschiedene Gummibänder und, sofern er nicht in ihrer Schürzentasche steckte, den Kamm.

Wenn Mutter an ihrem Schreibtisch von uns Söhnen hörte, daß unerwarteter Besuch schon auf dem Hof stehe, nahm sie den Lippenstift aus dem Schubfach. Neben der Wohnzimmertür befindet sich in Mutters Zimmer die Tür zur Wäschekammer. An der Kammertür hing und hängt noch heute ein runder korbumflochtener Spiegel. Mutter stellte sich vor den Spiegel. Sie zog die Hülle vom Lippenstift und malte sich die Lippen rot. Den Lippenstift in der einen, die Hülle in der anderen Hand, blickte sie in den Spiegel. Sie spreizte die Lippen und schmatzte. War sie mit der Bemalung zufrieden, so tupfte sie sich etwas Lippenstift auf die Wangen und verrieb ihn hastig mit den Fingerspitzen. Mutter beugte sich leicht rückwärts. Abschätzend betrachtete sie ihr Spiegelbild. Ihr Gesicht im Blick, griff sie nach dem Kamm und strich mit ihm einmal links, einmal rechts über ihren Pferdeschwanz. Sodann schüttelte sie den Pferdeschwanz, indem sie den Kopf ruckartig nach links und rechts bewegte. Entsprach er noch immer nicht ihren Vorstellungen, so straffte sie das Gummiband am Hinterkopf. Ein letzter prüfender Blick in den Spiegel: Ja, so mochte es gehen …, und Mutters Blick verwandelte sich in jenes versonnene Lächeln, mit dem sie für gewöhnlich unangemeldeten Gästen entgegentrat.

Wenn der Besuch angemeldet war, kämmte sich Mutter, bevor sie die Gäste begrüßte, das Haar – eine artistische Leistung. Sie stellte sich breitbeinig ins Zimmer, zog das Gummiband vom Pferdeschwanz und schüttelte das offene Haar. Gleich darauf ließ sie den Oberkörper nach vorn fallen. In solcher Hängehaltung kämmte Mutter ihr Haar, ehe sie es mit gerötetem Gesicht erneut durchs Gummiband zwang. Nach einem derartigen Kunststück nahm sie aus dem linken unteren Schubfach die Puderdose und puderte sich die Wangen. Auch bestäubte sie sich den Hals und die Bluse mit süß riechendem russischem Parfüm. Wenn Mutter ihr Zimmer verließ und auf dem Hof oder im Pferdestall die Gäste begrüßte, blieb im Zimmer der Geruch von »Krasnaja Moskwa« und auf dem roten Teppich etliche braune Haare zurück.

Lange Zeit lag auf dem Schreibtisch ein Russisch-Lehrbuch. Später kam das Serbokroatisch-Lehrbuch hinzu. Neben den Lehrbüchern stand die Kaffeetasse. Mutter trank in jenen Jahren Instantkaffee. Der Geschmack des kalten tiefschwarzen Kaffees verursachte mir, wenn ich ihn kostete, Übelkeit. Mutter aber lernte Vokabeln und trank Schluck um Schluck bitteren Kaffee. Ein Bild, das sich mir eingeprägt hat: Ich sehe Mutters Rücken, ihren Pferdeschwanz. Mutters Kopf neigt sich dem Schreibtisch zu. Durchs Türglas spüre ich die Konzentration. Mutter hebt die Tasse an, sie trinkt einen Schluck Kaffee, und ich weiß, ich darf sie nicht stören. – Ich schleiche aus dem Wohnzimmer.

Links neben dem Schreibtisch stand zeitweilig ein Biedermeiersessel. Eines Tages spähte ich vom Wohnzimmer durchs Türglas und sah Vera Oelschlegel im Biedermeiersessel sitzen. Die Chansonette hielt lose Blätter in der Hand: Mutters unveröffentlichte Gedichte. Vera suchte nach singbaren Texten. Nun aber, da ich mich vom Kaffeetisch entfernt hatte und durchs Türglas spähte, las Vera nicht. Sie weinte. Mutters Gedichte hatten die *kühle Künstlerin* zu Tränen gerührt.

Hinter dem Sessel, in dem die weinende Vera mit elegant übereinandergeschlagenen Beinen gesessen hatte, stand im Bücherregal ein wuchtiger Radioapparat. Lackiertes dunkelbraunes Holz und grünes »magisches Auge«. Mutters Radio verfügte über einen beachtlichen Baßklang. Freilich nur so lange, wie es funktionierte. Das war Mutters *Elend*: wenn ihre technischen Geräte kaputtgingen, wurden sie nur selten repariert. Stehlampen, Wecker und Armbanduhren verwandelten sich über kurz oder lang in Attrappen. So auch das wuchtige Radio und der Plattenspieler, auf dem ich als Kind viele Male Prokofjews »Peter und der Wolf« gehört hatte.

Ich fotografierte den Schreibtisch.

Ich öffnete die Kammertür. Linker Hand steht auf einer grünen Holztruhe Mutters Nähkorb. Wenn sich Großmutter in Schulzenhof aufhielt, bemächtigte sie sich des Nähkorbs. Sie saß – neben sich den geöffneten Nähkorb – auf Mutters Bett und stöhnte: Nu sieh dir das an! ... Von mir hat sie solche Unordnung nich ... Na ja, Nähen war noch nie Evchens Stärke. Schon als Mädchen hat eure Mutter lieber Sicherheitsnadeln benutzt. Großmutter erzählte auch bei Tisch den Gästen von Mutters angeblicher Vorliebe für Sicherheitsnadeln. Sie verunglimpfte ihre Tochter *vor den Leuten*, woraufhin sie über längere Zeit nicht mehr nach Schulzenhof gebeten wurde.

Mir gefiel der Inhalt des Nähkorbs. Ich entdeckte in ihm unerwartete Dinge: ein Stück Seide, farbige Samtbänder, Lippenstifthüllen, eine ausrangierte Puderdose, eine Brosche. Auch roch sein Inhalt parfümiert.

Ich fotografierte die Wäschekammer. In der frühesten Schulzenhofer Zeit, als Vater im Eckzimmer arbeitete, hatte er in der Kammer geschlafen. Dann war er in die Bodenstube umgezogen, das Eckzimmer war Mutter zugefallen, und die unbeheizbare Kammer war zur Wäschekammer geworden.

In den ersten Schulzenhofer Jahren verbarg sich Vater manchmal in der Kammer vor unangemeldetem Besuch. Daran erinnere ich mich. Und ich erinnere mich an ein Foto in seinem einstigen Arbeitszimmer. Es zeigte ihn und Brecht, wie sie vor einem Traktor sitzen. Das Foto hing an derselben Stelle, an der nun der korbumflochtene Spiegel hängt.

Ich fotografierte an jenem Morgen die Ecke vom Hausflur, in der Matthes und ich Theater gespielt hatten. Ich lief in den Garten und bannte die Laube aufs Bild.

Ich verließ das Gehöft. Am Törnsee fotografierte ich oberhalb der Badestelle das Waldstück, das auf den Trümmern der »Berlauer« wächst. Im Unterholz fand ich eine bemooste Schieferplatte. – Jegliches hat seine Zeit. Auch Ruinen.

Auf dem Rückweg kam ich an Klaras Anwesen vorüber. Klara saß vor dem Haus; sie hatte soeben gefrühstückt. Klara machte mir sanfte Vorhaltungen. Sie meinte, ich würde Mutter in Schulzenhof zu selten besuchen. Es klang, als wollte die Christin Klara mir sagen, daß ich mich um meine Mutter nicht genug kümmerte. Ich glaubte nicht, mich rechtfertigen zu müssen. Ich bat Klara nur, zu bedenken, wie wenige Jahre ich in meiner Jugend in Schulzenhof hätte verbringen dürfen, damals, als ich mich danach gesehnt hatte. Heute würde ich mich nicht danach sehnen. Ich bin fremd hier, sagte ich. Und ich denke nicht, daß ich mich in Schulzenhof je wieder heimisch fühlen werde. Ich wurde auch in den letzten Jahren nicht eingeladen, mich längere Zeit in meinem Elternhaus aufzuhalten. Vielmehr hat Mutter Johanna und mich kurzfristig ausgeladen, weil ihr ein anderer Besuch oder ihre Arbeit wichtiger gewesen ist. Dennoch saß ich im vergangenen Dezember fast jeden zweiten Tag an ihrem Bett im Krankenhaus.

Ich tue, was ich kann, sagte ich. Und jetzt werde ich Mutters Mittagessen zubereiten. Damit verabschiedete ich mich. Nein, ich mußte mich vor Klara nicht rechtfertigen.

Auf dem Küchentisch im neuen Haus standen Töpfe und Schalen, gefüllt mit Essensresten vom Vortag. Auf dem Gasherd kochte Blumenkohl. Mutter saß, mit dem Rücken zum Herd, auf der Holzbank am Küchentisch. Sie hielt das schnurlose Telefon in der Hand und drückte auf die Tastatur.

Wie hast du geschlafen?

Es geht.

Was macht die Erkältung?

Es geht.

Ich habe entsetzlich geschlafen. Hatte Alpträume. Nun, das Übliche.

Vielleicht hätten wir nicht spätabends Pelmeni essen sollen?

Ja, vielleicht … Mutter hielt sich das Telefon ans Ohr. Jakob scheint nicht auf Arbeit zu sein. Ich versuche ihn die ganze Zeit zu erreichen. Ich mache mir Sorgen.

Ich fragte Mutter, welche Essensreste ich aufwärmen sollte. Alle, wurde mir beschieden. Auch sei da eine Handvoll Pfifferlinge, die Klara am Vortag gesammelt und ihr geschenkt habe. Mutter wünschte die Pfifferlinge, mit Ei verrührt, zu essen.

Und die aufgetauten Hähnchenkeulen?

Die auch.

Ich kochte und briet auf vier Gasflammen. Wenn ich mir die Nase säubern mußte, lief ich in die Diele – Mutter sollte nicht sehen, wie stark ich erkältet war, sie sollte ihren Koch nicht fürchten. Ihr Denken wurde indes ganz von Cathrins Bauchhöhlenschwangerschaft beansprucht. Auf meine Fragen, in welchen Töpfen ich die Essensreste aufwärmen sollte, erhielt ich nur kurze Antworten. Ich ärgerte mich beim Kochen ein.

Wie so oft zur Mittagszeit, doch diesmal mit mir verabredet, erschien Klara. Sie erwartet nicht, daß Mutter sie beköstigt. Sie möchte sich nur am Tischgespräch beteiligen. Bittet man sie aber, auch etwas zu essen, und wiederholt die Bitte mehrmals, so erklärt sie sich schließlich dazu bereit. Das geschieht meistens, wenn alle anderen bereits gegessen haben. So war es auch diesmal. Zuvor hatte mir Mutter in rascher Folge mehrere unwirsche Antworten gegeben, die sich auf die Essenszubereitung bezogen. Ich wagte fast nicht mehr zu fragen, ob sie geröstetes Semmelmehl über den Blumenkohl wünsche. Dann fragte ich doch, und dann hieb Mutter mit der Faust auf den Küchentisch, und eine mir einst vertraute Stimme schalt:

Da kann ich's ja gleich selber machen!

Der Ton, der Ton! schoß es mir durch den Kopf. Ich sah Klara an. Sie verdrehte, von Mutter ungesehen, die Augen.

Ich füllte die Teller und setzte mich an den Tisch. Mutter aß, tief über den Teller gebeugt, Pfifferlinge. Neben ihr lag das schnurlose Telefon.

Ich starrte auf meinen Teller und spürte, wie abgeschlagen ich durch die Erkältung war. Albern ist es, dachte ich, äußerst albern … Ich koche fünf Gerichte, werde wie ein Küchenjunge abgekanzelt, und am Ende heißt es, ich hätte Mutter mit Grippe angesteckt. Schon hatte sie Klara erzählt, es gehe ihr heute nicht gut, sie fühle sich verschwitzt und fiebrig.

Meine Lage mißfiel mir gänzlich. Ich gehörte ins Bett und nicht an diesen Tisch. In *mein* Bett gehörte ich. Und gleich würde ich gegen Mutters Unmut aufbegehren. Ich legte das Besteck neben den Teller.

Entschuldigt, sagte ich und verließ mit Zigarettenschachtel und Feuerzeug das Haus.

Auf dem Hof lief ich Kreise. Ich rauchte und sprach zu mir selber. Alles Reden endete in dem Satz: *Neuruppiner Sitten sind hier nicht gelitten!* – Jawohl, es stand mir zu, Mutter

an diesen Satz zu erinnern, denn sie hatte soeben mit Großmutters Stimme gesprochen. Welche Verwandlung!

Die zweite Zigarette beruhigte mich. Ich kehrte in die
Küche zurück und setzte mich wieder an den Tisch.

Was war los? erkundigte sich Mutter. Du hast dein Essen
stehenlassen.

Ich sagte, mir habe der Ton mißfallen, in dem sie meine
Fragen beantwortet habe. Einen solchen Umgangston sei
ich nicht gewohnt. Und ich beabsichtige auch nicht, mich
an ihn zu gewöhnen.

Mutter entschuldigte sich. Cathrins Zustand beunruhige
sie … Ich nahm die Entschuldigung an, doch entschied
ich, noch am selben Abend nach Berlin zu fahren. Vorerst
wusch ich das Geschirr und all die Töpfe ab. Und ich verriet
Mutter, daß wir in meiner frühen Kindheit in Großmutters Wohnung im Kinderzimmer zu Abend gegessen hätten.
Vergangene Nacht hatte ich mich daran erinnert. Mutter
entsann sich nun auch an die Abendmahlzeiten im Kinderzimmer. Ich fragte, um welche Zeit sie in den Garten geführt werden wolle.

Zwischen halb vier und vier. Das ist meine Zeit.

Gut, bis dann … Ich ging in die Stallstube, legte mich
aufs Bett und schlief; doch fürchtete ich, Mutters *Gartenzeit*
zu verpassen.

Nachmittags betrat ich das neue Haus. Stille. Ich setzte
mich an den Tisch in der Diele und blätterte in Zeitungen.
Ich wartete eine halbe Stunde. Schließlich klopfte ich an
Mutters Zimmertür.

Ja …?

Ich öffnete die Tür. Mutter lag im Bett; sie hatte ihre Gartenzeit verschlafen. Ich wartete eine weitere halbe Stunde,
bis Mutter für ihren Gang in den Garten gerüstet war. Ich
griff ihre Umhängetasche vom Sessel, und ich langte, auf
Mutters Geheiß, nach einer Mineralwasserflasche.

Meine Flasche! ... Du hast sie am Flaschenhals angefaßt! Mutter war in äußerster Not. Sie stand, auf Krücken gestützt, mitten im Zimmer und schüttelte wild den Kopf. Geradeso als müßte sie sich eines unsichtbaren Feindes erwehren. Ermattet sagte sie: Jetzt brauche ich ein Glas, wenn ich Mineralwasser trinken will.

Kein Problem, entgegnete ich, der ich mich soeben als Feind ausgemacht hatte.

Ich geleitete Mutter ums Haus. Mehrmals verharrten wir am Blumenbeet, bevor sie sich auf ihrem Platz hinterm Haus niederlassen konnte. Ich bediente den elektrischen Schalter der Markise, deckte den Kaffeetisch, und ich brachte Mutter ein Trinkglas. Bei allen Handreichungen fühlte ich mich aussätzig. Ja, ich würde nach Berlin fahren. Unbedingt.

Abermals erschien Klara. Abermals rief Jakob an – Mutter hatte bereits letzte Nacht erfahren, daß Cathrin nicht operiert werden mußte. Mutter aber hatte vergessen, mir von Jakobs nächtlichem Anruf zu erzählen. So wie sie nun vieles vergißt.

Ich brühte in der Küche Kamillentee. Ich wartete auf den Pfeifton des Teekessels und schaute durchs Küchenfenster. Mein Blick fiel auf Mutters schütteres Haar. Auf der lichten Stelle oberhalb der Stirn hatte Mutter eine lila Tinktur verrieben. Es sah entwürdigend aus. Nächsten Monat will sie vor Publikum lesen. Warum sagte ihr keiner, wie es äußerlich um sie steht? Warum fragte sie keiner, ob sie wieder süchtigmachende Tabletten schluckt? Entgegen dem Rat der Krankenhausärzte. Ich konnte sie nicht fragen. Ich sollte froh sein, wenn es mir gelänge, das Gehöft ohne eine weitere Auseinandersetzung zu verlassen.

In der Stallstube schaute ich mir den Zugfahrplan an. Zwei Abfahrtszeiten im Kopf, kehrte ich an den Kaffeetisch zurück und teilte Mutter und Klara mit, daß ich nach Berlin fahren würde.

Schade, sagte Mutter. Im selben Moment ereilte mich

ein Hustenkrampf, und in den Bronchien spürte ich einen stechenden Schmerz. Da wußte ich, mir stand eine wirkliche Krankheit bevor. Sie ließe sich nur durch ein Antibiotikum bändigen. Die Kapseln lagen in meiner Wohnung. Ich mußte nach Berlin fahren. Das erkannte auch Mutter.

Klara erbot sich, mich nach Gransee zu chauffieren. Während sie ihr Auto holte, packte ich in der Stallstube Werners Segeltuchtasche. Ich setzte Mullito und Krethi auf die gefüllte Tasche und hieß sie auf mich warten. Ich müsse mich von jemandem verabschieden. Zuvor brachte ich die Teetasse, die ich morgens aus dem alten Haus *entführt* hatte, an ihren Platz zurück. Auf dem Küchentisch stand ein Blumenstrauß – eine Aufmerksamkeit von Mutters Haushaltshilfe. Das wäre Tante Ilse nicht in den Sinn gekommen: einen Gast mit Blumen zu begrüßen. Wegen Frau Fürsts Blumengruß tat es mir leid, Schulzenhof zu verlassen.

Ich lief in den Garten und fragte Mutter, ob sie noch Wünsche habe. Nein, sie war augenblicklich wunschlos. Wir verabschiedeten uns. Mutter bedauerte, daß ich ernstlich erkrankt sei. Ich sagte, da sie Infektionen fürchte, sei es besser, wenn ich heimführe. Mutter stimmte mir zu.

Es ist schlimm mit mir. Aber ich erlebe anderer Leute Krankheiten spiegelverkehrt. Ich durchlebe sie körperlich.

Ja, Mutter … Ich stand an der Hausecke, zum Gehen bereit. Mutter sah mich an. Fast flehentlich bat sie: Entschuldige meinen unwirschen Ton. Bitte …

Ja.

Ich überließ Mutter ihrem Blumenidyll. Ich kann durchaus auch allein ins Haus gehn. So ist es nicht, hatte Mutter am Vortag gesagt. Gewiß könnte sie das. Es ist aber sicherer, wenn jemand sie begleitet. Nachdem Klara von Gransee zurückgekehrt sein würde, wollte sie nochmals nach Mutter sehen. So war es versprochen. Mit solcher Hoffnung endete meine Reise nach *Amerika*.

Liebwertes Herzchen!

Johannas und meine Fahrt gen Westen führte uns nur bis nach Salzwedel, einer Altmark-Stadt auf einstigem DDR-Gebiet. Jahrhundertealtes Fachwerk und eindrucksvolle Kirchen hielten uns am Ort. Wir waren überrascht, so viele historische Bauten vorzufinden. So hatten wir uns Salzwedel nicht gedacht. Auch hatte ich mir vor langer Zeit geschworen, ich würde die Stadt niemals betreten. Und nun? Nun habe ich verwinkelte Gassen und schöne Plätze vor Augen, sobald ich an Salzwedel denke.

Die unsere Phantasie beflügelnde Historie war das eine, das uns begeisterte. Das andere war die liebevolle Hand der Stadtoberen. Auf Straßen, Plätzen und in Parkanlagen sorgt sie unauffällig für Ordnung. Wir sahen weder besprühte Wände noch Papier auf dem Rasen, noch Bierbüchsen in der Jeetze. Nach der Wende ist auf die Altmark, und besonders auf Salzwedel, viel Geld gekommen. Geld, das sinnvoll verwendet wurde. Fast vermeinten wir durch eine Kleinstadt in den Altbundesländern zu wandern.

Du magst Dich fragen, weshalb ich niemals nach Salzwedel fahren wollte. Die Mutter meines älteren Sohnes stammt aus Salzwedel. Ihren kleinbürgerlichen Ansichten entsprechend dachte ich mir die Stadt als ein *Krähwinkel.* Das war ein Trugschluß, denn Salzwedel hat stets Wert auf Bildung gelegt. Allein nicht nur die Abneigung gegen's Kleinbürgertum hielt mich von Salzwedel fern. Ich wollte jene Stadt nicht betreten, in der ein Junge aufwuchs, dem ich nie ein Vater gewesen bin. Eine Schauspielstudentin hatte mich ungewollt dazu gemacht. Es war das erste Mal, daß ich einem

Mädchen beilag. Ich tat es nicht, weil mir das Mädchen gefiel, sondern weil ich den Verdacht, schwul zu sein, nicht länger ertrug. Meine Schauspielkommilitonen unterstellten es mir. Sie trieben mich durch anzügliche Fragen in die Enge und zu jenem Beischlaf, der ein Kind zur Folge hatte, weil das Mädchen das Kind wollte. Wohl gelang es mir, mich der Konvention zu verweigern – ich heiratete das eigensinnige Mädchen nicht –, meiner moralischen Schuld konnte ich mich jedoch nicht entziehen. Und deshalb hatte ich Salzwedel niemals sehen wollen. Um nicht der eigenen Unzulänglichkeit zu begegnen.

Die berückenden Bilder von Salzwedel noch vor Augen, fuhren wir am vergangenen Samstag nach Neuruppin. Was für ein Unterschied. Auch die Neuruppiner Stadtoberen ließen Straßen und Gehwege erneuern. Auch hier wurde Fachwerk saniert. Nein, am Geld mangelt es Neuruppin nicht. Neuruppin mangelt es augenscheinlich an der liebevoll ordnenden Hand. Ein Teil der Wallanlage wurde erneuert, der benachbarte Teil ist verwildert. Die Stadtmauer darbt wie in meiner Kindheit in trümmerähnlichem Zustand. Doch ob in Trümmern oder erneuert, überall stößt das Auge auf Unrat. Fast möchte ich sagen, Neuruppin leidet an Liebesentzug. Aber wurde die Stadt je geliebt? – Neuruppin, die preußischste aller preußischen Städte, ist quadratisch und nüchtern angelegt wie ein Schachbrett. Nach dem Brand im Jahr 1787 durfte der preußische Geist beim Wiederaufbau der Stadt zeigen, zu welchem Schematismus er fähig war. Zum Glück wird die Neuruppiner Kargheit und der preußische *Kasernismus* durch eine ansprechende Umgebung abgemildert. Der Blick vom »Bollwerk« auf den See verheißt zu jeder Jahreszeit Weite und die Hoffnung auf ein anderes Leben. Ich bin gegen Neuruppin selbstredend ungerecht. Das wäre jeder, dem die Stadt in seiner Kindheit so mißfallen hat. Trotzdem glaube ich bei aller Übertreibung des im Neuruppiner Stadtbild sichtbaren Preußentums recht zu haben.

Die Robert-Koch-Straße, die vormals Prinzenstraße hieß und in der das Haus steht, in dem Großmutter wohnte, wirkt unverändert trostlos. Man sieht die Straße und schämt sich, hier gelebt zu haben. Ein, zwei kleine Häuser wurden saniert, wohingegen große und historisch bedeutende leer stehen. Sie verwahrlosen, aus welchem Grund auch immer.

Das Haus Robert-Koch-Straße zwei wird zumindest teilerneuert. Die düstere Parterrewohnung, in der wir gewohnt hatten, war leer geräumt. Vor den Fenstern stand ein Schuttcontainer. Auf dem Hof stapelten sich vor Großmutters Küchen- und Schlafzimmerfenster die Innereien der Wohnungen. Ich spähte von der Straße aus durch unser Kinderzimmerfenster: Welch kleiner Raum! Ich schaute durchs Wohnzimmerfenster: gleichfalls ein kleiner Raum. Auch Johanna empfand die Räume als klein, und es erschien uns unvorstellbar, daß all das von mir aufgezählte Mobiliar in ihnen Platz gefunden haben sollte.

Wir fotografierten die asymmetrische Vorderfront des Hauses. Es hatte früher einem Neuruppiner Fuhrunternehmer gehört, der es um zwei Etagen hatte aufstocken lassen. Wir fotografierten auch die Rückfront und Großmutters Wohnungstür.

Johanna nahm auf meine Bitte hin mit ihrem *begabteren* Fotoapparat aus dem Flurfenster in der zweiten Etage den Hof und die angrenzenden Grundstücke und Gärten auf. Wir meinten, mein Wunsch, an diesem Tag Neuruppin zu besuchen, der mir während der Fahrt auf der Autobahn in den Sinn gekommen war, wirkte im nachhinein wie eine Eingebung. Hätte ich ihn ein halbes Jahr später verspürt, so wäre ich dem Haus nicht mehr in seinem mir vertrauten Zustand begegnet. Ich hätte vor einem mir fremden Haus gestanden. Frohgestimmt durch solche Einsicht, fuhren wir nach Schulzenhof.

Mutter erwartete uns im Garten. Ich hatte Tage zuvor unser Treffen telefonisch verabredet. Auch hatte ich mich erkundigt, ob Mutter am Sonnabend in Schulzenhof allein sein würde. Ja, ganz allein, lautete die Antwort. Nun zeigte sich, Mutter hatte einer Kunsthistorikerin zugesagt, sie dürfte am Sonnabend sämtliche Gemälde des Malers Hubertus Giebe, die sich in Schulzenhof befinden, für einen Katalog fotografieren. So kam es, daß wir im Garten saßen, derweil Mutters Mitarbeiter Philipp, der für den Fototermin seine Arbeitswoche in Schulzenhof um einen Tag verlängert hatte, die giebebegeisterte Kunsthistorikerin und deren Mann und Kind im neuen Haus von Bild zu Bild führte.

Johanna und ich hatten kaum Platz genommen und Mutter unser *Ruppiner Bild* geschildert, als Klara im Garten erschien.

Ich wollte Mutter etwas Erfreuliches sagen und lobte »Mai in Piešťany«. Vor allem hat mich beim Wiederlesen die Sprache beeindruckt. Mutter bestätigte meine gute Meinung zum Buch. Sie sagte, sie habe seit einem Jahr Vaters Kritik an »Mai in Piešťany«, von der sie erst nach seinem Tod aus seinen Tagebüchern erfahren hatte, verwunden. Vaters Kritik habe ihr das Buch lange verleidet. Besonders habe sie geschmerzt, daß er das Manuskript ihr gegenüber gutgeheißen habe. Ja, er habe sich gewünscht, es solle zu seinem fünfundsiebzigsten Geburtstag veröffentlicht werden.

Da sich Mutter an die Verunsicherung erinnerte, die sie durch Vaters nachträgliche Kritik erfahren hatte, glaubte ich, es sei der rechte Moment, ihr zu sagen, daß sie sich zu meinem Gedichtmanuskript »Fleischbesitz« ähnlich verhalten habe. Sie hatte die Gedichte anfangs überschwenglich gelobt. Wenige Tage darauf kritisierte sie sie. Nach dem Grund ihres Sinneswandels befragt, antwortete sie, man könne seine Meinung auch ändern. Am letzten Sonnabend sagte ich, ihre Kritik an »Fleischbesitz« würde mir nach wie vor den Blick auf den künstlerischen Wert oder Unwert der Gedichte verstellen.

Mein Vergleich reichte hin, Mutters Laune zu verdüstern.

Ich kann dir nur wünschen, daß auch du wieder objektiv auf die Sache schaust, sagte sie und wies die Geschichte damit von sich. Mutter reagierte empfindlich auf meinen Vergleich. Wußte sie aber, von welchem Manuskript ich sprach, als ich den Titel »Fleischbesitz« erwähnte? Inzwischen bezweifle ich es. Johanna teilt meinen Zweifel.

Ich versuchte die Stimmung am Gartentisch zu befrieden. Ich sagte, nachdem ich die drei Bände »Briefe aus Schulzenhof« abermals gelesen hätte, würden sich mir einige Lebensumstände der Eltern neu darstellen. So hätte ich all die Jahre in Vaters Affäre mit der Grafikerin Moser die Ursache für Mutters Unwillen gegen das Schulzenhofer Leben gesehen. Die Briefe zeigten jedoch, daß Mutter bereits 1980, also drei Jahre bevor die Affäre begann, am Schulzenhofer Leben gelitten habe.

Mutter fühlte sich durch meine angelesene Einsicht erneut herausgefordert. Sie meinte, meine Entdeckungen brächten Unruhe in ihr Leben.

Und der Witz ist, ich habe keine Lust, mich mit dieser Zeit zu beschäftigen. Ich will mich jetzt nicht daran erinnern, sagte Mutter. Es klang trotzig, klang abwehrend.

Johanna, Klara und ich schwiegen. Während wir schwiegen, begriff Mutter, wie merkwürdig ihre Abneigung gegen das Erinnern auf uns wirken mußte. Jemand will ein Buch über sein Leben schreiben und lehnt es ab, sich zu erinnern. Um diesen Widersinn zu korrigieren, sagte sie: Jedenfalls will ich mich nicht *so* daran erinnern.

Ich war es leid, die »Briefe aus Schulzenhof« erwähnt zu haben, und sagte: Tja, eigentlich wollte ich dir nur mitteilen, daß »Mai in Piešťany« ein großartiges Buch ist.

Johanna und Klara nickten, bevor wir an diesem Nachmittag der nächsten Verwicklung aufsaßen.

Nachzutragen bleibt: Mutter bat Johanna, ein pfennig-
großes Stück Papier vom Rasen aufzuheben. Mutter wies
mit dem Krückstock darauf. Seit Tagen lag es neben ihrem
Stuhl. Seit Tagen störte sie das pfenniggroße Papierstück.
Johanna ging vor Mutter auf die Knie. Sie hob den Schnip-
sel auf, auf den die Krücke noch immer bedrohlich wies.
Wie sie mir bei der Heimfahrt gestand, hatte Johanna dabei
ein ungutes Gefühl.

Erniedrigung?

Ja, vielleicht ... Dann aber, als deine Mutter im neuen
Haus in der Diele saß und wir uns schon von ihr verabschie-
det hatten, doch abwartend an der Tür standen, weil deine
Mutter noch immer redete und redete, als wollte sie die Einsamkeit hinauszögern, die sie überkommen würde, sobald
wir das Haus verlassen hätten, da tat mir deine Mutter leid.
Was für ein Leben ...

Ja, was für ein Leben.

Verzeih, der Brief ist ins Tagebuchhafte abgerutscht. Ich mag
ihn auch nicht sonderlich leiden. Deshalb sei hier Schluß.

Mein Lieber, ich wünsche Dir eine schmerzfreie Seele und
einen schmerzfreien Leib. Ich wünsche es von Herzen.

28. 8. 2001

Herzchen, mein Herzchen!

Ich würde nicht zu fragen wagen, ob Dich noch immer see-
lische Schmerzen plagen. Doch sind Krethi und Mullito (ein
ordentlicher Doktor der Naturwissenschaften) wißbegierig.
Vor allem sind Raupe und Maus mitfühlend. Sie sitzen neben mir auf dem Plattenspieler – nein, sie rotieren nicht! –
und befehlen: Schreib *Herrn Herz*, wir sorgen uns um seine
Leber! Und frag ihn, ob französische Wölfe wahrhaftig groß
wie Spinnen sind. – Noch was? – Ja, schreib, daß ich nach
wie vor die Schönste bin. Auch Johanna sagt, Krethi ist die
Schönste. Die Schönste von *alles*. Johanna hatte auf dem
Wohnungsflur gekniet. Krethi hielt ihr eine Tüte handver-
lesener Makronen hin und forderte die Sängerin auf, zu verkünden, wer *derdiedas* Schönste sei. Johanna schwor beim
Anblick der Makronen, unbestechlich zu sein; dann aber
sagte sie, was die Raupe zu hören wünschte. Kniend nahm
Johanna die Makronen entgegen. Es zeigt, Krethi de Berner bekommt, was sie will. Also, Lieber, sträube Dich nicht.
Bist Du auch schreibunlustig, so vermelde uns wenigstens
auf einer Karte, und sei's auf einer dunkelblauen, wie es Dir
körperlich und seelisch geht. Wir sorgen uns *doch*.

Der August und der Sommer sind gleich vorüber. Schon
ist es nachts kühl, streift tagsüber ernüchternder Wind
durch die Schreinerstraße. Die Hortensien im Hofgarten
sind verblüht, was aber weniger traurig ist: Hortensien gehören nicht zu meinen Blumen.

Wenn ich im hinteren Zimmer durchs Fenster schaue,
trifft mein Blick das Vogelbeerenrot. Die beiden Ebereschen
sind in den letzten Jahren stark gewachsen; sie reichen bei-

nahe bis zur obersten Etage des Hauses hinauf. Im Sommer verdecken sie die tiefer im Garten stehende Traueresche. Der Hofgarten ist allerdings klein, und es verlohnt nicht, von seiner Tiefe zu sprechen. Dennoch verstellen mir die Ebereschen den Blick auf die *Trauernde.*

Die roten Beeren locken Besucher in den Garten. Amseln, Elstern und Tauben fliegen die Beeren an. Besonders mittags wird um sie gezankt. Im rechten Seitengebäude wohnt seit neuestem ein Siamkater. Wenn ihm das Fensterglas nicht den Weg in den Garten versperrte, würde sich Kater gewiß unter die streitsüchtigen Besucher begeben und ratzbatz für Ordnung sorgen. Kann ich mir vorstellen. Vom Plattenspieler her echot es: Wir uns auch!

Herzchen, fast scheue ich mich zu bekennen, wie gut es mir seit Monaten geht. Vorgestern in Bad Saarow, beim Baden im Scharmützelsee, sagte ich zu Johanna, ich hätte nicht gedacht, daß ich mich noch einmal körperlich so wohl fühlen würde.

Weniger glücklich als mein Körper zeigt sich mein Geist. Ihm fehlen die Räusche. Weder Liebes- noch Lyrikrausch. Das kommt den Geist hart an. Wie hatte er sich an die Euphorien gewöhnt, die ihn so gut wie täglich packten, als ich Liedtexte schrieb. Zwei Jahre liegt es zurück. Auch die letzte Verliebtheit liegt zurück. Ich erinnere mich nicht einmal, wem sie gegolten hat. Was sagst du, Kräthi? – Keine Unverschämtheiten von der Seite bitte! … Die Raupe behauptet, es wäre besser, ich erinnerte mich nicht daran, in wen ich zuletzt verliebt gewesen bin. Nun, darum geht es auch nicht. Es geht darum, daß ich die fehlenden natürlichen Räusche nicht durch künstliche ersetze. Meine Meinung über künstliche Räusche hat sich nicht geändert. Deshalb steure ich gegen sie an, ganz hart. Das muß ich auch, denn mein Schreibthema »Kindheit und Familie« trübt meine Stimmung. Allein ich habe mich willentlich auf die Vergangenheit eingelassen, also werde ich sie ertragen.

Mein Bruder Matthes war ein Sonderling. Ilja und ich sahen es von Anbeginn. Wegen all der Vorrechte, die der Jüngere im Elternhaus genoß, betrachteten wir ihn scharf.

Matthes hatte als Kind nur kurzzeitig in Neuruppin leben müssen, und er wurde bereits in Dollgow eingeschult. Zur Einschulung trug er einen Försterhut mit einer Habichtsfeder. Ursprünglich hatte er sich für diesen Tag eine Försteruniform gewünscht. Sie war ihm von den Eltern auch versprochen worden; am Ende aber kastrierten sie ihr Geschenk ein wenig.

Klein Matthes wollte *zur Forst.* So unbedingt, wie ich Schauspieler werden wollte, wollte er als Waldmensch leben. Schon als Fünfjähriger lief er, ausgerüstet mit Stullenpaket, Brauseflasche, Hut und kleiner Tabakspfeife, zu den Waldarbeitern. Stunde um Stunde blieb Matthes im Wald. Fragte man ihn, was er im Wald treibe, antwortete er: Na arbeiten. Was 'n sonst?! ... Tatsächlich saß er auf einem gefällten Baumstamm. Die Tabakspfeife in der Hand, erzählte er den Waldarbeitern einen *Schlag* übers Leben allgemein und über unsere Familie und über Leute, die die Eltern besuchten, im besonderen. Daheim erzählte Matthes von seiner anstrengenden Waldarbeit. Sowohl die Waldarbeiter als auch die Eltern zeigten sich amüsiert.

Ilja und mich amüsierten Matthes' Geschichten wenig. Wir forschten nach ihrem Wahrheitsgehalt. Da nun waren wir seiner Schwäche auf der Spur. Bruder Matthes, der Sonderling, war ein Phantast. Seine abenteuerlichen Erzählungen waren jedoch nicht ersonnen, um sich bei den Eltern oder bei anderen Erwachsenen Vorteile zu verschaffen. Nein. Sofern es nicht vorteilhaft ist, durch erdachte Geschichten im Mittelpunkt zu stehen, trug Matthes sie einzig zur Unterhaltung vor. Geradeso als erzählte er Märchen. Ein Märchenerzähler empört sich vielleicht nicht, wenn er darauf aufmerksam gemacht wird, daß seine Geschichten unwahr sind. Matthes aber empörte sich, wenn wir ihn der *Flunke-*

rei überführten. Doch egal. Letztendlich konnten wir ihn stündlich oder zumindest abends, wenn er uns von Bett zu Bett seine neuesten *Erlebnisse* erzählte, der Lüge überführen. Matthes drehte sich daraufhin beleidigt zur Wand und tat, als schliefe er; oder er floh aus dem Bett, rannte barfuß über den Flur und drang unter einem Vorwand ins Wohnzimmer ein. Er setzte sich den Eltern zu Füßen auf den Teppich und sah, nach kurzer Zeit von den Eltern vergessen, ungestört fern. Das mußte man sich vorstellen: Matthes, Jahre jünger als wir, durfte Filme sehen, von denen wir, wenn wir spätabends in der Küche noch etwas Wasser tranken, nur die Geräusche hörten! Um die Pein zu steigern, erzählte uns Matthes anderntags die Filme, die er zu Füßen der Eltern gesehen hatte. Selbstverständlich wichen seine Erzählungen von den wahren Filmhandlungen ebenso ab, wie seine sonstigen Erzählungen vom Leben abwichen.

Matthes war unordentlich. Nein, das trifft es nicht, nicht im mindesten. Matthes war der *Schrottkuhlenkratzer*. Er konnte alles gebrauchen. Und *alles* fand sich nur in der Schrottkuhle am Dollgower Berg. Matthes' Schulweg führte an der Schrottkuhle vorbei. Irrtum; er führte nicht an ihr vorbei. Matthes besuchte Tag für Tag *seine* Schrottkuhle. Und jedesmal fand er etwas. Was er gefunden hatte, verstaute er im Schubfach unter dem Doppelstockbett. Schon bald reichte ihm sein Schubfach nicht mehr aus, und so bemächtigte er sich des zum vierten Bett gehörenden Schubfachs. Ölverschmierte Isolatoren, rostige Nägel jeder Größe, das Untergestell einer Fahrradklingel, Kupferdrähte, der Henkel einer Petroleumlampe, ein Eberzahn: all das und viel, viel mehr hortete er unter dem Doppelstockbett. Oft waren die Schubfächer überfüllt und ließen sich nicht mehr unter dem Bett hervorziehen. Gerade dann begann es im Zimmer muffig oder gar faulig zu riechen. Matthes wies jeden Zusammenhang zwischen seinen Schubfächern und dem unanständigen Geruch von sich. Er widerstand auch

Mutters Aufforderung, die Kästen zu entrümpeln. Er, Matthes Strittmatter, sollte sich von seinen Schätzen trennen? – Nie und nimmer! Erst wenn Vater bei Tisch ein *Machtwort* sprach und sich seine Freude an dem Schrottkuhlenkratzer in Kritik verwandelte, zerrte Matthes die Kästen unter den Betten hervor. Tränen liefen ihm übers Gesicht. Doch tapfer trennte er sich von manchem *Solitär*. Unter großem Aufheben schaffte er die Schätze vom Hof. Tage später kehrten sie unbemerkt in die Schubkästen zurück.

Als Ilja und ich auch endlich in Schulzenhof leben durften, war Matthes' Sonderstellung innerhalb der Familie auf Dauer gefestigt. Dagegen kam selbst Jakob, der Letztgeborene, nicht an. Matthes war Vaters Liebling. Er existierte in Vaters Büchern als literarische Gestalt, redete bei den Mahlzeiten schlau daher und unterhielt die Gäste. Und Matthes hatte eine außergewöhnliche Gabe: er konnte sich stets daran erinnern, an welchem Ort, unter welchen Umständen etwas gesagt worden war. Veränderte Matthes auch zumeist das Gesagte, die dazugehörenden Orte und Umstände änderte er nicht. Aus diesem Grund war er für Vater und Mutter ein lebendes Tagebuch. Zuweilen wurde er sogar als Schiedsrichter angerufen. Waren sich die Eltern vor den Gästen uneins, an welchem Ort sie etwas beredet hatten – Matthes wußte die Antwort. Ihm wurde geglaubt.

Vater vertraute Matthes' *Spezialkunst* selbst dann noch, als er ihn schon *verstoßen* hatte.

Matthes war siebzehn, ich war zweiundzwanzig Jahre alt. Vor kurzem hatte ich die Schauspielschule beendet. Gemeinsam mit Klara kam ich übers Wochenende nach Schulzenhof. Vater, Mutter, Klara und ich saßen im neuen Haus am Küchentisch. Matthes war unterwegs. Da sagte Vater den Satz, der mich momentweise lähmte:

Mit Matthes bin ich fertig!

All das, was ihn jahrelang an Matthes amüsiert hatte, lastete Vater jetzt seinem zweitjüngsten Sohn an. Unordentlich, chaotisch, eigenbrötlerisch und versponnen, lautete das harte Urteil. Und kein Wort zur Verteidigung, geschweige denn die Frage, ob die Eltern Matthes zuviel Freiheit gelassen hätten. Als sich meine Lähmung löste, tat mir Matthes leid. Er liebte seinen Vater sehr. Nun wurde er *verstoßen*. Er muß in jener Zeit gelitten haben. Hatte er sich doch nichts zuschulden kommen lassen, außer daß er noch immer war, wie er war. Ich habe Matthes nie zu Vaters Abkehr von ihm befragt. Auch nicht in den Jahren, als wir gut miteinander standen. Ich wollte den Phantasten nicht weinen sehen.

Eine Geschichte zeigt beispielhaft, wie zäh Matthes an seinen Phantastereien festhielt:

An einem Sommertag kehrte der sechsjährige Matthes von der Waldarbeit heim und erzählte, ein Eichhörnchen habe vor ihm auf dem Weg gesessen. Er sei auf das Eichhörnchen zugegangen, woraufhin es ihn angesprungen sei und ihm in den Finger gebissen habe. Matthes wies eine winzige Wunde vor. Kaum daß die Geschichte erzählt war, wurde nach ihrem Wahrheitsgehalt geforscht. Doch, die Geschichte war wahr. Natürlich! Die Nachbarstochter Klein Heike konnte sie bezeugen. Die Eltern fürchteten, Matthes könnte von einem tollwütigen Eichhörnchen gebissen worden sein, und fuhren mit ihm zum Krankenhaus. Beim Anblick der Spritze gegen Tollwut, die ihm drohte, wiederholte Matthes die Geschichte – und so wurde ihm die Spritze verabreicht. Jeden zweiten Tag erhielt er zwei Tollwutspritzen. Sein Unterleib wies bereits zehn dunkelblaue Einstichstellen vor, als Matthes den Eltern gestand, daß er sich die Geschichte ausgedacht hatte. Das Eichhörnchen hatte zwar auf dem Weg gesessen, doch als er sich ihm hatte nähern wollen, war es wie jedes halbwegs normale Eichhörnchen auf einen Baum geflüchtet. Die Nachbarstochter Heike hatte Matthes zu Gefallen geschwindelt, und die kleine Wunde am Finger, der *Kratzer*, stammte von einer Glasscherbe. Also: Jemand läßt sich zehn Spritzen gegen Tollwut verabreichen, bevor er sich und anderen die Wahrheit eingesteht. Er hält an einer Erzählung fest, von der er keinen Vorteil, von der er nur Schmerzen hat. Das war Bruder Matthes, vor dessen Grab Johanna und ich am vorletzten Samstag standen. Und zehn Schritte entfernt liegt der Vater, der mit seinem Sohn *fertig* war.

Rückschauend mutet es merkwürdig an, daß Matthes' Herzfehler erst bei der Musterung für die Armee entdeckt wurde. Matthes war als Kind oft krank. Auch erlitt er als Jugendlicher bei einem Motorradunfall einen komplizierten Beinbruch. Er wurde für die Operation narkotisiert. Hatte man vor der Narkose sein Herz nicht untersucht? Merkwürdig. Merkwürdig schon deshalb, weil die Eltern Krankheiten ernst nahmen und sie mit Ärzten befreundet waren. Das ist kein Vorwurf. Nein. Es ist nur merkwürdig. Doch selbst wenn Matthes frühzeitig auf seinen Herzfehler aufmerksam gemacht worden wäre, hätte er, der jegliche Einschränkung verabscheute, die Empfehlungen der Ärzte wahrscheinlich mißachtet. Nicht einmal in der Zeit, als sie ihm eine Herztransplantation anrieten, befolgte er ihre Anweisungen. Matthes wurde aus dem Krankenhaus entlassen, und sofort entrückte ihn seine Phantasie der Gefahr. Sie brachte ihn unbeschadet in die Welt der Gesunden zurück. Aber vielleicht war das die bessere Gabe. Geht man davon aus, daß jemand in jungen Jahren unweigerlich sterben wird, so ist dieser Jemand glücklich dran, wenn ihm seine Phantasie bis zuletzt vorgaukelt, er sei keineswegs sterbenskrank. So oder so, Matthes Strittmatter ist tot.

Zu den Medizinern, die im Elternhaus verkehrten, gehörte Herr Doktor Gütenke.

Vater brach sich im Winter 1966 ein Bein. Eine Weile lag er im Krankenhaus von F. Danach lag er über Monate mit eingegipstem Bein in seinem Bett in der Stallstube. Doktor Gütenke, ein Oberarzt des Krankenhauses von F., übernahm *persönlich* die Hausbesuche. Aus den Hausbesuchen wurden philosophische Gespräche am Bettrand. Und so kamen uns Doktor Gütenke, seine Frau Elfi – eine ehemalige Krankenschwester – und die Kinder Cornelia und Fabian ins Haus. Zumeist erschien der Doktor jedoch allein in Schulzenhof. Unangemeldet. Ja, Doktor Gütenke gehörte zur *Fraktion der Unangemeldeten.*

Auch mitsamt seiner Familie kam der Doktor unangemeldet zu Besuch. Am Sonntagvormittag konnte Mutter sagen: Vorgestern hat es geregnet. Es wachsen Pilze … Wir müssen damit rechnen, daß Gütenkes zum Mittagessen kommen. Denn das war eine Gütenkesche Spezialität: Man erschien unangemeldet um 11.30 Uhr.

Der hagere Herr Doktor – jede Geste, jedes Zucken der Augenbrauen ein Snob – drang in Mutters Küche vor. Er trat an den Herd, hob einen Topfdeckel an und schaute auf das, was im Topf kochte oder schmorte. Doktor Gütenke wedelte sich den Kochwrasen unter die Adlernase und flüsterte in der Vorfreude aufs Essen: Ah, Täubchenbrühe! Indes konnte es auch sein, daß Mutter für den Inhalt ihres Kochtopfs gerügt wurde: Gnädige Frau, Sie kochen im Prinzip zu fett! Mutter, die eine Feindin der Topfguckerei ist, rächte sich beim nächsten Besuch der Familie Gütenke mit einem ausgesprochen fetten Essen.

Doktor Gütenke war aus philosophischen Gründen aus der Sozialistischen Einheitspartei ausgetreten. Hieß es. Ebenso hieß es, der Doktor würde *seine* Elfi bevormunden. Wahr ist, Elfi Gütenke war eine hilflos schüchterne Frau. Das aber war nebensächlich. Wichtig, einzig wichtig war der *Gott in Weiß.* Klara fiel ins Schweigen, sobald sich der *Herr Kollege* dem Schulzenhofer Mittagstisch näherte. Der Medizinerin Klara war am Menschen gelegen. Doktor Gütenke hingegen war ein kalter Knochenkünstler. Diese Worte stammten von mir. Ich mochte Gütenkes gespreizte Art nicht. Auch empfand ich ihn als vereinnahmend. Eine

Zeitlang führte er sich im Elternhaus wie der wiedergefundene älteste Sohn auf.

Mutter sah den Doktor gleichfalls kritisch. Ihr mißfielen nicht nur die Überfallbesuche und die Topfguckerei. Trotzdem wollte sie auf sein ärztliches Fachwissen nicht verzichten. Und ein Facharzt war Gütenke allemal.

Vater war zeitweise *gütenkerisiert*: Gütenke hat gesagt, Gütenke meint, Gütenke denkt. Er vertraute dem Doktor sehr. Er vertraute ihm auch seine tagespolitischen Überlegungen an. Der Doktor wiederum vertraute Vater seine Ehesorgen an.

Irgendwann kam es in den 80er Jahren in der Stallstube zur *Entfremdung*. Familie Gütenke erschien seltener. Schließlich erschien auch der Doktor nicht mehr. Mit *großem Abgang* verließ er *sein* Krankenhaus und die Stadt F. Er siedelte sich in der Nähe von Berlin an. *Funkstille*. Dann ging die DDR zu Bruch, und eine Zeitschrift berichtete über einen umtriebigen »Offizier im besonderen Einsatz«. Der »Klarname« des Offiziers lautete Gütenke. Der Doktor, der aus philosophischen Gründen aus der Sozialistischen Einheitspartei ausgetreten war. In der Zeitschrift konnte man lesen, Gütenke habe der Staatssicherheit auch über die Strittmatters Bericht erstattet. Vater hatte zu DDR-Zeiten manch einen Schulzenhof-Besucher verdächtigt, für die Staatssicherheit zu arbeiten. Meist zu Recht, wie sich nach der Wende herausstellte. Im Fall des Doktors hatte sein Gespür versagt.

Ich mochte Doktor Gütenke, wie schon erwähnt, nicht. Unerträglich wurde er mir, nachdem er mich lange über den Küchentisch hinweg angestarrt und gefragt hatte, ob ich mir hätte die Augen chirurgisch richten lassen. Er, Gütenke, habe mich unlängst im Fernsehen spielen sehen. Ihm sei aufgefallen, ich würde nicht mehr schielen. Bestätigung heischend, wandte sich Gütenke an Mutter: Er hat doch früher geschielt?!

Mutter hielt einen hölzernen Kochlöffel in der Hand. Einen Moment sah es aus, als würde sie den Kochlöffel auf den kahlgeschorenen Arztschädel schlagen. Mutter unterdrückte den Wunsch und sagte mit tiefster Stimme: Nie im Leben hat er geschielt! Gleich darauf beugte sie sich wieder über ihren Kochtopf.

Ich habe als Kind sehr wohl geschielt. Ich schiele noch heute, wenn ich übermüdet bin. Doch kam es diesem Snob zu, es zu benennen? Nein, »Genosse Offizier«!

Nun fragt sich, worüber als nächstes schreiben: über die Staatssicherheit, über das Essen oder über die Krankheiten *im Hause Strittmatter*? Übers Essen habe ich geschrieben. Soviel nur: Mutter bereitete in jenen Jahren wahre Berge von Essen zu. Die Krankheiten und Mutters Angst vor ihnen will ich noch aufsparen. Bleibt die Staatssicherheit. Da trifft es sich, daß wir bei der letzten Begegnung mit Mutter über dieses leidige Thema gesprochen haben.

Wahrlich, nicht nur Doktor Gütenke gehörte zur *Firma Irma*. Der Kinderbuchautor Holtz-Baumert spionierte gleichfalls für die Firma, wie sich nach dem Ende der DDR zeigte. Allerdings hatten die Eltern Gerhard Holtz-Baumert lange vor dem Ende der DDR verdächtigt, für die Sicherheit tätig zu sein. Der mit Vater befreundete Chef des Leipziger Reclam-Verlags soll ebenso für die Firma *gearbeitet* haben wie der Stadtrat für Kultur in W., mit dem Vater korrespondierte.

Und auch Vaters und Mutters Freund, der Schriftsteller Hermann Kant, soll mit der Staatssicherheit verkehrt haben. Ein 1995 erschienenes Buch glaubt sein heimliches Leben durch Dokumente belegen zu können. Hermann aber schweigt. Auch Mutter gegenüber schweigt er. Unlängst sagte ich in Mutters Garten, ich könne verstehen, daß sie weiterhin mit *Verschwiegenen* befreundet sei, für mich aber komme ein derartiges Umschweigen der Vergangenheit nicht in Frage.

Da führte einer ein heimliches Leben. Er weiß, daß du es weißt. Trotzdem erwartet er, daß du es ausblenden sollst. Ein solches Verhalten macht denjenigen, der nicht mit der Staatssicherheit verbandelt war, zum Schizophrenen.

Johanna und Klara gaben mir recht. Mutter zieh uns, ungebührlich hart zu sein. Sie sagte, sie wisse, es gebe auch in ihrem Leben *schwarze Stellen*, über die sie ungern reden möchte.

Eines Tages werdet ihr vielleicht begreifen, daß auch ihr Schuld auf euch geladen habt.

Nun, selbstverständlich habe ich mich schuldig gemacht. Wissentlich und unwissentlich. Es geschah jedoch nicht in einem heimlichen Leben. Und die *Schuld* wurde mir von keiner Institution gutgeschrieben. Wie gesagt, ich verstehe Mutters Haltung. Für mich aber setzt es Vorzeichen, wenn ich erfahre, der und der ist der Staatssicherheit gefällig gewesen. Und es verändert die Geschichten der Kindheit:

Einst feierten Hermann Kant und Vera Oelschlegel mit uns in Schulzenhof Silvester. Um Mitternacht wurden vor dem alten Haus Raketen abgefeuert. Hermann begleitete die Raketenflüge mit dreisten Sprüchen über die DDR-Oberen. Einer, der dicht an der Macht lebte, der ins innere System *eingebunden* war, redete provokant, er brachte andere dazu, es ihm gleichzutun. Das halte ich für fragwürdig. Damals hätte Hermann schweigen sollen, und heute sollte er reden.

Genug. Du, Herzchen, lebst fernab von solchen Empfindlichkeiten. Es dauert auch nicht mehr lange, und das Thema liegt endgültig bei den Akten.

Übrigens hätte auch mein Vater über seine Verbindung zur Staatssicherheit reden sollen. Er hätte uns sagen sollen, was er mit *denen* zu schaffen gehabt hatte. Weil er es nicht getan hat, habe ich erst nach seinem Tod aus dem »Spiegel« von seinen Staatssicherheitskontakten erfahren.

Neben seiner Tätigkeit für die *Firma Irma* hatte Gerhard Holtz-Baumert eine zweite Leidenschaft: das Angeln. Er teilte die Leidenschaft mit dem Kollegen Beseler. In manchem Sommer kamen die beiden Kinderbuchautoren zu Besuch nach Schulzenhof. Bei Tagesanbruch lief das Duo *Besel-Baumel* mit teuerstem Angelgerät zum Törnsee. Mittags saß das Duo an Mutters Küchentisch und überbot sich gegenseitig in Anglergeschichten. Der vornehme Pfeifenraucher Beseler trug seine Geschichten wissenschaftlich vor. Holtz-Baumert, der *große Lacher*, neigte eher zur volkstümlichen Darstellung. Die Geschichten beider bewegten sich am Rand der Prahlerei.

Ich angelte ebenfalls leidenschaftlich gern, aber ohne Angelschein und ohne Fachwissen. Am liebsten warf ich die Angel im Bach aus. Im flachen Bachwasser konnte ich sehen, was mir vorm Haken schwamm.

Wie es mit Leidenschaften so geht: irgendwann packte sie mich gewaltig. Mir genügte nicht mehr, was ich mit der Angel aus dem Wasser zog. Ich überredete die Brüder, am Ufer des Törnsees Aalhaken auszulegen. Das war verboten; es blieb aber unentdeckt, weil sich kein Aal an den ausgelegten Haken verfing. Durch unseren Mißerfolg enttäuscht, bemächtigten wir uns eines Angelkahns. Wir fuhren auf den Törnsee und räuberten Fischreusen aus. Ein lohnendes Abenteuer, wie sich zeigte.

Auch das Räubern kann sich zur Leidenschaft steigern. Ich weiß nicht mehr, wessen Idee es war, die Reusen zu leeren. Ich erinnere mich nur, daß ich den Einfall hatte, die geräuberten Fische an den Haken einer Angel zu hängen und sie so, über dem Wasser zappelnd, zu fotografieren.

Als das Duo Besel-Baumel bei seinem nächsten Besuch wieder am Mittagstisch *lateinisierte*, erzählten auch wir von erfolgreichen Fängen. Die Fachmänner lächelten. Sie bezichtigten uns sogar der Schwindelei. Ich legte die Fotos auf den Tisch. Das Duo staunte und fragte nach. Mit welchem

Blinker war an welcher Stelle des Törnsees zu welcher Tageszeit geangelt worden? Man wollte unseren Worten nicht glauben. Allein man mußte, sagte doch Mutter, die auf den Fotos porträtierten Fische, die Riesenplötze, der Riesenblei, seien ihrem Haushalt zugeführt worden: Nicht wahr, Vater!

Auch Vater bestätigte unseren Fang. Das Duo Besel-Baumel gab klein bei, denn es wußte nicht, wo bei dieser Geschichte der Haken war.

Ich angelte, und ich liebte es, Krebse zu fangen. Es kam vor, daß ich mich vom sommerlichen Bad im Tietzensee ausschloß, so sehr begeisterte mich *das Krebsen*. Die Brüder schwammen zur Insel; derweil watete ich durchs schilfbestandene flache Wasser. In Zeitlupe hob ich Holzstücke und Wurzeln an, unter denen ich Krebse vermutete. Wenn ich einen sah, drückte ich ihn mit einer Astgabel auf den Seegrund. Ich packte ihn hinter den Scheren und warf ihn aufs Ufer.

Manchmal sammelte ich Krebse über mehrere Tage. Gestern beim Baden fünf, heute beim Baden sechs gefangen, rechnete ich. Die erbeuteten Krebse verwahrte ich daheim in der Regentonne. Hatte ich ausreichend gesammelt, so wurden sie abends in der Küche gekocht. Dann roch es bis auf den Hof hinaus nach Kümmel. Auch Vater beteiligte sich am Krebsmahl.

Eines Nachts aber, als schon zwei Dutzend Krebse über den Tonnengrund krochen, regnete es heftig. Am nächsten Tag sagte Vater beim Frühstück, er sei *die Krebserei* leid ... Vater war vom Morgenspaziergang heimgekehrt. Vor dem Hoftor saß ein Krebs, den das Regenwasser aus der Tonne gespült hatte. Der Krebs wedelte mit den Fühlern, als wollte er Vater bitten, ihn zum Bach zu tragen. Vater hatte ihm den Gefallen getan. Fortan durfte ich keine Krebse mehr in der Regentonne sammeln. Noch heute erwacht meine Krebsleidenschaft, sobald ich mich dem Tietzensee oder sonst einem Gewässer, in dem ich Krebse vermute, nähere.

Vater hatte andere Leidenschaften. Dauerhaft war seine Leidenschaft für Pferde. Zeitlich begrenzt hingegen war sie für Bienen. Hinter dem Pferdestall standen einige Jahre lang Bienenkästen. Herr Günther, der Dollgower Imker, saß abends stundenlang in der Stallstube und erzählte und erklärte. Vater und Herr Günther betrachteten auch Bienenflügel durchs Mikroskop. Leider erkrankten Vaters Bienen. Ganze Völker starben aus. War das der Grund, weshalb die Bienenkästen vom Gehöft verschwanden? Später kamen Zwerghühner aufs Grundstück. Die Zwerghühner scharrten sich ihr eigenes Grab. Sie mißachteten den Zaun um Mutters Blumengarten und scharrten und traten im Garten die schönsten Blumen nieder. Die Anzahl der Zwerghühner, die emsig kleine Eier legten, wurde zuerst verringert, dann mußten auch die letzten Hennen und der kampfwütige Hahn das Gehöft verlassen. Unser Vater wandte sich mehr der Taubenzucht zu. Harzer Roller-Tauben stiegen zum Himmel auf. Vater warf seine Schiebermütze in die Luft – die Tauben flogen höher und höher, ehe sie sich, um sich selber kreisend, fallen ließen. Ich sehe Vater auf dem Hof die Mütze schwenken. Er trägt ein schwarzes Turnhemd. Es war die Zeit, als er unlängst das Rauchen aufgegeben hatte und zur Leibesfülle neigte.

Vater hegte nicht nur für Tiere eine Leidenschaft. Von Zeit zu Zeit fotografierte er auch leidenschaftlich gern. Und im Alter begeisterte er sich geradezu kindlich für kleine Diktiergeräte. Für welches technische Gerät sich Vater auch begeisterte, wenn ihn die Leidenschaft packte, blieb es nie bei einem Gerät. Uhren, Fotoapparate, Schreibmaschinen, Tonbänder: alles wurde durch die neueste Technik ergänzt.

Vaters sonderbarste Leidenschaft galt jeglicher Art von Pferdehalftern, Sätteln, Zaumzeug und Peitschen. Auf dem Flur und dem Dachboden des alten Hauses, im Pferdestall, in der Futterkammer und in der Stallstube hingen Halfter, Sättel und Peitschen. Freut sich ein Pferd über einen verzierten Halfter? Begeistert es sich für einen handgefertigten Sattel? Ist es glücklich, mit einer geflochtenen Peitsche gezüchtigt zu werden? Wohl kaum. Wer also freut und begeistert sich, wer ist glücklich? – Der Sammler. Das Pferd fühlt sich erniedrigt. Solch ein Gedanke mißhagte mir. Mich befremdeten all die Halfter, Sättel und Peitschen auf dem Anwesen. Ja, dieser Vater, der den Pferden seinen Willen aufzwang, der sie lobte, wenn sie folgsam waren, dieser Vater war mir fremd. Doch letztendlich akzeptierte ich seine Leidenschaft für alle Art von Pferde-*Zubehör*. Ich sagte mir, auch sie käme seiner Schreibarbeit zugute. Und kehrte Vater vom Reiten nicht heim, wieherte sein herrenloses Pferd vor dem Hoftor, so sorgte ich mich wie Mutter und die Brüder um ihn. Auch ich fuhr mit dem Fahrrad Waldwege ab und hielt nach Vater Ausschau. Auch ich war froh, wenn er am Ende unverletzt aufs Gehöft zurückkehrte. Auch ich feierte am Abendbrottisch die glückliche Heimkehr des vom Pferd Gestürzten. Ich benahm mich in diesen Stunden nicht anders, fühlte nicht anders für Vater wie Mutter und die Brüder – bis meine Pubertätsneurose machtvoll auf seine Dauerneurose stieß.

Daß ich in der Rheinsberger Buchhandlung Bücher und Schallplatten stahl, hat für mich aus heutiger Sicht einen neurotischen Ursprung. Ich will's nicht begründen. Ich denke, es war so.

Zu meinem Diebesgut, von dem die Buchhändlerinnen nichts erfahren hatten, gehörte eine Langspielplatte mit internationalen Chansons. Ich spielte sie wieder und wieder ab. Der Plattenspieler stand in der Nähe vom Kinderzimmerfenster. Sonnenlicht fiel aufs Gerät und auf die ungeschützte Schallplatte; sie wurde wellig. Die Musik und der Gesang verformten sich. Ich – technisch unbewandert, aber nicht ohne handwerkliche Ideen – klebte eine Schallplatte, die mir unwichtig war, auf die mir liebe Platte. Dank dieser Konstruktion hoffte ich, wenigstens eine Plattenseite klanglich ungemindert abspielen zu können. Allein die Wellen waren widerstandsfähiger als der Klebstoff. Meine geliebte Schallplatte blieb dauerhaft verdorben.

Als die Eltern bald darauf in der Nachbarschaft einen Besuch machten, ergab es sich, daß Ilja und ich die zerschundene Schallplatte über den Pferdestall warfen. Wie eine Wurfscheibe flog sie übers Dach. Ich stand auf dem Hof und warf sie Ilja zu, der sie hinter dem Pferdestall auffing und zurückwarf. Manchmal traf die Schallplatte das Stalldach. Mit der Zeit zerbarst sie, warfen wir uns nur noch Bruchstücke zu. Schließlich waren wir des Spiels überdrüssig. Ehe die Eltern heimkehrten, sammelte ich auf Hof und Hinterhof die Plattenreste ein und entsorgte sie in der Mülltonne. Damit war es gut. Ich hatte meine geliebte Schallplatte verloren.

Am nächsten Morgen stürzte Vater ins Haus. Er hatte nach dem Erwachen aus dem Stallstubenfenster geschaut und in der Dachrinne eine Schallplattenscherbe entdeckt. Beim Anblick der Schallplattenscherbe hatte er vermeint, über Nacht den Verstand eingebüßt zu haben. Vater war entsetzt. So also verlor man seinen Verstand: Man sah Schallplattenscherben in Dachrinnen! ... Obgleich er sich im Wahn wähnte, hangelte Vater nach der Scherbe. Siehe da, sie ließ sich greifen! Sie war nicht bloße Einbildung. Wehe dem, der den Neurotiker in einen derart schrecklichen Selbstverdacht gebracht hatte, wehe ihm! ... Vater wütete im Haus und schlug Türen zu. Mutter versuchte zu vermitteln. Es half nicht. Söhne, die ihren Vater in den Wahn trieben, waren in Schulzenhof unerwünscht. Ist das nicht lächerlich? So aber trug es sich zu, so dramatisch. Es hieß, Vater hätte Tage gebraucht, um sich von seinen Wahngedanken lösen und wieder schreiben zu können. Einem solchen Mann konnte ein Pubertätsneurotiker nur ein jähes Ende wünschen. Oder er konnte sein eigenes Ende herbeisehnen.

Olaf Kauz erhängte sich Weihnachten 1969. Im Wald. An seinem Geburtstag.

Olaf saß in meiner Klasse in der Fensterreihe, nahe am Lehrertisch. Wenn ich zu ihm hinsah, hatte ich seinen strohblonden Nacken und ein wenig von seinem slawischen Profil im Blick. Ich schaute allerdings selten in diese Richtung.

Eines Tages gab unser Klassenlehrer Ringer Mathematikarbeiten zurück und sagte zu Olaf:

Entweder du wirst ein Genie, oder du wirst verrückt!

Lehrer Ringer händigte Olaf unter allgemeinem Gelächter ein verwalktes Mathematikheft aus. Olaf grinste, wie er zumeist grinste, wenn er angesprochen wurde. Ansonsten schaute er ungerührt durchs dicke Brillenglas aufs Schreibpult seiner Schulbank. War ein Thema spannend, dann fingerte er aus seiner prallgefüllten Hosentasche eine Schnur, ein Stück Draht oder einen Nagel hervor: Dinge, mit denen er spielte, während er dem Lehrer zuhörte.

Und nun hatte sich Olaf erhängt. Für einen Tag stand die Zeit im Klassenzimmer still. Jeder fragte sich, warum. Die Antwort war, wir wußten so gut wie nichts von Olafs Leben. Vaterlos aufgewachsen, kam er ähnlich wie ich aus einem Vorwerk. Auch er war ein Außenseiter. Im Gegensatz zu mir hatte er aber nie darunter gelitten. Es schien, als wollte Olaf ein Außenseiter sein, als gäbe es für ihn keine andere Lösung. Nun hatte sich eine andere Lösung gefunden – und Lehrer Ringers Prophezeiung traf nicht zu.

Ich kann nicht sagen, wie stark mich Olafs Tat im folgenden Jahr beeinflußt hat. Mich schauderte, wenn ich an das dachte, was Olaf getan hatte. Andererseits bewunderte ich seinen Mut. Ein *Tod am Baum* kam für mich jedoch nicht in Frage. Alles, was ich trieb, lief auf einen *Selbstmord in Raten* hinaus. Doch wollte ich mich wirklich töten? Oder spielte ich Theater? Theater, an das ich zutiefst glaubte. Vielleicht aber war es auch mir Ernst mit dem Ende. Und vor allem, *so* konnte ich nicht weiterleben. Wie ich es in einem früheren

Brief benannt habe: Ich hatte Angst vor mir. Mein Zündeln am Waldrand ließ mich Schlimmes befürchten ... Auch hielt ich den Druck nicht länger aus. Der Widerspruch zwischen dem, was die Eltern und die Lehrer von mir erwarteten, und dem, was ich zustande brachte, wurde von Woche zu Woche unerträglicher.

Mit Beginn der elften Klasse fuhr ich wieder täglich mit dem Fahrrad zur Schule. Neue Schüler waren ins Internat eingezogen. Ich mochte mich auf Neues nicht einlassen; deshalb hatte ich den Internatsplatz aufgegeben.

Ich fuhr mit dem Rad zur Schule, und von Fahrt zu Fahrt fühlte ich mich stärker unter Zwang. Ich wollte nicht mehr zur Schule gehen. Vater hatte mich zum Oberschulbesuch verpflichtet, und ich hatte mich lediglich dreingefügt. Ich wollte nicht zur Schule gehen, wußte aber nicht, was ich statt dessen hätte tun können. Letztendlich *mußte* ich Schauspieler werden. Jeder andere Beruf bedeutete, ich würde vom Weg abweichen. Um Ruhe zu haben, erklärte ich mich bereit, Lehrer zu werden – man warb damals unter den Oberschülern für den Lehrerberuf. Also willigte ich ein.

Wurde auch für den Lehrerberuf geworben, so setzte das Pädagogikstudium doch ein Mindestmaß an schulischer Leistung voraus. Ich aber spürte von Tag zu Tag mehr, daß ich nicht zum mindesten fähig war. Erst lief ich dem Lehrstoff hinterdrein, dann hinkte ich ihm hinterdrein, dann kroch ich ihm hinterdrein, dann blieb ich liegen. Mit anderen Worten, ich saß Schulstunden ab und hoffte, von den Lehrern im Unterricht übersehen zu werden. Zu Hause legte ich die Lehrbücher auf immer zur Seite. Ich verschanzte mich hinter schöngeistiger Literatur. Und ich tastete mich durch ein düsteres Fragengebäude.

Abends zog ich mir im Dunkeln das Deckbett über den Kopf. So von der Außenwelt abgeschottet, versuchte ich, mich an meine früheste Kindheit zu erinnern. Ich wollte den Tag, die Stunde, die Minute wiederfinden, als es zwischen

Vater und mir zum Bruch gekommen war. Den Schlüssel suchte ich, der mir die Tür zur Vergangenheit aufschließen würde.

Wenn ich nicht suchte, beobachtete ich Vater. Vielleicht verriet mir eine Geste, ein Blick, ein Wort, wonach ich suchte. Es war die Zeit, als mir Vater auch körperlich mißhagte: Lederkleidung, rötliches Haar, Glatze, Schnauzbart und Sommersprossen. Je mehr ich suchte, um so mehr mißfiel mir seine Erscheinung.

Auf der Suche nach dem Ursprung von allem Übel geriet mir Vater in meine Träume.

An einen Traum erinnere ich mich: Ich öffne die Tür zum Badezimmer im Pferdestall und sehe Vater, wie er sich über die Badewanne beugt und meine jüngeren Brüder zerschneidet. Vater wirft blutige Arme und Beine in die Waschmaschine. Von der Tür her frage ich: Was tust du?! Er antwortet: Du siehst es! Vater wendet sich mir zu. Er hält ein Messer in der Hand und sagt: Und jetzt bist du dran! ... Darüber war ich erwacht.

Wenn man so von jemandem geträumt hat, ist es kaum möglich, Stunden später mit diesem Jemand am Tisch zu sitzen. Mir jedenfalls war es kaum möglich. Herzchen, ich drohte über dem Ergründen meiner Vergangenheit verrückt zu werden. Ich fürchtete es.

Wie meine Dinge standen, reichte ein nichtiger Streit mit Vater aus, um mit der Ankündigung: Ich bring mich um! aus dem Haus zu rennen. Ich hastete durch den herbstlichen Garten, stieß die Manegentür auf und verschwand im Wald. Stundenlang saß ich auf einem abgebrochenen Ast. Längst war es dunkel. Da hörte ich Mutter, die jüngeren Brüder und den Dalmatinerhund Assan den Gartenweg entlangkommen. Man rief meinen Namen. Man spürte mich auf, oder ich *stellte mich*. Ich weiß es nicht mehr. Heute, beim Schreiben, ist es mir peinlich. Ich sage: Theater. Freilich ein Theater der blutigen Art.

Erinnere ich mich auch nicht mehr, ob ich mich *stellte* oder ob man mich im Wald aufspürte, so sehe ich doch Mutter und mich nachts in der Küche im alten Haus. Ich hocke auf dem Hundelager, halte Assans Hals umfaßt und nenne Mutter alles, was mich unwillig macht. Ich zähle Arbeiten auf, die ich verabscheue. Mutter sitzt im Nachthemd auf dem weinroten Sofa. Sie hört zu. Danach zählt sie auf, welche Arbeiten ihr mißfallen, die sie trotzdem erledigen muß, wenn der Haushalt nicht veröden soll. Mutter versuchte mich zu verstehen. Helfen konnte sie nicht. Helfen konnte nur ich mir. Ich mußte fort von Schulzenhof. Oder ich mußte mich beseitigen. Ich wußte kein Fort. Mitten im Schuljahr – wohin hätte ich gehen, wo hätte ich eine Lehrstelle finden können? Wie fand man eine Lehrstelle? Fragen, für die ich keine Antworten hatte. Ein Selbstmord ließ sich leichter bewerkstelligen.

Anfang Dezember kappte ich auf dem Flur im alten Haus die Telefonklingel. Man konnte noch telefonieren, es kamen aber keine Telefonate an. Die Eltern wunderten sich, daß sie nicht angerufen wurden. Schließlich entdeckten sie die kaputte Klingel. Sie dachten, Tante Ilse hätte den Klingeldraht beschädigt, als sie mit dem Besen Spinnweben von der Flurdecke gekehrt hatte. Ein Monteur wurde ins Haus geholt. Am nächsten Tag war die Telefonklingel wieder kaputt. Ich hatte dafür gesorgt; und ich sorgte dafür, daß die Klingel bis Mitte Dezember nicht ging. Dann ließ ich es darauf ankommen. Ich tat, was ich nun jeden Tag tat; und ich wartete, daß, *der* Anruf käme.

Es wurde nicht angerufen meinetwegen. Ich schob weiterhin mein Fahrrad im Morgendunkel über den verschneiten Gartenweg. Auf der Höhe der Laube bog ich ab. Ich hob das Fahrrad an, trug es zur Laube, schloß die Tür mit dem Schlüssel auf, den ich an mich gebracht hatte, und zwängte mich mit dem Rad ins finstere Zimmer. Ich lehnte das Fahrrad ans Bücherregal, verschloß die Tür und stieg in Winterkleidung ins klamme Bett, in dem ich bis zum Abend blieb. Schien das Tageslicht durch die Fenstervorhänge, so las ich, Stendhals »Kartause von Parma« und »Rot und Schwarz«. Mutter wunderte sich, wie rasch ich die dicken Bücher las.

Allein ich las in der Laube nicht nur. Von Zeit zu Zeit verließ ich das Bett. Ich setzte mich auf den Bettrand, entnahm einer Streichholzschachtel die Rasierklinge, meinen *Schatz*, und versuchte mir die Pulsadern zu öffnen. Mal um Mal ritzte ich sie auf. Nicht tief, aber so tief, daß Blut floß. Ich schnitt nicht längs der Adern, sondern quer. Es war keine Vorsichtsmaßnahme; ich wußte es nicht besser. Ich schnitt und betrachtete das wenige Blut – der Tod wollte mir nicht gelingen … Mit dem Taschentuch tupfte ich das Blut von den Wunden. Ich spürte die Kälte und kroch ins Bett zu Stendhal. So ging es über Tage.

Abends kehrte ich ins geheizte Elternhaus heim. Ich gab stets vor, in Rheinsberg gewesen zu sein. Währenddessen war ich mir mehr und mehr gewiß, ich würde nie wieder zur Schule gehen. Wäre die Geschichte erst bekannt, dann … Nein, ich mußte mich beseitigen. Anderntags versuchte ich abermals, mir die Pulsadern zu öffnen. Nach gut zwei Wochen warf ich die Rasierklinge in die Ecke und schrie:

Sollen sich zuerst all diejenigen umbringen, die ich nicht leiden kann!

und verkroch mich wieder im Bett.

Von Stund an las ich nur noch Stendhal, und ich erwartete das, was unausweichlich geschehen mußte. Ich erwartete *den* Anruf … Er blieb noch immer aus.

Die Weihnachtsferien erlösten mich vom Laubendasein. Mein Problem lösten sie nicht. Am Silvesterabend sagte Mutter vieldeutig: Ich weiß was …

Wir waren allein in der Küche. Ich fragte: Was? … Was weißt du?

Du hast Schule geschwänzt.

Ich glaubte, von Rheinsberg her sei nachgefragt worden. Also gestand ich Mutter, was ich in den letzten Wochen getan hatte. Es zeigte sich, Mutter wußte nichts. Mein düsteres Wesen hatte sie lediglich vermuten lassen, daß ich nicht zur Schule gegangen sei. Nun, Mutter hatte recht. Und deshalb hielt sie es für das beste, wenn ich mich vorerst von Schulzenhof entfernte.

Der betrübliche Silvesterabend war vorüber. – Ich fuhr nach Berlin und sah mir Theatervorstellungen an. Vier Tage darauf kehrte ich zurück. Inzwischen hatte Vater von meiner Schulschwänzerei erfahren. Er schwieg. Dann begehrte der Patriarch auf. So etwas war unter seinem Dach geschehen?! Ich hatte mich seiner Forderung, zur Oberschule zu gehen, verweigert? – Diesmal packte Mutter die Sachen und fuhr mit Klein Jakob nach Berlin. Sollten Vater und ich sehen, wie wir mit der Angelegenheit zurechtkämen. Mutter, die Vermittlerin, streikte.

Vater riß frühmorgens die Kinderzimmertür auf. Er brüllte ins Zimmer, ich hätte zur Schule zu gehen. Und wehe, ich würde mich seinem Befehl widersetzen! Vater kam einige Schritte ins Zimmer. Drohend stand er vor mir. Der Schlag blieb aus.

Ich fuhr zur Schule. Ich wußte weder, was mich in Rheinsberg erwartete, noch ahnte ich, wie ich mich den Lehrern gegenüber verhalten würde. An einen erneuten Selbstmordversuch dachte ich nicht.

Ich geriet in die große Pause nach der zweiten Unterrichtsstunde. Schüler spazierten über den Schulhof. Auf dem Flur, der das alte und das neue Schulhaus verbindet, wärmten sich Direktor Plischke und mein Klassenlehrer Ringer die Hände am Zentralheizungskörper.

Aha, da bist du ja! sagte Direktor Plischke. Und Lehrer Ringer meinte: Wir haben lange nichts von dir gehört ...

Traf das Letztgesagte auch zu, so klang es doch wie Hohn;

dem wollte ich mich nicht aussetzen. Zu meinem Erstaunen sprach es aus mir:

Ich komme nur, um zu kündigen!

Das nun war, wenn auch ungewollt, Hohn meinerseits. Wann hatte man je gehört, daß ein Schüler kündigen durfte? In einem Fall wie dem meinen wurde der Schüler von der Schule verwiesen. Dazu wollten es der Direktor und mein Klassenlehrer nicht kommen lassen. Es handelte sich immerhin um den Sohn eines bekannten Schriftstellers. Man fragte, weshalb ich nicht mehr zur Schule gehen wollte.

Ich sagte, ich beabsichtigte, Schauspieler zu werden. Für diese Ausbildung bräuchte ich kein Abitur.

O doch! sagte Direktor Plischke. Und er sagte: Wir hatten an unserer Schule bereits einen Schüler, der Schauspieler geworden ist. Er hat sein Abitur gemacht.

Nein, erwiderte ich. August Meier ist durchs Abitur gefallen. Das möchte ich mir ersparen.

Direktor Plischke forderte mich auf, mit ihm ins Sekretariat zu gehen. Er war sich sicher, daß ich mich irrte. Die Sekretärin reichte ihm die Unterlagen des Jahres, als Knuts Freund, der schweigsame August, angeblich das Abitur bestanden hatte. Direktor Plischke, Lehrer Ringer und ich betrachteten Augusts Zeugnis-Fünfen. Sie bewiesen, der Schauspieler Meier war seinerzeit sehr wohl durchs Abitur gefallen.

Na, wie auch immer, meinte Direktor Plischke, die Peinlichkeit überspielend, du kommst morgen zur Schule. Und jetzt fahr heim.

Der zweiten Aufforderung folgte ich, nicht aber der ersten. Ich widersetzte mich nicht nur dem Willen des Direktors, ich widersetzte mich vor allem Vaters Willen.

Wieder riß Vater am frühen Morgen die Kinderzimmertür auf. Da saß ich, angekleidet auf einem Stuhl, und wartete auf das, was folgen sollte. Vater näherte sich mir. Sein Gesicht war zornesbleich. Die Augen wirkten blutunterlaufen. Bei Gott, kein Alptraum hätte mir solch einen Vater malen können! Vater packte mich, rüttelte mich und schrie, ich sei ein Nichts und ich sollte mir nicht einbilden, daß er mit mir nicht fertig würde:

Du Scheißer!

Vater ließ von mir ab. Er entfernte sich. Kurz darauf kam er erneut herein und erteilte mir den ersten *Tagesbefehl.* Ich sollte mit dem Fahrrad nach Gransee fahren und eine Autobatterie aufladen lassen.

Eine Autobatterie auf dem Fahrrad zu transportieren erfordert größtes Geschick. Was aber, wenn es nachts geschneit hat und sich unter dem Schnee Eis verbirgt? Und so auf allen Straßen nach Gransee. Fünfzehn Kilometer bis zur Stadt, durch Neuschnee und über heimtückisches Eis, die Batterie auf dem wackeligen Fahrradständer. Fünfzehn Kilometer heimwärts bei einbrechender Dunkelheit. Und nun ist die Batterie mit Säure gefüllt, ist sie um ein vielfaches schwerer. Auch schneit es wieder. Der Schnee weht dir ins Gesicht. Du kneifst die Augen zusammen, mußt aber sehen, ob von vorn oder von hinten ein Auto naht. Dreißig Kilometer, während deren ich dachte, Vater wünschte, ich sollte verunglücken. Unglück als Erziehungsmaßnahme. Dreißig Kilometer, die mir zeigen sollten, daß Vater der Stärkere wäre. Dreißig Kilometer, während deren ich mir schwor, ich würde der Stärkere sein. Dreißig Kilometer, die mich um tausend Kilometer vom Elternhaus entfernten, von dem jähzornigen Mann.

Ich brachte die Batterie wohlbehalten nach Schulzenhof. Nicht ein Tropfen Säure war ausgelaufen … Und schon erwartete mich der nächste Tagesbefehl. Ärger konnte es freilich nicht kommen. Deshalb erspare ich mir und Dir die weiteren Befehle.

Die Züchtigung dauerte, bis Mutter und Jakob nach Schulzenhof zurückkehrten.

Mutter kehrte heim und telefonierte. Sie bat den Direktor vom Volksgut Klein Kreutz, mir Arbeit zu geben und mich zu beherbergen. So kam es, daß ich Schulzenhof an einem sonnigen Januartag mit zwei schweren Koffern verließ. Ich lief den Weg am Wiesental entlang, nach Dollgow hin, wo ich das Postauto besteigen würde. Ich lief über weißesten Schnee und schaute mich nicht um ... Mutter hatte geweint, als sie mir geholfen hatte, die Koffer zu packen. Ich aber hatte darauf geachtet, möglichst alles, was mir gehörte, vom Ort zu tragen. Ich wollte Schulzenhof auf immer verlassen. *Immer* währte, wie mein Leben zeigte, ein halbes Jahr. Schon im Sommer kehrte ich nach Schulzenhof zurück – es war die Übergangszeit zwischen der Arbeit auf dem Volksgut und dem Schauspielstudium.

Ich kehrte nach Schulzenhof zurück, doch kehrte ich nicht heim. Wenn ich von nun an nach Schulzenhof kam, war ich Gast im Elternhaus. Ich war es genauso, wie ich in den Jahren, als ich in Neuruppin hatte leben müssen, Gast im Elternhaus gewesen war.

Soviel Vergangenheit für heute. Wie gut, daß wir in der Gegenwart leben; Gegenwart, die sich – anders als das Beschriebene – gestalten läßt. Also laß es uns tun: Komm nach Berlin! Deine Schwester hat versprochen, daß Du bei ihr wohnen darfst. Sag ihr, ich sehne mich nach Dir. Sag ihr – ach! ... Was weiß ich ... Ich weiß nicht mal, ob Du Dir wahrhaftig den Rücken hast tätowieren lassen. Schreib, Bube!

12. 9. 2001

Liebes Herzchen!

Gestern war der Tag der Klischees. *Die Zeit ist aus den Fugen. Die Welt hält den Atem an* – solche Sätze waren plötzlich paßgerecht, sie wirkten nicht übertrieben. Anfangs vermeinte ich, im Radio eine *Fiktion* zu hören. Dann sah ich die Fernsehbilder von New York und Washington, und ich sorgte mich um meinen amerikanischen Freund Alen. Er führt seit Jahren Touristen zum Weißen Haus und zum Pentagon. Ich habe Alens Telefonnummer verlegt und kann ihn nicht anrufen.

Nachdem ich stundenlang wie betäubt vorm Fernseher gesessen und wieder und wieder die gegen die *Tower* prallenden Flugzeuge betrachtet hatte und die Feuerwellen und die kraftlos zu Boden sinkenden Hochhäuser, nachdem ich den *Angriff aufs Kapital* gesehen hatte und es nicht mehr zu sehen vermochte, wendete ich mich den Briefen und Notizen der Eltern zu, die sie mir im Laufe von zwanzig Jahren geschrieben haben. Eine seltsame Sammlung. Viele Briefe von Mutter, wenige von Vater, und auch die wirken, obwohl sich Vater um Nähe bemüht, unpersönlich.

Mutters frühe Briefe an mich kritisieren mein Verhalten. Ich war inzwischen Schauspielstudent in Rostock. Ich sollte Vater schreiben und mich für diese und jene Auseinandersetzung entschuldigen. Vor allem sollte ich *die Beziehung zu Vater nicht aufgeben.* Und ich sollte nicht zuviel rauchen und nicht zuviel trinken. Die wiederholte Bitte, vom Alkohol abzulassen, verwundert mich. Ich habe nie übermäßig getrunken, und Mutter hat mich nie *alkoholisiert* erlebt. Klara muß geredet haben … Auch sie sah mich nie betrunken, sie wußte aber von meinen lächerlichen *studentischen Exzessen*.

Mitte der 70er Jahre – ich hatte mehrere Filmrollen gespielt und mir als Jungschauspieler einen Namen gemacht, die Eltern hielten mich nun für schauspielerisch begabt – erzählen Mutters Briefe hauptsächlich vom Schulzenhofer Leben. Es wird gefragt, wann ich zu Besuch kommen würde. Matthes habe mich in Oranienburg an der Bushaltestelle gesehen. Und warum hatte ich an der Bushaltestelle meinen einstigen Sportlehrer Herrn Pott nicht gegrüßt? Es ist gut möglich, daß ich, der ich als Schauspieler unter einem anderen Namen arbeitete und von halbwüchsigen Mädchen angeschwärmt wurde, es abgelehnt hatte, den Schülerschinder Pott zu grüßen. Daß ich aber an der Oranienburger Bushaltestelle gewartet hatte und nicht nach Schulzenhof gefahren war, kann nicht stimmen. Lehrer Pott mußte mich mit jemandem verwechselt haben, und Bruder Matthes hatte wieder einmal *phantasiert*.

Ende der 70er Jahre war ich Soldat. Mutter schrieb mir anrührende, besorgte Briefe. Sie sandte mir *Strahlungen*. Und sie kämpfte darum, daß ich fortkam aus der Eggesiner Strafkompanie, in die das Wehrkreiskommando Friedrichshain den »ehrendienstunwilligen« Schauspieler und Strittmatter-Sohn gesteckt hatte. Mutter kämpfte darum, daß ich, wie in den »Spezialisten« gezeigt, nach Neubrandenburg versetzt wurde. Dank, Dank dafür noch heute. Mutter und Klara besuchten mich während der »Grundausbildung« in Eggesin. Juni war es. Wir picknickten auf einer Waldwiese, und alle drei bekamen wir Sonnenbrand.

Jahr für Jahr, zumeist im Mai, erhielt ich Post aus dem slowakischen Piešťany. Manchmal schickte mir Mutter sogar zwei Briefe von der vierwöchigen Kur. Vater grüßte auf dem Briefrand. Mutter klagte, sie sei – anders als Vater – unfähig, in Piešťany literarisch zu arbeiten. Sie klagte auch zunehmend über Beinschmerzen, grippale Infekte und Hautallergien. Sie erwähnte Beruhigungstabletten, die ihr Klara gegen Schlafstörungen, Alpträume und Flugangst *verordnet* hatte. Hauptsächlich aber beschrieb Mutter in jenen Jahren das Kurleben und die Kurgäste von Piešťany. Die Briefe an mich und wohl auch die an die Brüder wirken wie die ersten Entwürfe zum Buch »Mai in Piešťany«.

1983 wurde ich zu einem dreimonatigen »Armee-Reservistendienst« eingezogen. Diesmal mußte sich Mutter nicht um mich ängstigen, wie sie es während meines anderthalbjährigen Grundwehrdienstes getan hatte. Sie spürte, daß ich das Leben im Spechtberger »Armeeobjekt« ertrug. Mutter schickte Essenpakete, und ihre Briefe erzählten von einem Schulzenhofer Sommerfest. Von der Kur her schrieb Mutter, es gebe zwischen uns eine geistige Verbindung. Sie werde uns über gefühlsmäßig kühlere Zeiten hinweghelfen; dessen sei sie sich sicher. Und sie sei sich sicher, es existiere in mir eine Kraft. Mein schriftstellerisches Talent werde seinen Ausdruck finden. Daran glaube sie.

Das ist erstaunlich. Noch hatte ich nichts Neues geschrieben, noch kannte Mutter nur meine literarischen *Frühversuche* und meine literarischen Vorlieben. Es war die Zeit, als wir uns über Bücher austauschten und uns auf Autoren aufmerksam machten, deren Bücher Vater nicht las, weil er sie für *zu modern* hielt.

Auch wenn ich weiterhin Jahr für Jahr längere Briefe aus Piešťany erhielt, änderte sich doch die Form der übrigen *Korrespondenz*. Es waren nun einzelne Blätter, die Mutter für mich auf ihren Schreibtisch in der Berliner Wohnung legte. Ich besaß einen Schlüssel zur Wohnung. Von Zeit zu Zeit leerte ich den Briefkasten. Dann kaufte ich auch Lebensmittel und Getränke für die Eltern ein. Dann putzte ich auch die Fenster, dann säuberte ich auch die Wohnung, nachdem die Eltern zurück aufs Land oder zur Kur gefahren waren. Ich ging für die Eltern zur Reinigung, zur Post, zur Versicherung, zum Optiker, zum Uhrmacher und zum

Schuster. All das bezeugen Mutters Zettel. Ja, nun lagen für mich auf Mutters Schreibtisch nur noch Zettel. *Kannst du bitte Getränke holen?*

Mitte der 80er Jahre wechselten Mutters Krankheiten von Woche zu Woche. Andere, unbestimmbare Krankheiten hielten sich dauerhaft. Mutter lebte in einer unglücklichen Ehe. Sie wollte mit mir reden und kam, da ich kein Telefon besaß, auf Verdacht in die Schreinerstraße. Ich war nicht daheim. Mutter hinterließ in meinem Briefkasten eine Nachricht: *Wo bist du? Deine Mama* ... Ich schrieb Erzählungen und entfernte mich immer mehr von der Schauspielerei. Mutter las als erste meine neuen Texte.

In den Jahren vor der Wende glichen die Zettel freundlichen Regieanweisungen. *Hol bitte Selters und bezahl die Versicherung. Mutter* ... *War zwei Stunden in Berlin. Komme nächsten Mittwochvormittag kurz in die Stadt. Will dich sehn!*

Um Vater, um Matthes, um Großmutter stand es gesundheitlich schlecht. Wenn Mutter tatsächlich nach Berlin kam, wirkte sie gehetzt. Wir trafen uns in der Wohnung der Eltern, und sie redete sich Ängste von der Seele. Beladen mit Mutters Ängsten und ihren düsteren Zukunftsaussichten, lief ich heim. Innerlich begehrte ich gegen diese Last auf. Ich plante eine Flucht ähnlich jener, von der Mutter nun oft sprach: dem *Tag X*, an dem sie Schulzenhof für immer verlassen würde. Unterdessen geriet die Freundschaft zwischen uns zur praktischen Hilfe. Mutter gab mir Geld, damit ich in Ruhe schreiben konnte, und ich hielt die Berliner Wohnung sauber und schaffte für die Eltern Getränke und Essen herbei.

1991 lebte ich ein halbes Jahr in der Schweiz. Ich spielte in Zürich, in Bern und in Basel Theater, und ich lernte – wir erinnern uns! – Freund Herzchen, einen jungen Bühnenbildner und künftigen Maler, kennen. Mutter mußte ihren Berliner Alltag neu organisieren. Sie fand Hilfe bei Franziska. Ich kehrte vom Schweiz-Gastspiel zurück und bemerkte, daß ich im System Schulzenhof, das auch nach Berlin übergriff, fast gänzlich ersetzt worden war. Auch wenn ich mich danach gesehnt hatte, nicht mehr zu diesem System zu gehören, wußte ich nun nicht, ob ich mich darüber freuen sollte.

Großmutter starb, Matthes starb, Vater starb. Mutter kam nun vornehmlich nach Berlin, um Ärzte aufzusuchen. Sie übernachtete selten in ihrer Wohnung. Selbst wenn sie in Berlin eine Lesung hatte, ließ sie sich noch am selben Abend von Philipp nach Schulzenhof chauffieren. Ein letzter undatierter Zettel bittet mich, Blumen an mich zu nehmen, die man Mutter nach einer Veranstaltung geschenkt hatte.

In Folge gelesen, ähneln die Briefe und Zettel einer Fieberkurve. Auf ihrem Höhepunkt liebte und brauchte mich Mutter sehr, war ich ihr nahe wie vielleicht sonst niemand. Dann verläuft die Kurve abwärts. Bis zur Fremdheit. Und doch: Als ich Mutters Briefe und Zettel las, wurde mir warm ums Herz. Denn es gab jene Zeit!

Sei umarmt
Ich warte, warte – zumindest auf Post.

Liebes Herzchen!

Es heißt Abschied nehmen. Franziska hat zum 31. Oktober den Mietvertrag für die Berliner Wohnung gekündigt. Nun doch! … Nachdem sie jahrelang gezögert hat, will Mutter die Wohnung aufgeben.

Es ist früher Vormittag. Ich sitze im holzgetäfelten Eßraum der Wohnung meiner Eltern, einer Wohnung, in der ich selten genächtigt habe, in der ich aber oft zu Besuch gewesen bin und für deren Sauberkeit ich zeitweilig zuständig war. Worauf ich den Blick auch richte – alles ist Erinnerung. Und eigentlich ist mir übel. Ich möchte schlafen und mich nicht erinnern. Allein die Zeit drängt.

Vom Fensterplatz aus schaue ich über den Eßtisch in die Diele. Die mattgläserne Tür zu Vaters Zimmer ist geöffnet. Ich sehe den Schaukelstuhl, den wuchtigen Schreibtisch, und auf dem Schreibtisch steht das braune Tastentelefon. Irgendwann in den letzten Jahren wurde, von mir unbemerkt, das altertümliche schwarze Telefon, das mit einer Wählscheibe ausgestattet war, durch einen charakterlosen Apparat ersetzt. Wenn ich zu DDR-Zeiten von der DEFA oder vom Fernsehfunk telegraphisch Rollenangebote erhielt, spurtete ich in die Wohnung der Eltern. Übers Telefon erkundete ich, was für eine Filmrolle man mir anbot, wer Regie führen, mit wem zusammen ich spielen würde und wann und wo gefilmt werden sollte: aufregende Augenblicke in Verbindung mit dem schwarzen Telefon.

Übers schwarze Telefon hielt ich jahrelang Kontakt zu Schulzenhof. Ich berichtete Mutter umgehend von neuen Filmrollen. Mutter freute sich mit mir, ehe sie vom Schulzenhofer Alltag sprach. Manchmal hob Vater den Telefonhörer ab. Gleich stockte mein Atem. Vater so unerwartet am Telefon zu begegnen machte mich hilflos. Es kam vor, daß ich den Hörer wortlos auflegte ... Aber zumeist gab ich mich zu erkennen, redeten wir allgemein freundlich miteinander. Wir redeten, bis Mutter gesprächsbereit war. Sie kam von der Küche oder aus dem Bad. Vater sagte: Na, du willst sicher Mutter sprechen ... Jetzt kommt sie! ... Also auf Wiedersehen. Es geschah auch, daß Vater und ich ausführlicher telefonierten. Stets war da jedoch etwas Zähes, gab es Pausen, in denen wir nach Gesprächsstoff suchten.

Mutter hingegen war nie um Worte verlegen, denn sie telefoniert leidenschaftlich gern. Ich sehe sie in Vaters Zimmer telefonieren ... Eben noch haben wir uns am Eßtisch in der Berliner Wohnung unterhalten. Da läutete das Telefon. Mutter lief hinüber, hob den Hörer ab und begann mit dem Anrufer zu sprechen. Wer auch anrief – es wurde ein längeres Gespräch ... Mutter ließ sich auf der Bank vorm Schreibtisch nieder, oder sie nahm auf den roten Kissen im Schaukelstuhl Platz. Mutter telefonierte, und ihre Finger berührten Vaters dunkelgrünes Telefonverzeichnis, oder die Finger bewegten sich entlang der Tischkante, oder sie prüften den Halt ihres Pferdeschwanzgummis. Währenddessen blieb ich allein am Eßtisch sitzen.

Mutter ließ mich für ein Telefonat auch mit Vater oder mit ihren Gästen im Eßraum sitzen. Dann mühte ich mich darum, daß die Unterhaltung bei Tisch nicht versandete, was nicht einfach war, weil jedermann, wenigstens mit einem Ohr, Mutters Telefonat mit verfolgte.

Noch ärger war es, wenn sie sich im Gespräch vom Küchenhocker erhob und redend in Vaters Zimmer lief, wo sie nach dem Telefonhörer griff, eine Nummer wählte und übergangslos zu jemand anderem sprach. Mutter hatte bei Tisch gesagt, was sie zur Sache zu sagen hatte, das Thema war für sie erledigt. Ihre Gedanken zielten auf anderes. Es ließ sich nur klären, indem sie umgehend Klara oder in

Schulzenhof anrief. Wenn mir solch eine Gesprächs-*Inter-ruption* geschah, saß ich verstimmt auf dem Hocker und beobachtete Mutter. Sie war fern, ihren eigenen Angelegenheiten zugewandt, wohingegen meine Angelegenheit ungeklärt blieb. Kehrte sie an den Eßtisch zurück, so verabschiedete ich mich zumeist. Nun wollte ich nicht mehr reden.

In späteren Jahren ließ mich Mutter nicht nur für ein Spontantelefonat warten. Denn kaum hatte sie ihr Telefonat beendet, schon wählte sie die nächste Nummer. Ich war jedesmal erstaunt, wie frei sie über meine Zeit verfügte. Wenn ich mich darüber beklagte, meinte sie, ich hätte derweil lesen können. Dennoch haben Mutter und ich im Eßraum der Berliner Wohnung wichtige, übers Alltägliche hinausreichende Dinge besprochen.

Hier am Eßtisch fand unsere Unterhaltung über Homosexualität statt. Wir hatten über Arbeit und Familie geredet. Darüber war es Abend geworden. Im Zwielicht fühlten wir uns miteinander vertraut. Plötzlich sagte Mutter, sie wisse von meiner unglücklichen Liebe zum Schauspieler P. Klara habe ihr *unterm Siegel der Verschwiegenheit* davon erzählt. Mutter verhielt sich an jenem Abend großartig. Ein Uneingeweihter hätte vermuten müssen, sie sei den Umgang mit Homosexuellen seit langem gewohnt. Sie redete ganz unaufgeregt und praktisch. Entsetzte mich auch Klaras Vertrauensbruch – Mutters Verhalten bewunderte ich.

An jenem Abend erfuhr ich, daß sie Vater von meiner *Veranlagung* erzählt hatte. Vater, der in seinem Roman »Der Wundertäter« einen *schmierigen* Homosexuellen schildert, zeigte sich gleichfalls verständnisbereit. Vater wolle *keine Zäune ziehen*, ließ mich Mutter wissen. Bei dieser Mitteilung blieb es. Nie haben Vater und ich über Homosexualität gesprochen. *Er weiß, daß ich weiß, daß er es weiß*, lautete bis zu Vaters Tod mein Satz, der das beiderseitige Umschweigen meiner sexuellen Situation beschrieb.

Am Eßtisch in der Berliner Wohnung traf ich Übersetzer, Partisanen, Literaten, Spione, Journalisten und Lektoren. Hier begegnete ich der Dichterin Irmtraud Morgner. Sie trug ein Wollkostüm. Ihr schwarzes Haar türmte sich kunstvoll auf dem Kopf. Um den Hals eine klirrende Kette und an den Fingern gewaltige Ringe, bot sie das Gegenbild zu Mutter, die damals jeglichen Schmuck verneinte. Nicht lange nach unserer Begegnung hörte ich, Irmtraud Morgner unterziehe sich in der Schweiz einer Mistelsafttherapie. Dann hörte ich, sie sei an Krebs gestorben.

Am Eßtisch in der Berliner Wohnung begegnete ich der Autorin Ruth Werner. Noch hatte sie sich nicht mit Erlaubnis des russischen Geheimdienstes als einstige Kundschafterin Sonja »enttarnt«. Noch wußte ich nicht, daß ich in dem DEFA-Film »Sonjas Rapport« Werners dritten Ehemann, den englischen Kundschafter Len, spielen würde. Noch war Ruth Werner lediglich eine freundliche grauhaarige Schriftstellerin. Sie saß aufrecht am Tisch und redete von ihren Kindern und Kindeskindern.

Auch den Musikkritiker Achim Kynaß, einen Freund der Eltern und des Sängers Peter Schreier, traf ich hier kurz vor seinem Tod.

Ich kam eines Nachmittags in die Wohnung der Eltern. Mutter und Kynaß saßen sich am Tisch gegenüber. Beide waren seltsam gestimmt. Ich nahm nur zögernd auf dem Hocker am Fenster Platz. Der dunkelhaarige Achim Kynaß trug ein edles Sakko und einen weinroten Seidenschal. Er erinnerte mich an einen italienischen Tenor. Er erzählte von Musikfestivals, von Begegnungen mit Musikern, von seiner Frau. Während er sprach und Mutter und ich zuhörten, faltete der Nichtraucher eine leere Streichholzschachtel zu einem winzigen Päckchen. – Kynaß verabschiedete sich. Das Päckchen blieb auf dem Tisch liegen. Ich starrte es an. Mir schien, der an Kehlkopfkrebs erkrankte Achim Kynaß hatte seine Todesfurcht zu einem Päckchen geknetet.

Am Eßtisch in der Berliner Wohnung traf ich Benno Besson und Usch Karusseit wieder. Ihr Sohn Pierre war unlängst zur Welt gekommen, und Usch war noch im Schwangerschaftsurlaub. Benno philosophierte über seine »Don Juan«-Inszenierung am Deutschen Theater. Er, der international berühmte Theaterregisseur, und Vater bestimmten das Tischgespräch. Beim Abschied erkundigte sich Mutter nach Uschs schauspielerischen Plänen. Usch hatte noch nicht entschieden, ob sie die Hauptrolle in einem DEFA-Film oder den Hauptpart in einem fünfteiligen Fernsehfilm spielen würde. Mutter riet zu der Rolle in dem fünfteiligen Fernsehfilm.

Spiel's, sagte sie. In einem Jahr weiß jeder im Lande, wer du bist. Und man wird fragen: Wer, bitte, ist Benno Besson?! ... Wir lachten. Doch so kam's.

Im Wendeherbst 1989 warteten Mutter und ich am Eßtisch auf Vater. Der Chefideologe Kurt Hager hatte ihn zu einer Unterredung ins Zentralkomitee der Sozialistischen Einheitspartei gebeten. Die Regierung war ratlos. Was war in dieser politischen Krisensituation zu tun? Bedeutende DDR-Künstler durften Vorschläge machen. Alte Männer sollten alte Männer beraten. Noch hoffte die Parteiführung, der Untergang der DDR ließe sich vermeiden. Auch Vater hoffte es. Voller Tatendrang und begeistert von dem Treffen mit Hager, kehrte er heim. Mutter und ich dämpften seine Hoffnung, es könnte zum *Umschwung*, zum Ausweg aus der ausweglosen Lage kommen. Vater verübelte uns unsere Schwarzseherei und zog sich gekränkt in sein Zimmer zurück.

Meine wesentlichste Begegnung am Eßtisch hatte ich mit Mutter und mit Bruder Jakob.

Ende der 80er Jahre kam ich eines Abends in die Wohnung der Eltern. Ich folgte dem Stimmengeräusch und traf auf Mutter und Jakob. Nach der Begrüßung verstummte das Gespräch. Mutter schaute mich abwartend an. Ihr Blick verriet, daß ich störte. Der Blick machte mich zum Eindringling. Das geschah zu einer Zeit, als ich glaubte, Mutter und ich seien geistig eng miteinander verbunden. Lange hielt ich diese vom Schweigen beschwerte Begegnung nicht aus. Auf dem Heimweg überlegte ich, wie stark Mutters Gefühle für Jakob sein mochten. Am nächsten Tag unterstellte mir Mutter, ich wäre am Vorabend auf Jakob eifersüchtig gewesen. Eifersucht aber, das sollte ich wissen, wäre ihr zuwider. Jene abendliche Begegnung am Eßtisch blieb für mich der sinnbildliche Auftakt dessen, was später eine Tatsache wurde. Eine Tatsache, die Mutter heute nicht bestreiten würde: Sieht man einen Sohn Tag für Tag heranwachsen, so entstehen Gefühlsbande, denen jedwede geistige Verbindung unterliegt. Ja, heute weiß ich, was ich damals nur ahnte.

Wenn nicht nur Mutter, sondern auch Vater nach Berlin gekommen war, betrachtete ich die Wohnung der Eltern als *neutrales Gebiet*. Vor allem in den ersten Jahren, nachdem ich Schulzenhof verlassen hatte, war sie für mich ein neutrales Gebiet. Deutete sich am Eßtisch zwischen Vater und mir eine Mißstimmung an, war Vater ungnädig, übel gelaunt oder schweigsam, dann konnte ich mich jederzeit von den Eltern verabschieden und meiner Wege gehen. Ich mußte niemanden bitten, mich mit dem Auto zum Bahnhof zu fahren; ich war unabhängig von Zugabfahrtszeiten. Es blieb mir erspart, im Haus meines übelgelaunten Vaters zu nächtigen. In der Berliner Wohnung war das Zusammensein mit Vater weniger schwierig, war es *neutralisierbar*.

Die Küche wurde vor vielen Jahren nach Mutters Ideen in einen Küchen- und in einen Eßraum unterteilt. Die Wände der verkleinerten Küche sind halbwandig weiß gekachelt, wohingegen die Eßraumwände mannshoch mit dunklem Holz getäfelt sind. Ein geblümter Vorhang trennt beide. Der Vorhang hängt an einer Metallschiene, an der ich mir nicht nur heute den Kopf gestoßen habe. Unter dem Küchenfenster befindet sich ein raumgreifender Einbauschrank, der eine Terrazzoplatte, die sogenannte Anrichte, trägt. Rechts stehen Saft-, Fanta- und Mineralwasserflaschen. In Mutters *trinkintensivster* Zeit versammelten sich gut ein Dutzend Flaschen auf der Anrichte. An der Wand neben der Küchenspüle lehnte der braune Ledersack. Wenn ich in die Wohnung kam, begutachtete ich zuerst den Sack: War er mit leeren Flaschen gefüllt? Meist war er es. Flaschen über Flaschen. Ich ging in Mutters Zimmer und erkundigte mich nach ihren Getränkewünschen. War Mutter nicht in Berlin, so trug ich das Leergut fort und kaufte ihr übliches *Repertoire* an Saft- und Mineralwasserflaschen.

Hinter mir auf dem Fensterbrett im Eßraum stehen eine inwendig rotemaillierte und eine inwendig blauemaillierte Metallschale. Wenn ich telefonisch erfuhr, daß die Eltern nach Berlin kommen wollten, füllte ich die rote Schale mit Obst und die blaue mit Gemüse.

Den schwarzen Eßtisch teilt in der Länge ein folkloristisch bestickter Tischläufer, dessen Mitte von einem blumenbemalten Lackteller verdeckt wird. Auf dem Teller steht der blaue Steingutkrug. In Vaters letzter Lebenszeit war der Krug stets wassergefüllt. Vater hatte es sich angewöhnt, seinen Tee mit kaltem Wasser zu verdünnen. Die rote Thermoskanne steht auch auf dem Lackteller, desgleichen ein Salznapf, eine gelbe Flasche Zitronenextrakt und Vaters Natreen-Dose.

Bemerkte Vater bei Tisch, daß eines seiner Utensilien nicht am gewohnten Platz stand, so suchte sein Blick den Tisch ab. Demonstrativ bewegte er den Kopf hin und her. Sofort war Mutter angespannt, suchte auch ihr Blick den Tisch ab, um zu erfahren, woran es Vater mangele. Da beanstandete er schon: Das Knäckebrot fehlt! … Vater lehnte sich auf dem Hocker zurück, sein Rücken berührte das dunkle Paneel. Messer und Gabel in den Händen, wartete er: Mutter oder einer von uns Söhnen sollte in die Küche eilen und ihm *sein* Knäckebrot bringen. In späteren Jahren kreiste seine Hand wirkungsvoll zitternd über dem Tisch:

Ein Blinder sucht seinen Krückstock. Was suchst du denn? fragte Mutter, ihre Rede unterbrechend. Es hörte sich nun weniger fürsorglich, sondern eher ungehalten an. Mein Knäckebrot ..., klagte der einst befehlsgewohnte Mann in fast weinerlichem Ton. Wieder eilten wir, das Gewünschte zu holen. Die Mittel, die Vater anwandte, um zu bekommen, wonach es ihn gerade verlangte, waren nun andere. Der Patriarch blieb uns jedoch erhalten.

Ich wende mich auf dem Küchenhocker um und schaue aus dem Fenster. Die Frankfurter Allee, die einstige Stalinallee, hat sich nicht verändert, abgesehen davon, daß die Linden auf dem Grünstreifen der anderen Straßenseite gewachsen sind. In jenem von der übrigen Häuserfront um dreißig Meter zurückgesetzten Gebäude, in dem zu DDR-Zeiten das Berliner Stadtkontor untergebracht war, residiert jetzt Mutters übelbeleumdete Berliner Bank. Im ehemaligen Schallplattengeschäft hofft das griechische Restaurant »Ptolemeos« auf Kundschaft. In den oberen Räumen des vormaligen Restaurants »Bukarest« buhlt seit einigen Jahren die Commerzbank um Kunden. Die Fontänen vorm »Bukarest« ließ die Stadtverwaltung aus Kostengründen *verdorren*. Wenige Fußgänger laufen auf dem gegenüberliegenden Gehweg. Autos fahren ungehindert nach Westberlin. Ich höre den an- und abschwellenden Motorenlärm.

Es geschah mehrmals, daß ich auf diesem Hocker saß und, im Bann eines Sogs, todessüchtig durchs Fensterglas starrte. Der Sog wollte mich aus dem Fenster reißen. Von der dritten Etage hinab auf den Bürgersteig. Wortlos würde ich aus dem Leben verschwinden. Ich fühlte mich überflüssig, nutzlos. Eine Filmrolle war mir telefonisch abgesagt worden. Oder Mutter war nicht wie angekündigt nach Berlin gekommen. Sie ließ mich mit meinen Sorgen hier im Eßraum sitzen. Mir blieb der flaschengefüllte Ledersack auf dem Küchenfußboden und im Familienalltag ein Part, den ich nicht mehr *spielen* wollte.

Es kam auch vor, daß ich schon selbstmordsüchtig in der Wohnung der Eltern erschien. Eine Liebesgeschichte war mir mißglückt. Ich hoffte auf Halt. Halt, der sich nie und nirgendwo findet. Ich war das Opfer einer Stimmung, die kommt und vergeht, die für gewöhnlich unbenannt bleibt.

Ich habe Kaffee getrunken und mich in Vaters Zimmer auf der gepolsterten Eckbank niedergelassen. Mein Blick geradeaus trifft das doppelflügelige Balkonfenster. Dort hinter den Scheiben habe ich manchen Sommertag verbracht. Es waren verwirrend reizvolle Tage. Ich lag stundenlang auf dem metallenen Klappbett, und wenn ich für einen Augenblick vom Buch abließ, um auf den Park hinter dem Haus zu sehen, wähnte ich mich nicht selten in einer anderen Welt. War der Himmel wolkenlos blau, so vermeinte ich, auf ein Meer zu schauen. Ein Meer, in das klippengleich Baumkronen ragten. Mich überkam bei diesem Anblick ein wohlig zeitloses Gefühl. Ich spürte nur ungenau, daß mich eine Großstadt umgab. Im Hintergrund meines Klippenbildes hörte ich Autogegrummel. Aber vielleicht hatte das Gegrummel einen anderen Ursprung, zog über dem Meer ein Gewitter auf. Ja, es waren verwirrend reizvolle Tage. Und solange ich in den Fensterscheiben nicht mein Spiegelbild erblickte und mich der mit einer Badehose und einer Mütze bekleidete Kerl auf der Liege ernüchterte, lebte ich mit mir im Frieden. Einzig auf dem Balkon der Wohnung meiner Eltern vermochte ich, mich dem Sommer bedenkenlos auszuliefern.

Früher war hinter dem Haus ein Spielplatz. Nur der Sandkasten hat die Zeiten überdauert. Da, wo Sträucher den Spielplatz begrünten, wachsen nun Bäume gegen die Höhe der umliegenden Häuser an. Jüngst ließ die Hausverwaltung Müll- und Flaschencontainer unter den Bäumen aufstellen. Eine lärmende Anlage ist entstanden. Es wird nicht lange dauern, und man legt die Hausmüllschlucker still.

Das war beeindruckend an den Häusern der Frankfurter Allee: es gab Dachgärten, Fahrstühle und auf allen Etagen hinter Türen verborgene Müllschlucker. Der Dachgarten, der Fahrstuhl und die Müllschlucker waren für mich der Inbegriff von Modernität und Luxus. Von nahem betrachtet, erweist sich der Müllschlucker als eine Fehlkonstruktion. Sobald man sein Trommelmaul öffnet, stößt einem Wind entgegen. Wirft man ihm kleinere Abfälle zum Fraß vor, speit er sie einem angewidert ins Gesicht. Keinesfalls empfiehlt es sich, dem Müllschluckermaul Zigarettenreste anzuvertrauen. Es sei denn, man möchte erfahren, wie bitter Zigarettenasche schmeckt.

Die Fahrstuhlkabine und die Fahrstuhltüren auf den Etagen waren ursprünglich aus Holz. Das wirkte gediegen. In den 80er Jahren wurde der Fahrstuhl dem neuesten Sicherheitsstandard angepaßt. Hin war die Gediegenheit. Die Fahrstuhltüren sind nun aus Metall, und die Kabine ist ein Plastegehäuse. Essensgerüche haften der Plaste an; sie fahren Tag und Nacht im Haus auf und nieder. Seit Jahren bevorzuge ich die Haustreppe. Selbst wenn ich schwere Taschen tragen muß, steige ich Stufen.

Das Treppensteigen schützt mich nicht nur vor unangenehmen Gerüchen, es schränkt auch die Begegnungen mit den Hausbewohnern ein. Ich verabscheue Gespräche im Fahrstuhl. Besonders verabscheue ich sie, wenn hinter ihnen die Frage nach Mutters Wohlergehen lauert. Ich fühle mich nicht auskunftspflichtig, doch weiß ich nichts Ausweichendes zu sagen. Übers Wetter zu reden, lehne ich ab. Auch im Treppenhaus begegne ich Hausbewohnern, da aber wird die Gesprächsdauer nicht durch den bedächtig von Etage zu Etage kriechenden Fahrstuhl bestimmt. Im Treppenhaus belasse ich es bei einem Gruß.

Mittlerweile sind mir jedoch die meisten Mieter unbe-

kannt. Alles fremde Gesichter. Den dicken Herrn Wehrhahn gibt es nicht mehr. Er und seine nicht minder dicke
Gattin lebten mit den Eltern auf derselben Etage Wand an
Wand. Wehrhahns besaßen einen Schlüssel zur Wohnung
der Eltern. Herr Wehrhahn erledigte jahrelang kleine Re-
paraturen in der Wohnung, und seine Frau säuberte sie.
Wehrhahns waren, wie die meisten Mieter im Haus, »Ge-
nossen« – in der Frankfurter Allee wohnen zu dürfen war
ein von der Sozialistischen Einheitspartei gesteuertes Privi-
leg. Als Rentner verbrachte Herr Wehrhahn die Nachmittage an der nächstgelegenen Ampelkreuzung. Ecke Frankfurter Allee / Niederbarnimstraße wartete er darauf, daß es
im Berufsverkehr *knallen* würde. Er liebte Verkehrsunfälle
und ihre Folgen. Heute müßte der dicke Herr Wehrhahn
nicht bis zur Straßenkreuzung laufen. Heute könnte er beim
Plätschern seines Zimmerspringbrunnens vor dem Fernseher sitzen und sich all die Unfälle einverleiben, mit denen
uns die Krankenhaus-Serien unermüdlich versorgen. Heute
bekäme er die schönsten Unfälle ins Haus.

Die alte Frau Mücke, die nicht und nicht sterben konnte,
ist vor einigen Jahren doch verblichen. Wenn ich taschen-
bepackt die Treppe heraufkam, verwickelte mich Frau
Mücke auf dem Treppenabsatz in ein Gespräch, bei dem sie
mich mal für den Klempner und mal für den Arzt hielt.

Auch das Klavierspiel in Herrn Mühlsteins Wohnung ist
verstummt. Beim Sonnenbad auf dem Balkon trug mir der
Wind vom geöffneten Fenster seiner Wohnung Klaviergeklimper zu. Ein Schüler des tapsigen Herrn Mühlstein
quälte sich in der Sommerhitze. Es klang, als dächte der
Schüler mehr ans Freibad als ans Notenblatt.

Herr Mühlstein neigte ähnlich wie Frau Mücke zu geistiger Verwirrtheit. In Wahnmomenten schlug er seine Mutter,
mit der er zusammen in der Anderthalbzimmerwohnung
lebte. Nachts kam es zu stürmischen Auftritten im Treppenhaus. Danach war es monatelang still in der Wohnung. Herr

Mühlstein hielt sich im Heim auf. Wenn er nach Hause zurückkehrte, war er von all den Beruhigungsmitteln, die man ihm in der psychiatrischen Klinik verabreicht hatte, bleich und aufgeschwemmt. Erneut drang Klaviergeklimper durchs Gemäuer. Ich begegnete Herrn Mühlstein auch wieder auf der Straße. Vorsichtshalber grüßte ich den Unberechenbaren. Er erkannte mich nicht, oder er wollte mich nicht erkennen. Das war sein Recht; ich gehörte nicht zu den Mietern des Hauses.

Seit einiger Zeit fehlt in der zweiten Etage das Namensschild an seiner Wohnung. Die *geschlagene* Mutter ist schon vor Jahren gestorben. Und Herr Mühlstein, ist er nur umgezogen, oder lebt er nun dauerhaft im Heim? – Erwähnt werden muß noch: Herr Mühlstein ist Komponist. Ein durchweg unglücklicher, scheint mir.

Nur das Ehepaar Seiboldt wohnt noch in der oberen Etage. Über ihre Balkonbrüstung gelehnt, beobachteten Seiboldts, was in der Wohnung der Eltern geschah. Sie scheuten nicht davor zurück, in Schulzenhof anzurufen und zu vermelden, daß ich mich auf dem Balkon sonnte. Seiboldts, den Nachfolgern der Familie Wehrhahn in Sachen Schlüsselgewalt über die Wohnung der Eltern, gehe ich aus dem Weg. Meine Abneigung wird auch dadurch nicht gemindert, daß ich den ehemaligen NVA-Offizier nun an Krücken laufen sehe. Soeben wird in der oberen Wohnung staubgesaugt und geredet. *Mutti* saugt, *Vati* erklärt. Das Haus ist wie alle Häuser der Frankfurter Allee hellhörig. Auch das mißfällt mir.

Nachdem Jakob abgelehnt hatte, die Wohnung zu übernehmen, bot Mutter sie mir an. Ich lehnte sie gleichfalls ab. Ich kann nicht in Räumen arbeiten, die Vater bewohnt hat. Es käme mir vor, als sollte ich sein Leben fortführen. Außerdem ist das Haus, wie gesagt, hellhörig.

Die Sonne scheint. Ich will auf den Balkon gehen und rauchen …

Ich habe geraucht und auf die Pappeln, Kastanien, Birken und Essigbäume geschaut. Ein Wald wächst, wo einst die Wippe stand, an deren Metallgriff ich mir den Blutschwamm aufgeschlagen hatte. Erschrocken sah ich, wie sich meine Hemdbrust blutrot färbte. Sieben Jahre war ich alt. – Der Blutschwamm, jenes knollenartige Gewächs, wurde mir Wochen später operativ entfernt. Ich mußte einen Monat lang im Neuruppiner Krankenhaus bleiben und glaubte, wenn ich Tomatensuppe äße, würde ich rasch gesunden. Und so beschwatzte ich die Lernschwester Elke, für mich Tomatensuppe zu kochen. Ich nannte Elke alle zu besorgenden Zutaten und belehrte sie vom Krankenbett aus, wie man Tomatensuppe *fabriziert*. Es wurde ein Suppenreinfall, von dem auch Großmutter erfuhr. Daraufhin kam sie jeden Tag mit dem Fahrrad zum Ruppiner Krankenhaus, das außerhalb der Stadt lag, und brachte mir in einem Einweckglas Tomatensuppe. Gierig aß ich Mal um Mal Großmutters Tomatensuppe. – Ich wurde aus dem Krankenhaus entlassen. Daheim in Großmutters Wohnung erwartete mich zur Begrüßung Tomatensuppe. Ich führte den Löffel zum Mund – und rannte zur Toilette, wo ich mich übergab. Viele Jahre lang war mir Tomatensuppe verleidet. Ärger ist jedoch, ich habe Großmutter ihre Fahrten zum Krankenhaus nicht gedankt. Als ich mich, dreizehnjährig, von ihr abwandte, vergaß ich aus Selbstschutz auch all das Gute, das sie für mich getan hatte, das es im chaotischen Neuruppiner Alltag auch gegeben hatte: Freundlichkeiten, Gefälligkeiten, die nur ihr Herz Großmutter hatte abverlangen können.

Ich betrachtete also die Bäume hinter dem Haus ... Den Balkon der Wohnung der Eltern umschließt eine schmiedeeiserne Brüstung. Durch die Zwischenräume konnte ich vom Klappbett aus sehen, was auf dem Parkplatz hinter dem Haus geschah. Wenn ich mich vom Lesen in der Sommerhitze erschöpft fühlte und mir zum x-ten Mal den Schweiß von der Stirn gewischt hatte, schaute ich auf den kleinen Parkplatz hinab. Ich beobachtete, wie sich Männer ihren Autos näherten. Die Männer wähnten sich unbeobachtet. Männer und ihre Autos: Zu sehen, wie *Mann* sein Auto streichelt, es umläuft, umliebäugelt, wie er vor einem winzigen Lackschaden in die Knie geht. Wie er den Autoschlüssel zückt und ihn ins Schloß einführt – ach, ihr Männer! Selbst die schönen und klugen sind gegen solche Affenliebe nicht gefeit.

Seit einem Jahr stehen Schuttcontainer und Bauwagen auf dem Parkplatz. Der riesige gekachelte Wohnblock, der *Stalinbau*, ist zur Hälfte saniert worden. Eine senkrechte Farblinie neben dem Balkon zeigt an, bis wohin die Fassade erneuert wurde. Mutters Wohnung hat man bislang nicht saniert. Der Hausverwaltung fehlt das Geld. Wann auch immer hier weitersaniert wird, mit Mutters, Franziskas und meinem Leben hat es nichts mehr zu tun. Das ist gewiß. Ich hoffe aber, es geschieht bald. Die Fensterrahmen sind in einem erbarmungswürdigen Zustand, mahnt der einstige Fensterputzer. Er weiß, wie lästig abblätternde Farbe im Wischtuch ist.

An der Rückwand des Hauses verlaufen Simse, auf denen im Sommer Tauben Zuflucht suchten. Sie saßen geduckt auf den blechverkleideten Mauerkanten und hofften auf die Abend- und die Morgenkühle. Ihre Kehlen dürsteten nach Wasser. Mir taten die Stadttauben leid. Ich verzieh ihnen, daß sie sich auf den Fensterläden niederließen und den Balkon der Eltern verunreinigten. Mutter hatte für die Notdurft der Tauben kein Verständnis. Philipp mußte auf ihr Geheiß auf den Lamellen-Fensterläden Plastestacheln annageln. Seit zwei Jahren ist der Balkon kotfrei. Auch sah ich in diesem Sommer keine Tauben auf den Simsen kauern. Wurden sie vergiftet? Wenn ja, sage ich, mir fehlen die Tauben in meinem Sommerbild.

Vom Balkon aus beobachtete ich die im Park lebenden

herrenlosen Katzen. Und ich hielt Ausschau nach Vaters Auto. Ich spähte nach dem Wartburg-»Tourist«.

Während Vaters letzten Lebensjahren erwartete ich die Eltern oft in ihrer Wohnung, wenn sie von Schulzenhof nach Berlin kamen. Ich trug ihre Koffer und Taschen zur dritten Etage hinauf. Oder ich kam, um ihr Gepäck zum Auto zu schaffen. Dann war es stets die gleiche Geschichte. Die Abfahrtszeit war tags zuvor festgelegt worden. Vater hielt sich daran. Wenn ich bei den Eltern erschien, saß er schon reisefertig in seinem Zimmer oder in der Diele. Mutter lief derweil durch die Wohnung. Sie hatte mehr einzupacken, hatte mehr zu bedenken als Vater. Das System Schulzenhof klebte ihr an den Schuhen. Das System erforderte, daß Mutter Koffer voller Bettwäsche, die sie in der Großwäscherei Rewatex hatte waschen lassen, nach Schulzenhof transportierte. Ebenso mußten die im Fleischer-, Gemüse- und *Delikat*-Geschäft gekauften Lebensmittel mitgenommen werden. Und das System verlangte, daß Mutter den Kühlschrank leerte und Wurst, Butter, Brot und Käse – all das, was über Tage dem Berliner Alltag der Eltern zur Verfügung gestanden hatte – einwickelte und für den Transport verpackte. Während Vater und ich in seinem Zimmer oder in der Diele *smalltalkten*, geriet Mutter immer mehr in Hast. Sie wünschte sich, ihren *fliegenden* Haushalt ein einziges Mal in Ruhe einzupacken.

Wenn endlich alles verstaut war, trug ich die Koffer, Taschen und Beutel vor die Fahrstuhltür. Ich orderte den Fahrstuhl in die dritte Etage, sperrte die metallene Fahrstuhltür mit Hilfe einer schweren Tasche auf und stapelte die Koffer, Taschen und Beutel in der Kabine. Daraufhin bat ich die Eltern zum Fahrstuhl. Es kam vor, daß sie neben dem von mir im Fahrstuhl aufgetürmten Koffer-, Taschen- und Beutelberg kaum Platz fanden. Waren Gepäck und Eltern im Fahrstuhl untergebracht, so schloß ich die Metalltür von außen. Die Eltern fuhren im Lift abwärts. Ich eilte, die restlichen Beutel in der Hand, die Treppe hinab. Parterre empfing ich die Eltern. Ich befreite sie aus der Kabine, stapelte die Koffer, Taschen und Beutel im Vestibül, lief zur Kellertür, schloß sie auf und trug das Gepäck partienweise durch den schummerigen Kellergang zur rückwärtigen Haustür. Auch sie sperrte ich mit Hilfe einer schweren Tasche auf. Die Eltern erstiegen, nachdem sie ebenfalls durch den Kellergang gelaufen waren, die Außentreppe zum Parkplatz. Ich eilte unterdessen treppauf, treppab, bis ich sämtliches Gepäck ans Auto geschafft hatte. Nun wurde verstaut. Oft reichte der geräumige Laderaum des Wartburg-»Tourist« für all die Koffer, Taschen und Beutel nicht aus.

Mutter reiste seit einigen Jahren ungern auf dem Beifahrersitz. Je älter Vater wurde, um so mehr mißtraute sie seinem Fahrgeschick. Als Beifahrerin neigte sie nicht selten zu begründeten Entsetzensschreien. Auf der Autorückbank hingegen kümmerte sie sich nicht um seinen Fahrstil – behauptete sie …

Mutter nahm auf der Rückbank Platz. Winters wickelte sie sich eine Wolldecke um die Beine. Sommers stellte sie die Tasche, in der sie eine Mineralwasserflasche und einen feuchten Seiflappen aufbewahrte, neben sich auf die Bank.

Mutter saß im Auto, und ich mauerte sie zwischen all den Gepäckstücken ein, die ich im Kofferraum nicht hatte unterbringen können. Beim Abschied mußte sich meine Hand einen Weg zwischen ihnen bahnen, um die Hand, die mir Mutter entgegenstreckte, berühren zu können. Vater verabschiedete sich stehend von mir, bevor er seinen Wartburg bestieg: von Mann zu Mann. Beide Parteien, die reisende und die zurückbleibende, wünschten einander Glück für die nächste Zeit. Im übrigen würde man voneinander hören. Wir telefonieren! rief Mutter, sobald das Auto anfuhr. Ihr Gesicht zeigte abwechselnd Furcht vor der Fahrt und Schicksalsergebenheit. Vater winkte mir weltmännisch zu. Der Wartburg bog um die Hausecke; er entschwand meinem Blick. Ich stieg noch einmal die Treppe zur Wohnung hinauf und kontrollierte, ob die Fenster fest verschlossen, der Kühlschrank und der Mülleimer restlos geleert worden waren und ob der Gashahn tatsächlich abgestellt war. Schließlich machte auch ich mich auf den Heimweg.

Wenn ich gleich nach dem Abschied am Auto heimwärts lief, begegnete ich Vaters Wartburg an der Kreuzung Frankfurter Allee / Ecke Niederbarnimstraße, dort, wo Herr Wehrhahn Nachmittag für Nachmittag den *Knall* erwartet hatte. War es Sommer, so sah ich, daß sich Mutter bereits an der Ampelkreuzung den Schweiß von der Stirn wischte. Sie entdeckte mich am Straßenrand und winkte mir mit dem Seiflappen zu, als wollte sie signalisieren: Schiff in Not!

Nach solch still-dramatischen Abfahrten war auch der Kofferträger erschöpft. Trotzdem kam ich abends nochmals in die Wohnung der Eltern. Ich erkundete telefonisch, ob das schwerbeladene Schiff den Schulzenhofer Heimathafen erreicht habe. Ja, ja, natürlich! sagte Mutter, während sie die Post durchsah, die in ihrer Abwesenheit in Schulzenhof eingetroffen war. Mutter bedankte sich pflichtschuldig für meine Hilfe, und da wandte auch ich mich wieder meinem Leben zu.

Bevor ich mich mit meinem Schreibzeug in Vaters Zimmer niedergelassen habe, verharrte ich einen Moment in der Diele. Ich sah auf die Zeitschriften im Bücherregal: »Neue Deutsche Literatur«, »Bildende Kunst« und »Sowjetliteratur«. Nur die »NDL« hat die *Zeitenwende* überlebt. Vormals kostete die Monatszeitschrift jedoch lediglich 2,50 Mark.

Neben den Zeitschriftenstapeln stehen im Dielenregal ausländische Belegexemplare von Vaters Büchern. Wenn ich darauf wartete, daß Mutter ein Telefonat beenden würde, betrachtete ich mitunter die Belegexemplare. Von manch einem läßt sich unschwer sagen, um welches Buch es sich handelt. »De Wonderdoener« ist die holländische Ausgabe des »Wundertäters«. »Poneiul Pedro« ist die rumänische Ausgabe des Kinderbuchs »Pony Pedro«. Welches Buch sich hinter dem Titel »Jesienny Wtorek« verbirgt, läßt sich nicht so leicht sagen. Nun, es ist die polnische Ausgabe des Erzählungsbandes »Ein Dienstag im September«. Es befinden sich übrigens nur wenige Belegexemplare und Zeitschriftenstapel in der Berliner Wohnung. Der Hauptteil der Zeitschriftenjahrgänge lagert in Schulzenhof auf dem Dachboden des alten Hauses, wohingegen sich Vaters in- und ausländische Belegexemplare in seinem Archiv im Keller des neuen Hauses stapeln.

Einige Belegexemplare im Dielenregal stammen aus den 60er Jahren wie etwa »Nummikylä«, die finnische Ausgabe des »Ochsenkutschers«. Vaters Bücher wurden demnach schon früh im Ausland veröffentlicht.

Im Eckschrank in der Diele hängen Kostüme eines abgespielten Theaterstücks. So scheint es mir, wenn ich die Schiebetüren öffne. Mäntel, Jacken, Blusen und Hosen – Vaters und Mutters Berliner Garderobe. Zu Vaters Lebzeiten hingen sie in getrennten Schrankabteilen; dabei nahm Vaters Kleidung den meisten Platz im Eckschrank ein. Mittlerweile haben sich die Sachen vermischt. Es ist merkwürdig: Ich betrachte die Kleidungsstücke und erinnere mich, Vater und Mutter in dieser und jener Kleidung gesehen zu haben, mir fällt aber keine Situation ein, der ich ein bestimmtes Kleidungsstück zuordnen könnte. Eine Ausnahme gibt es: Vaters karierter Anzug.

Vater und ich hatten unabhängig voneinander den gleichen Anzug gekauft. Vater war auf seinen Anzug stolz. Ich hielt den meinen nach kurzer Zeit für einen Fehlkauf. Vater trug seinen zu festlichen Anlässen. Er trug ihn auch noch, als die Schlaghose und die auffälligen Karos nicht mehr modern waren. Wenn wir uns in der Berliner Wohnung trafen und er den karierten Anzug anhatte, versäumte Vater nicht, mich zu fragen, ob auch ich meinen Anzug trüge.

Ich suchte Ausflüchte, murmelte etwas von einer mangeln-
den Gelegenheit. Ich erfand selbst dann noch Ausreden, als
ich mich des Anzugs bereits entledigt hatte. Das Wort aber,
das mir vornehmlich zu meinem Fehlkauf einfiel, erwähnte
ich Vater gegenüber nicht: geckenhaft. Jedesmal, wenn ich
mich daheim im karierten Anzug begutachtet hatte, war ich
im Spiegel dem Anblick eines Gecken begegnet.

Unterhalb der Anzüge und Mäntel, die im Eckschrank
hängen, stehen Vaters Schuhe und Stiefel. Im Gegensatz zu
mir betrachtete Vater Schuhe und Stiefel ebenfalls als eine
Daueranschaffung. In seiner letzten Lebenszeit, als wir für
gewöhnlich gut miteinander auskamen, bot er mir einige
seiner Lederjacken und Schuhe als Geschenk an. Er habe
von allem zuviel, fand Vater. Mir widerstrebte es, Kleidung
spazierenzuführen, die zuvor von jemand anderem getragen worden war. Ich lehnte die Geschenke dankend ab und
verwies darauf, daß er breitere Schultern und größere Füße
habe – ein Grund, der meinen in diesen Dingen praktischen
Vater nicht überzeugte.

Vater verfügte nicht nur über viele Schuhe und Stiefel, er
besaß auch viele Mützen und Hüte. Dabei waren die Schiebermützen aus braunem, schwarzem und sandfarbenem
Stoff in der Überzahl. Aber auch Schiebermützen aus glän-
zendem oder stumpfem Leder besaß er. Unter den Hüten
befanden sich breitkrempige ebenso wie schmalkrempige,
die an Tropenhelme erinnerten. Strohhüte besaß Vater und,
wie schon erwähnt, Kachuris.

In einem Fach vom Schrankaufsatz liegt eine *Restaus-
wahl* von Vaters Hüten. Im benachbarten Fach lagern weiße
Oberhemden, daneben liegen Anzugfliegen und Schleifen.

Im Alter trug Vater zu festlichen Anlässen und zu seinen Lesungen eine Fliege oder eine Schleife. Ich glaubte,
er habe weinrote Exemplare bevorzugt. Irrtum. Die Fliegen
und Schleifen aus Wolle und Seide sind getupft, kariert, rot,
rosa, grau und braun. Ja, Vater war eitel. Eitler, als ich es

bin. Wohlgemerkt, wir reden von Kleidung. Vor anderthalb Wochen überwand ich meine Abneigung gegen Kleidungskäufe. Ich kaufte innerhalb von drei Stunden in einem Warenhaus zwei Paar Schuhe, drei Oberhemden und eine Hose. Das beglückte mich, denn ich kann Bekleidungsgeschäfte nun wieder auf längere Zeit meiden. Wenn ich hingegen den in der Berliner Wohnung verwahrten Restbestand von Vaters Kleidung betrachte, muß ich annehmen, daß Vater zu DDR-Zeiten oft zum Herrenausstatter gegangen ist. Und was die Schuhe anlangt, so war er nicht nur im Neuruppiner Schuhgeschäft »Krenz« Kunde.

Kehren wir in Vaters Zimmer zurück. Eine Wand ist bis zur Decke mit Bücherregalen bedeckt. In ihnen stehen – neben Büchern und Aktenablagen – Holz-, Keramik- und Porzellanpferde, die Freunde und Leser dem Pferdeliebhaber geschenkt haben. An den anderen Wänden hängen Gemälde von Hubertus Giebe, Paul Schultz-Liebisch, Karl Hermann Roehricht und von Eva-Maria Bergmann. Der Maler Roehricht übersiedelte Anfang der 80er Jahre *in den Westen*. Er fühlte sich in der DDR von *dunklen Mächten* bedroht. Plötzlich mißtraute er auch den Eltern, mißverstand er Mutters wohlmeinende Ratschläge. Man kann es in Mutters »Briefen aus Schulzenhof« nachlesen. In Vaters Zimmer aber hängt an der geweißten Wand über die Zeiten hinweg Roehrichts »Blaue Flußlandschaft«. Sie kündet von dem Wohlwollen für den Maler Roehricht und von seinem Talent, das die Eltern früh erkannt und durch Bilderankäufe und Katalogtexte gestützt hatten.

Auf dem wuchtigen Eichenschreibtisch steht ein gerahmtes Jugendfoto von Mutter: Eva, die preußische Schönheit. Nachdenklich lächelt sie ins Kameraobjektiv. Ich liebe dieses Foto sehr. Es hat den Anschein, als wisse die nachdenklich lächelnde junge Frau, daß das Leben im Alter anders ausgeht, als man es in der Jugend angeht. Ja, meine Mutter war schön. So schön wie auf dem Foto war sie noch zu der Zeit, als mir die Einschulung drohte und ich Mutter, wenn ich in Schulzenhof war, Abend für Abend vorm Einschlafen fragte, ob ich unvermeidlich zur Schule gehen müsse, ob es für mich keine Ausnahme gebe. Es gab keine Ausnahme. – Du siehst, die Schule mißfiel mir bereits als bloße Vorstellung.

Mutter war viele Jahre geradeso schön wie auf diesem Schwarzweißfoto. Heute ist ihr Foto größtenteils verdeckt, sieht man nur ihre Stirn und die Augen. Ein kleineres Farbfoto verbirgt Mutters restliches Gesicht. Das Foto zeigt die Eltern vor dem Anwesen des Sängers Peter Schreier. Ein Besuch 1980 in Dresden – ein glücklicher Tag. Schob sich das Farbfoto noch zu Vaters Lebzeiten vor Mutters Porträt? Oder mochte Mutter, wenn sie nach Vaters Tod am Schreibtisch saß, ihr Jugendbild nicht mehr anschauen?

In einer Plasteschale liegen Bleistifte und Kugelschreiber. Wollte ich Nachrichten, die ich übers Telefon erhalten hatte, notieren, so zeigte sich jedesmal, alle Bleistifte und Kugelschreiber in der Schale waren *Attrappen*. Auch auf Mutters Schreibtisch fand sich kein brauchbarer Stift. Ein Dichterhaushalt ohne Schreibwerkzeug: so war's. Das brauchbare Schreibzeug wurde am Mann beziehungsweise an der Frau mitgeführt.

Rechts neben dem Balkonfenster steht, übereck gerückt, Vaters Schreibpult. Es gehört dort nicht hin. Vormals endete in dieser Zimmerecke Vaters Bett. Es wurde nach seinem Tod *wegrationalisiert*. Mutter entschied, für die Berliner Wohnung, in der sie nun kaum noch übernachtete, genügte das Bett in ihrem Zimmer. Auf dem Schreibpult liegt Herman Grimms gewichtiges Buch über Michelangelo. Vater bewunderte Michelangelos Werk; eine Bewunderung, die sich früh auf mich übertrug.

Neben dem Schreibpult steht auf einem Rolltisch der transportable Fernseher. Wenn ich die Eltern abends in ihrer

Wohnung besuchte, traf ich sie mitunter vor dem Fernseher an. Mutter saß auf der gepolsterten Eckbank, Vater auf einem Stuhl der Sitzecke, wobei er ein Bein auf den Tisch gelegt hatte. Dies Beinhochlegen sei gut für die Durchblutung, meinte Vater. Die Eltern schauten aufs Fernsehbild, sie sahen aber nur Schemen. Die Antennenfühler des Fernsehers führten ein Eigenleben. Sie senkten sich starrsinnig dem Fußboden zu, wodurch das Fernsehbild verschwand. Gut, daß du kommst! sagte Vater. *Er* will wieder nicht.

Obwohl ich, wie schon erzählt, technisch unbewandert bin, bemühte ich mich, die Antennenfühler zu richten und ihre Stellung zu fixieren. Ich drehte am Kanalwähler und schob den Rolltisch auf dem Teppich hin und her. Wenn all das nicht half, legte ich Bücher unter den Fernseher, um seinen Standort zu erhöhen. Auf die eine oder andere Weise gelang es mir, das Fernsehbild für einen Abend zu verbessern. Die Eltern begeisterte die klare Sicht, trotzdem konnten sie sich nicht entschließen, eine Dachantenne zu kaufen. Wann sehen wir in Berlin fern, wann? fragte Mutter ausweichend. Der transportable Fernseher steht noch heute auf den Büchern, die ich ihm zuletzt untergeschoben habe.

Wenn ich die Eltern gegen Mittag besuchte, saß Vater hinter der geschlossenen Tür in seinem Zimmer. Durchs Mattglas sah ich seinen Umriß am Schreibtisch. Mutter und ich unterhielten uns leise im Eßraum, bis sie sagte: Nun begrüß erst mal Vater ... Ich zögerte einen Moment, bevor ich an die Tür zu seinem Zimmer klopfte. Mit belegter Stimme rief Vater: Herein! Ich öffnete die Tür, lächelte und betrat das Zimmer. Vater schaute von der Schreibarbeit auf. Er lächelte ebenfalls und sagte: Na, da bist du ja! Oder er sagte: Mutter hat auf dich gewartet. Und ich sagte: Ich will nicht stören. Nur guten Tag sagen. Vater und ich reichten uns die Hände. Vielleicht sprachen wir noch zwei Sätze. Wie auch immer, es endete damit, daß ich mich rasch aus dem Zimmer zurückzog. Wir sehn uns beim Essen, sagte ich auf dem Rückzug. Und zu Mutter sagte ich: Ich hab's getan, hab Vater begrüßt. – Gut, sagte sie, und wir redeten wieder über unsere Angelegenheiten. Oder ich lief zum *langen Laden*; denn das war der Grund, weshalb mich Mutter erwartet hatte: ich sollte noch etwas fürs Mittagessen einkaufen.

Ich lief zum Lebensmittelgeschäft und dachte: Vater wird sich niemals dafür bedanken, daß ich sein Zimmer gesäubert und sein Fenster geputzt habe. Nie! Er nimmt es entweder nicht wahr, oder er glaubt, es muß so sein. Ich entsinne mich, wie ich eines Tages in Vaters Zimmer auf dem Teppich kniete. Ich hatte staubgesaugt und -gewischt und ordnete Teppichfransen – eine stumpfsinnige Arbeit. Da beschloß ich: So geht's nicht weiter. So nicht! Ich werde älter und älter, bekomm eine Glatze und säubere noch immer *sein* Zimmer. Schluß! Und damit war Schluß.

Auf der Eckbank in Vaters Zimmer las ich Mutter meinen Prosatext »Provinztheater« vor.

Mutter hatte mich zum Schreiben ermutigt. Ich hätte in meinem Leben einiges gesehen und erlebt, das literarisch verwertbar sei. Außerdem vergehe überm Schreiben die Wartezeit auf die nächste Rolle schneller. Das war 1984, als mir Mutter zu einer Sache Mut gemacht hatte, die ich selbst gewollt, die ich aber von Monat zu Monat verschoben hatte. Jetzt befolgte ich ihren Rat. Ich schrieb in dicke linierte Schulhefte. Dann tippte ich den Text auf der Schreibmaschine ab und erweiterte ihn dabei.

Die ersten vierzig Seiten in der Umhängetasche, suchte ich Mutter eines Abends in der Berliner Wohnung auf.

Ich hab was zum Vorlesen, sagte ich.

Mutter wich dem Vorlesen aus. Wir unterhielten uns im Eßraum. Mich aber drängte es, vorzulesen. Das Manuskript wollte gehört werden. Endlich war Mutter bereit, mir zuzuhören. *Ganz offiziell* setzten wir uns an den Tisch in Vaters Zimmer. Wir waren beide nervös. Mutter war möglicherweise nervöser als ich. Ich wußte zumindest, was ich geschrieben hatte. Mutters angespannten Blick noch vor Augen, fing ich an vorzulesen. Am Ende der ersten Seite unterbrach mich Mutter: Das hast du nur ein Mal abgeschrieben?

Ja.

Dann kann ich dir gratulieren. Du hast eine begabte Klaue! ... Weiter. Lies weiter!

Und ich las weiter vor, was ich übers Rudolstädter Theater und über meine zwiespältige Liebe zum Theater geschrieben hatte. So begann zwischen Mutter und mir jene zeitweilige *Schreibkonspiration*. Mehrere Jahre war Mutter für mich *die* literarische Instanz. Ihr sollte gefallen, was ich schrieb. Natürlich konnte es dabei nicht bleiben. Und es hat sich tatsächlich gewandelt. Heute entscheide allein ich über den Wert und Unwert meiner Texte. Doch war es ein ermutigender Anfang. Ich wurde von einer Sachverständigen ernst genommen, wurde bestätigt. Das braucht man, bevor man über einen Erfahrungsspeicher verfügt, aus dem man Vertrauen schöpfen kann, wenn einen Zweifel anfallen oder einem ein Text mißlingen sollte. Auch für diesen literarischen Anfang bin ich Mutter dankbar.

Einige Jahre danach sahen wir in Vaters Zimmer die Druckfahnen meiner Erzählung »Springmaus« durch. Sie sollte in der nächsten Ausgabe der »Neuen Deutschen Literatur« erscheinen. Die Redaktion wartete auf die Korrektur. Sowohl Mutter als auch mich störte ein Adjektiv. Mutter setzte sich mit der Druckseite an Vaters Schreibtisch. Ich beobachtete, wie sie eine Verstärkung des Adjektivs suchte. Nicht vorher, nicht nachher habe ich jemanden derart angestrengt nachdenken sehen. Die Luft über Mutters Kopf schien zu flirren. Schließlich hatte sie das treffende Wort gefunden.

Triebtreibend ... Mutters Hand hieb begeistert aufs Papier. Das ist es!

Und das war es, fand auch ich.

An all das erinnere ich mich, wenn ich auf der Eckbank sitze. Und ich erinnere mich, wie ich in Vaters Zimmer Rollen übte. »Vorsprechrollen«.

Den Schaukelstuhl schob ich zur Seite; dann spielte ich auf dem Perserteppich meine *Szenen* für die »Aufnahmeprüfung« an der Rostocker Schauspielschule. Das war im betrüblichen Januar 1971, als mich Mutter nach Berlin geschickt hatte. Hier, unter der metallenen Deckenlampe, übte ich eine Szene aus Tennessee Williams »Glasmenagerie«, hier verwandelte mich meine Phantasie in Tom Wingfield. Und meine Phantasie verwandelte mich in den verzauberten Glasarbeiter Hellriegel aus Gerhart Hauptmanns »Und Pippa tanzt!«. Den Hellriegel zu spielen, hatte mir die Schauspielerin Helga Göring empfohlen, die ich durch Klara kennengelernt und die mir den Kontakt zur Rostocker Schauspielschule vermittelt hatte. Tom Wingfield zu spielen war meine Idee. Die Auseinandersetzung zwischen Tom und seiner engstirnigen Mutter war meine Bühnenabrechnung mit Großmutter. Endlich konnte ich sagen, was ich so nie hätte sagen können. Ein Autor lieh mir dafür die *treffenden* Worte.

In Vaters Zimmer erlebte ich erstmals den *Glanz* und das *Elend* meiner schauspielerischen Begabung. Doch nahm ich an, es würde sich mit der Zeit finden. Ich würde lernen, das Elend kleinzuhalten. Nein, ich war vermessen genug, anzunehmen, ich würde mich gänzlich aus ihm befreien. Mein Elend war und ist, ich kann nur schwer *fixieren*. Ich kann nicht gefühllos ein festgelegtes Arrangement, Gesten und Betonungen wiederholen. Ich muß, wie es in der Schauspielersprache heißt, Mal um Mal *voll in die Rolle einsteigen*. Das ist kraftraubend, unökonomisch und oft nicht machbar. Steige ich nicht in die Rolle ein, so spiele ich laienhaft und bin auf der Bühne fehl am Platz. In Vaters Zimmer habe ich mich in beiden Varianten erlebt: von der Phantasie getragen, himmelstürmend und unbeholfen, hölzern unterm nüchternen Deckenlicht. Ich hätte gewarnt sein müssen. Aber einmal dem Rausch des Spiels verfallen, wollte ich ihn wiedererleben. Ich ahnte auch nicht, daß die quälende Unzufriedenheit, die ich spürte, wenn es mir mißlang, den Rausch neuerlich *herzustellen*, von nun an mein Begleiter sein würde. Tag und Nacht. Die Unzufriedenheit wich nur, wenn es mir abermals glückte, mich in den darstellerischen Rausch zu versetzen. Indes, es war gar kein Rausch. Es war *die andere Wirklichkeit*. Plötzlich lebte ich in ihr, obwohl ich wußte, daß ich spielte. Ich dachte logisch, handelte logisch – logisch in jener anderen Wirklichkeit. Ich bewegte mich in einer Phantasiewelt, die nicht mein Geheimnis bleiben sollte. Ich erschuf mir eine *Kunstwelt*, um mich in ihr besichtigen zu lassen. Verrückte Sucht. Wie jede Sucht. In Vaters Zimmer habe ich sie zum ersten Mal gespürt.

Ich habe abermals den Platz gewechselt und sitze nun an Mutters Schreibtisch. Schon zieht über der Frankfurter Allee der Abend herauf.

Marianne Gábors »Terrassen-Bild« hängt gegenüber meinem Schreibtischplatz. Das Gemälde war ein Geschenk für Mutter. Es war der Dank dafür, daß sie dem Berliner Theater im Palast vorgeschlagen hatte, Mariannes Bilder auszustellen. Und es war der Dank dafür, daß sie sich um die ungarische Malerin und ihren Ehemann Mityú gekümmert hatte, als die beiden anläßlich der Ausstellungseröffnung im Herbst 1980 eine Woche lang im Hotel Stadt Berlin logierten. Mutter besuchte *die Kindlein* jeden Tag. Sie brachte den Ach-so-Hilflosen Konfekt und Lebensmittelkonserven. Die Kindlein besaßen in ihrem Hotelzimmer unerlaubterweise einen Spirituskocher. *Hänsel und Gretel*, die sich in Berlin unter Mutters Obhut begaben, waren in Wahrheit welt- und reiseerfahren. Der Kocher, auf dem sie Mutters Konserven aufwärmten, gehörte zu ihrer Reisegrundausstattung. Marianne, das ältliche langhaarige Mädchen, und der altersschwache Intellektuelle Mityú nutzten das *fürsorgliche Evchen* gehörig, aber charmant aus.

Ich begleitete Mutter eines Abends auf ihrer *Exkursion* zum Hotel. Marianne umtänzelte Mutter. Die Malerin schaute die dreizehn Jahre jüngere Freundin wie eine früherwachsene Schwester an, die es gewohnt war, Verantwortung zu übernehmen, und der man alle Sorgen, kleine und große, aufbürden konnte. Der Schriftsteller Mityú – etwas weniger kindbegabt – stand seiner zierlichen Gattin in Sachen Hilfsbedürftigkeit kaum nach. Mutter schüttelte auf der Heimfahrt über eine derart ausgestellte Lebensuntüchtigkeit den Kopf, doch versorgte sie Hänsel und Gretel gern. Auch war das Zusammensein mit ihnen vergnüglich. Und nun hängt in Mutters Zimmer das »Terrassen-Bild«, erinnert es an vergangene Tage und an eine um Mityú verminderte Freundschaft, denn er ist vor Jahren gestorben. Die inzwischen über achtzigjährige Marianne malt immer noch unermüdlich in ihrem Budapester Atelier; *die Welt* bereist sie aber nicht mehr.

Von nahem betrachtet, sieht man auf dem blaugrünen Bilduntergrund nur senkrechte und waagerechte dunkle Striche. Von weitem zeigt sich dem Betrachter eine südländische Terrasse, auf der sich, links im Bild, zwei von einem gewaltigen Sonnenschirm überdachte Liegestühle gegenüberstehen. Man sieht das Terrassengeländer und am rechten Bildrand ein wenig von der Wand und dem Dach des angrenzenden Hauses. Auf dem Fluß oder See schwimmt ein Kahn, in dem zwei Leute sitzen. Fern, fern ist das jenseitige Ufer – auch nur ein waagerechter Strich, allerdings tiefblau und breiter. Wie oft mag Marianne, die schwer an Polyarthritis leidet, während sie malte, von dem Bild Abstand genommen haben? Wie oft wird sie wieder dicht an die Staffelei herangetreten sein, um ihre Vision der Terrassen-Stimmung zu korrigieren? Denn es ist eine Vision. Ja, die Malerin Marianne Gábor ist eine begnadete Visionärin. Sie weiß es, Mityú wußte es; und deshalb kam es ihnen zu, in Berlin Hänsel und Gretel zu spielen. Und *das Evchen* war die lange vermißte Mutter – sowohl Mariannes als auch Mitjús Eltern sind im Zweiten Weltkrieg ermordet worden. Ich entdecke soeben, Mariannes Bild ist unsigniert. Das paßt zu einer Malerin, die sich nie um die Haltbarkeit ihrer Malgründe gesorgt hat.

Das Gemälde, das über dem »Terrassen-Bild« hängt, ist signiert. »Giebe 78«, lese ich. In der Familiensprache heißt das Bild »Der grüne Strittmatter«. Wie der Titel ahnen läßt, ist es vornehmlich in Grüntönen gehalten. Vater trägt eine Latzhose und eine Kachuri. Etwas nach rechts gewandt, sitzt er in einem Biedermeiersessel. Ein vergeistigter älterer Mann mit rotem Vollbart faltet die Hände im Schoß. Ja, so gab es Vater: jenseitig und vorzeitig alt. Das waren kontemplative Momente. Indes könnte der Porträtierte auch ein georgischer Weinbauer sein. Er hat sein Werk getan; nun sind die Söhne an der Reihe. Nach meinem Empfinden mangelt es dem Gesicht etwas an Charakterausformung, die anderen Giebe-Gemälden, wie etwa dem großen Bildnis von Jakob, eigen ist. Es hängt über der Zimmertür und zeigt ein beeindruckendes Jungengesicht. Sehr ernst, sehr nachdenklich, sehr Jakob. Damals wie heute.

Über dem Bett hängen zwei Mädchenporträts von Curt Querner. Sie hängen noch nicht lange in Mutters Zimmer. All die Jahre, als das Zimmer für Mutter wichtig war, stand hier ein Klappbett, dessen schwerer Holzrahmen die halbe Wand verdeckte. Oberhalb des Rahmens befand sich ein Bücherbord. Wenn ich mich an das Klappbett erinnere, sehe ich vor dem inneren Auge nicht die Querner-Bilder, sondern die Bücher im Regal. Lyrikbände und, Mutters Stolz, Belegexemplare von ihren ersten Buchveröffentlichungen. »Ich mach ein Lied aus Stille«, »Mondschnee liegt auf den Wiesen«, »Die eine Rose überwältigt alles«. Auf dem Regal stand ein vielfarbiger gläserner Fisch. Wo bitte ist er abgeblieben? In Schulzenhof? – Schau an, Herzchen, es lohnt, sich vor Ort zu erinnern.

Von Wand zu Wand stehen sich zwei Kleiderschränke gegenüber. Helle Eiche, mit der Zeit etwas eingedunkelt. Der eine ist ein wenig kleiner. Beide Schränke stammen ebenso wie der Schreibtisch von der Firma Hellerau. Auch das Klappbett kam aus dem Dresdener Möbelwerk. Vor Jahren fiel mir ein Artikel über Hellerau-Möbel in die Hände. Mutter hatte ihn 1952 geschrieben, als sie noch Geld verdienen *mußte*.

An einer Seitenwand des größeren Schranks hängen Kleider und Blusen aus beigefarbener und schwarzer Seide. Sie gehören zu Mutters Berliner Garderobe. Mutter war im Unterschied zu Vater viele Jahre lang uneitel. Die Kleider und Blusen am Schrank zeugen von einem *Kaufanfall*. Klara hatte Mutter zu einer *Shoppingtour* überredet. Ich kam abends in die Wohnung und sah in der Diele und in Mutters Zimmer Tüten voller Kleidung aus dem *Exquisit*. Mutter hatte im Geschäft *zugeschlagen*. Sie fand viel Gefallen an ihrer neuen Garderobe. Dann aber trug sie weiterhin ihre gewohnten Hosen, Blusen und Jacken. Einzig wenn Mutter in Berlin eine Veranstaltung hatte, wenn sie *lesen ging*, bediente sie sich aus ihrem Vorrat an Seidenkleidung. Doch seit Jahren schon hängen die Käufe der letzten Shoppingtour nur noch verheißungsvoll am Kleiderschrank. Sie sind mittlerweile vom Sonnenlicht ausgeblichen.

Lieber als Kleidung kaufte Mutter Geschirr. Geschirr zu kaufen begeisterte sie. In solch gehobener Stimmung kaufte sie wegen der zahlreichen Schulzenhof-Besucher ein Service nicht nur in doppelter Ausführung. Nein, Mutter konnte sich so für ein schönes Service begeistern, daß sie das gleiche auch für mich kaufte. Und wer weiß, wem sie ebenfalls ein Kahlaer Zwiebelmustergeschirr geschenkt hat. Und Mutter liebte es, Decken zu kaufen. Decken aus Wolle, aus

Mischgewebe oder aus rein synthetischem Gewebe. Ja, dem Kauf einer farbenfrohen Decke, eines edlen Plaids konnte Mutter kaum widerstehen.

Noch weniger konnte sie zu DDR-Zeiten dem Bücherkauf widerstehen. In ihrem Schulzenhofer und in ihrem Berliner Zimmer stapelten sich Neuerwerbungen. Lyrik, Romane, Erzählungen, Biographien, Reisebeschreibungen, antike Literatur und Bildbände – Mutter war an allem interessiert. Wenn sie in den 80er Jahren nach Berlin kam, führte sie ihr erster Weg zur Buchhandlung. Später am Tag traf ich sie in ihrem Zimmer zwischen ihren Neuerwerbungen an. Von manchem Buch hatte sie vorsorglich zwei Exemplare gekauft. Ich dachte, es könnte dich auch interessieren, sagte Mutter, während sie den Schutzumschlag eines neuerstandenen Buches, in dem sie gerade gelesen hatte und von dem sie nur schwer ablassen konnte, zum Lesezeichen erniedrigte.

Mutter war in den 80er und in den frühen 90er Jahren lesesüchtig. Dreihundert Seiten Prosa an einem Tag zu lesen war für sie eine Kleinigkeit. Weil sie viel las, verbrauchte sie viele Brillen. Mutter neigte dazu, gewichtige Bücher auf ihre *aktuelle* Brille zu legen. Oder sie setzte sich aus Versehen auf die aktuelle Brille. Oder sie zerquetschte sie aus Versehen unterm Kopfkissen. Stets war mindestens eine Brille beim Optiker zur Reparatur. Zuweilen fielen die Brillengläser aus der verbogenen Fassung … Mutter las mir eines Tages aus einem Buch vor. Mal um Mal fiel das linke Brillenglas auf den Schreibtisch. Erst amüsiert, dann genervt, drückte es Mutter wieder und wieder in die Fassung. Schließlich verdeckte sie das glaslose Auge, um ungestört vorlesen zu können, mit der flachen Hand.

Es ist Abend. Ich habe die Schreibtischlampe eingeschaltet. Wie oft haben Mutter und ich die Lampe mit dem geriffelten blaßgelben Plasteschirm auf dem Schreibtisch hin und her geschoben, weil sie uns die Sicht aufeinander nahm, wenn wir uns am Schreibtisch gegenübersaßen. Oder wir verschoben den Lichtkegel, weil vorgelesen werden sollte. Mutter las neue Gedichte vor – ich höre ihren leicht singenden Tonfall … Dann wieder las ich meine neueste Erzählung vor. Mutter war mir ein gutes Publikum, und ich hoffe, ich war es ihren Gedichten auch. Wenn Mutter vorlas, schaute ich auf die Bücher im Schreibtischregal. Auf der Rückseite des Schreibtischs drängten sich in zwei Fächern Buchrücken an Buchrücken. Ich wußte von Lesung zu Lesung sicherer, welches Buch neben welchem stand. Beim Zuhören rekapitulierte ich ungewollt ihre Reihenfolge.

An diesem Schreibtisch beratschlagten wir übers Schreiben, als es noch ums Schreiben ging. An diesem Schreibtisch sprachen wir über Vater, als es noch um Vater ging.

Wenn auch Vater nach Berlin gekommen war und er sich, derweil ich auf dem Besuchersessel an Mutters Schreibtisch saß, in seinem Zimmer aufhielt, redeten Mutter und ich gedämpft miteinander. Nur selten drang Vater dann in Mutters Reich vor. Kam er ins Zimmer, so änderte sich der Charakter der Unterhaltung. Sofort führte Mutter eine Art Konversation, war sie darauf bedacht, keine Gesprächspausen entstehen zu lassen. Mutter bemühte sich sogar um Konversation, wenn sie krank im Bett lag und Vater überraschend die Tür öffnete. Eben noch hatten wir geschwiegen, war nur ab und zu ein chiffregleiches Wort gefallen. Nun stand Vater im Türrahmen. Mutter ermunterte sich. Sie stützte sich im Bett auf den Ellenbogen ab und redete leichthin. Vater sollte nicht merken, wie elend sie sich fühlte. Er sollte nicht merken, wie stark sie unter den Schulzenhofer Verhältnissen litt.

Mutter hat es in »Mai in Piešťany« beschrieben, und es verhielt sich wirklich so: sie überdachte zu allen Zeiten ihre Lebenssituation. Anfang der 80er Jahre erkannte sie bei ihren Reflexionen, daß sie es gewesen war, die das System Schulzenhof eingeführt hatte. Sie und nur sie. Als sie

Vater 1952 kennengelernt hatte, war er ihrer Erinnerung nach ein bescheidener Mann gewesen. Dieser Mann hatte es nicht gewagt, sich eine Tafel Schokolade zu kaufen, weil er gefürchtet hatte, er könnte seinen Söhnen dadurch Geld entziehen. Mutter hatte Vater ermutigt, an sich zu denken. Die Folge davon war das zu besichtigende Schulzenhofer Leben, war das System Schulzenhof. Allmählich war es dazu gekommen. Allmählich, doch stetig.

Wenn Mutter vom Bett aus ihr Leben mit Vater, ihre Irrtümer und Versäumnisse analysierte, legte sie sich, um besser nachdenken zu können, ein Handtuch über die Augen. Ich saß auf dem Besuchersessel und hörte zu. Mutter dauerte mich und nicht nur, weil sie Vaters Egoismus gefördert hatte. Ich bedauerte sie auch, weil sie einzig Klara zur Freundin hatte. Mutter sehnte sich nach einer künstlerisch tätigen Freundin. Auch fehlte ihr die Nähe zu ihren Schriftstellerkollegen. Aufs Schulzenhofer Gehöft kamen damals vor allem *Pferdeleute*. An Begegnungen mit Literaten war Vater kaum noch interessiert. Er wollte, unberührt von den Meinungen seiner Kollegen, schreiben, und die Pferdewelt genügte ihm als Inspiration. Mutter aber wünschte sich die Verbindung zur *literarischen Welt*. Und sie wünschte sich zu reisen. Angebote gab es; doch sagte sie eine Reise zu, wurde Vater, bevor sie losfahren sollte, schwermütig oder krank. Der alte Mann scheute selbst eine kurzzeitige Veränderung seines gewohnten Lebens. Also sagte Mutter in den 80er Jahren geplante Reisen nach Frankreich, Schweden, Jugoslawien, Westdeutschland und Mexiko ab. Absagen, unter denen sie in der Schulzenhofer Einsamkeit immer stärker litt.

Matthes hatte Schulzenhof verlassen. Er arbeitete bis zum Beginn seiner Armeezeit in einem Thüringer Forstbetrieb. Jakob bereitete sich an der Granseer Oberschule aufs Abitur vor; er kam nur am Wochenende heim. Nicht lange und auch er würde für anderthalb Jahre zur Armee gehen. Danach würde er studieren. Mutter würde allein mit einem alten Mann auf dem großen Gehöft zurückbleiben. So sah ihre Zukunft aus.

Mutter begann das System Schulzenhof zu verneinen. Sie lehnte es ab, weiterhin die Managerin dieses Systems zu sein: Defektes Mobiliar wurde nicht mehr ausgebessert oder durch neues ersetzt; der Zaun ums Gehöft verfiel; die Zimmer im alten Haus wurden nicht renoviert. Und Mutter führte jetzt, wenn sie nach Berlin kam, einen besonderen Koffer mit sich. Er enthielt Manuskripte und Dokumente für den *Tag X* – den Tag, an dem sie Schulzenhof für immer verlassen würde. Mutter öffnete den Koffer auf ihrem Bett und zeigte mir seinen Inhalt. Ich sollte sehen, wie ernst es ihr mit ihrer Flucht war.

Mutters Fluchttrieb ließ auch nicht nach, als Matthes wegen einer Herzkrankheit aus der Armee »ausgemustert« wurde und er, nachdem Arthur Klaffke in Rente gegangen war, dessen Arbeitsstelle übernahm. Obwohl Matthes zurückgekehrt war, blieb Mutter des Schulzenhofer Lebens überdrüssig. Und da nun, als ihr das Schulzenhofer Leben derart mißhagte, als Jakob nach dem bestandenen Abitur den anderthalbjährigen Armeedienst ableisten mußte und ich bei der genannten Organisation für drei Monate »zur Reserve eingerückt« war, lernten Vater und Mutter auf der Leipziger Buchmesse die Grafikerin Isot Moser kennen – und die unsägliche Geschichte begann.

Ende Oktober kam ich nach Berlin zurück und traf Mutter in ihrer Wohnung. Sie erzählte begeistert vom *Isotchen*. Wir müßten unbedingt *das* Isotchen besuchen. Auch ich sollte *die* Moser kennenlernen. Verglichen mit den Eltern lebte die eher bohemehaft. Sie sei aber eine intelligente Person. Und begabt. Und fleißig.

Am nächsten Abend saßen wir in Isot Mosers schummeriger Drei-Etagen-Wohnung im Berliner Prenzlauer Berg. Ein dicker Kater bestarrte uns Eindringlinge. Isot Moser bot all ihre geistige Regsamkeit, ihren Witz, ihren hexenhaften Charme auf, um uns zu bezirzen. Mutter und ich aßen in Isots Altberliner *Puppen*-Küche so viele Knoblauchbrote, daß wir während der Heimfahrt im Taxi kaum zu atmen wagten. Und Mutter hatte Isotchens sämtliche dunklen West-Zigaretten aufgeraucht, so hatte sie der Abend berauscht. Wie gesagt, Mutter sehnte sich nach einer künstlerisch tätigen Freundin. Das war Ende Oktober 1983.

Kurz darauf fuhr ich öfter nach Rudolstadt, wo ich am Theater ein Kabarettprogramm probte. Mutter und Matthes führten unterdessen in Schulzenhof und andernorts eine ironische Fassung der amerikanischen Fernsehserie »Dallas« auf. Als *Mrs. Elly* und *J.R.* besuchten sie mich in meiner Berliner Wohnung. Matthes trug J.-R.-gemäß einen breitkrempigen Hut. Ich las Mrs. Elly und J. R. Gedichte über meine Kindheit vor, die ich als NVA-Reservist während der nächtlichen Wachdienste geschrieben hatte. Mutter war beeindruckt. Vom Sofa her sagte sie:

So findet jeder seinen Richter!

Die Äußerung zielte auf das, was ich über Vater gedichtet hatte. Und J.-R.-Matthes sagte: Ja!

Weihnachten hatte das Kabarettprogramm Premiere. Anschließend kehrte ich nach Berlin zurück, und Anfang Januar erreichten mich über Klara die ersten Nachrichten von dem Drama, das in Schulzenhof geschah.

Wie schon erwähnt, glaubte ich bis vor kurzem, Vaters Affäre mit Isot Moser hätte zum Schulzenhofer Unfrieden geführt. Nachdem ich aber die »Briefe aus Schulzenhof« erneut gelesen habe, denke ich, diese Geschichte hat die Ehekrise der Eltern nicht verursacht. Sie wirkte lediglich wie ein Katalysator.

Mutter und Vater waren Silvester 1983 grippekrank. Mutter hatte es stärker getroffen; deshalb lud sie, die für die Bewirtung der Gäste zuständig war, den Silvestergast Moser aus. Isot Moser erschien trotzdem in Schulzenhof.

Mutter lag in ihrem Bett, und Isotchen leistete Vater in

225

der Dachetage des neuen Hauses Gesellschaft. Abends besuchte man Mutter in ihrem Zimmer. Vater und die Moser saßen eine Weile an Mutters Bett. Schließlich meinte Vater, da Mutter krank im Bett liege, würde man wieder in sein Zimmer hinaufsteigen.

Wir gehn nach oben, sagte Vater.

Dieses »Wir« wies Mutter den wahren Sachverhalt. Es zeigte ihr, wie es um Vaters Gefühle stand, was das Isotchen plante und welche Rolle ihr bei alldem zuteil wurde. Krank im Bett liegend, erkannte Mutter, wessen Freundschaft sie gesucht hatte. Und sie ahnte, die in Berliner Künstlerkreisen über Isot Mosers Liebesleben verbreiteten Geschichten – Geschichten, die Isot nicht verhehlte, sondern zur Selbstdarstellung nutzte – waren offensichtlich wahr.

Mutter griff in die sich anbahnende Affäre ein. Sie schickte Matthes und Isot mit einer Flasche Sekt ins alte Haus. Vater und sie wünschten zu schlafen, ließ sie ausrichten.

Am nächsten Morgen klagte Isot Vater, daß sich ihr Matthes nachts unstatthaft genähert hätte. Und der betrunkene Matthes hätte behauptet, sie, Isot Moser, wäre hinter Strittmatters Million her. Sie sollte sich aber keine Hoffnung machen … Solche Unterstellung hätte sie sich im Hause Strittmatter anhören müssen. Vater glaubte Isot Moser. Mutter glaubte ihrem Sohn, der verzweifelt schwor, dergleichen weder gesagt noch gedacht zu haben; doch habe das Isotchen versucht, ihn zu küssen. Es kam zu peinlichen *Auftritten*.

Obgleich Matthes zu Phantastereien neigte, glaubte auch ich seiner Schilderung der Silvesternacht, denn ich erinnerte mich daran, wie herausfordernd Isot Moser mich an dem Abend in ihrer Wohnung taxiert hatte. Und ich glaubte meinem Bruder, weil in unserem Haus nie über Vaters Vermögen gesprochen wurde.

Einige Tage darauf erreichte das Drama seinen Höhepunkt. Vater verschwand abends vom Grundstück. Er hinterließ einen Zettel mit der Nachricht, er werde sein Leben beenden.

Klara und ich fuhren, von Mutter alarmiert, nachts nach Schulzenhof. Als wir aufs Gehöft kamen, hatte man Vater bereits an einer Wegkreuzung gefunden und heimgeführt. Nun schlief der Lebensmüde wie betäubt in seinem Bett. Anderntags zeigte sich, Vater hatte einen Gripperückfall erlitten. Ende Januar begab er sich, körperlich geschwächt und schwer depressiv, ins Berliner Regierungskrankenhaus.

Vater lag im Krankenhaus an der Scharnhorststraße in Berlin-Mitte, und Mutter legte sich in ihr Bett in der Berliner Wohnung. Ich versorgte sie mit Lebensmitteln, die, obwohl sie bettlägerig war, jeden Nachmittag mit der U-Bahn und dem Bus zum Regierungskrankenhaus fuhr und Vater besuchte. Tag für Tag hoffte Mutter von Vater zu hören, daß seine Affäre ausgestanden sei. Vater und Isot aber korrespondierten und telefonierten auch weiterhin miteinander, wie Mutter entdeckte. Also lag Mutter weiterhin im Bett und las. Sie errichtete auf dem Tisch vor ihrem Bett wahre Bücherbarrikaden gegen die bedrohliche Welt. Ich vermochte sie vom Besuchersessel aus kaum noch in ihrem Bett zu sehen, so viele Bücher türmten sich vor ihr auf.

Wenn Mutter nicht las, überdachte sie ihre Ehe: Ein alter Mann betrog seine siebzehn Jahre jüngere Frau mit einer Hexe. Wo gab es so was?! Im Leben. In Mutters Leben. Und schuld am Elend war Klara. Ja, auch Klara war schuld! Sie hatte für Vater, weil er es wünschte, jenes *West-Präparat* besorgt. Sie hatte dem von Impotenz bedrohten alten Mann Testosteron gespritzt und ihm anscheinend eine zu große Dosis verabreicht. Der Testosteron-Überschuß machte Vater abwechselnd liebessüchtig und lebensmüde. Und *diese Person* nutzte es aus!

Mutter stieg aus dem Bett. Ein Handtuch über den Schultern, setzte sie sich an den Schreibtisch. Sie griff neben den Sessel, hob die prallgefüllte Waschtasche auf, in der sie ihre

Medikamente von Ort zu Ort transportierte, und suchte Tabletten. Angewidert vom Leben, warf sich Mutter eine Beruhigungstablette in den Mund. Sie öffnete die Mineralwasserflasche und trank kaltes Mineralwasser.

Alles ein einziges Chassis! sagte Mutter in Anlehnung an O'Caseys Theaterstück »Juno und der Pfau«.

Mit der Zeit brach die linke Lehne von Mutters Drehsessel ab, dann löste sich die Verschraubung der rechten Lehne. Dann war auch der Besuchersessel kaputt. Sobald ich mich auf ihn setzte, kippte er hintenüber. Mutter übersah die kaputten Sessel, wie sie den Staub in den Bücherregalen übersah.

Mutter schwitzte stark. Ihre Stimme entschwand unter einem fortwährenden Husten. Ein halbes Jahr zuvor war Achim Kynaß an Kehlkopfkrebs gestorben. Mutter hustete und fürchtete, sie würde gleichfalls an Kehlkopfkrebs sterben. Die Ärzte vom Regierungskrankenhaus konnten trotz verschiedenster Untersuchungen keinen Krankheitsherd entdecken. Ich, der Schauspieler, warnte vor kalten Getränken und vor dem fortwährenden Husten. Dennoch schaffte ich erneut Getränke herbei. Irgendwann zählte ich die von Mutter an einem Wochenende geleerten Flaschen. Ich nannte ihr die besorgniserregende Zahl. Mutter empörte sich: Der eigene Sohn kontrollierte sie.

Ungeheuerlich ist das! sagte Mutter zu Klara, die sie am Krankenbett besuchte und zwischen ihr und dem liebeskranken Vater zu vermitteln suchte.

Währte es einen Monat oder länger oder kürzer, daß Mutter in ihrem Bett lag und sie die Wohnung nur verließ, um zum Krankenhaus zu fahren? Ich erinnere mich nicht genau. Eines Tages verkündete mir Mutter jedoch triumphierend an ihrem Schreibtisch, die Ärzte hätten nun auch bei ihr eine Krankheit entdeckt.

Diabetes!

Nicht nur Vater, nein, auch sie war an Diabetes erkrankt.

Vater hielt sich streng an die Anweisungen der Ärzte. Mutter nicht. Sie bemühte sich zwar, die Anweisungen zu befolgen, allein sie vermochte ihren selbstgeschürten Durst, besonders den auf Obstsäfte, nicht zu bändigen. Sie aß auch weiterhin Koch- und Bierschinken in ganzen Stücken. Anfallartig, verstehst du! beschrieb Mutter ihre Schwäche.

Mutter lag im Bett. Sie las, trank kalte Säfte und kaltes Mineralwasser, aß *anfallartig*, schluckte abwechselnd Beruhigungs- und Aufputschmittel, erforschte ihr Leben mit Vater und stieß dabei auf seine früheren Affären, von denen ich nun erfuhr. Es klang wie der Offenbarungseid einer Ehe.

Vater hatte sich Anfang der 60er Jahre auf ein Verhältnis mit einer Dramaturgiesekretärin vom Neustrelitzer Theater eingelassen, als dort sein Theaterstück »Die Holländerbraut« inszeniert worden war. Mutter hatte die Geschichte entdeckt. Sie schickte der Dramaturgiesekretärin in Vaters Namen ein Telegramm und bat sie zu einer Unterredung nach Schulzenhof. Die Geliebte folgte dem anberaumten Stelldichein. In Schulzenhof traf sie Vater *und* Mutter – Ende der Geschichte. Selbst mit der Hausangestellten Christa sollte Vater ein Verhältnis gehabt haben. Allerdings lange bevor Christa Schulzenhof auf immer verlassen hatte. Und es fehlte Mutter der gültige Beweis.

Mein neues Wissen belastete mich. War ich auch geneigt, Vaters Leben kritisch zu betrachten, so hatte ich ihm doch neben seiner ungeheuren Arbeitsleistung zugute gehalten, daß er Mutter nie betrogen hatte. Wenn es irgendwo geheißen hatte, es würde keine guten Ehen geben, hatte ich stolz auf meine Eltern verwiesen. Und warum hielt diese Ehe? Weil die gemeinsame Arbeit sie zusammenschweißte. Jetzt erfuhr ich, nicht nur ein gemeinsames berufliches Interesse hatte die Ehe der Eltern überdauern lassen. Es war ebenso Mutters Schweigen und ihrer Geschicklichkeit zu danken.

Meine durch die *Moser-Affäre* verletzte Mutter vertraute mir nicht nur Wissen über Vaters Liebschaften an. Wohl in der Absicht, mich völlig für sich einzunehmen, erzählte sie mir eines Abends, weshalb meine Kindheit düster und von Mißstimmung überschattet gewesen sei.

Vater wollte kein weiteres Kind ... Er hatte ja schon vier Söhne.

Kein weiteres Kind? – Ich hörte es auf dem Besuchersessel und wußte, wer gemeint war: ich, der erste *Sproß* dieser Verbindung.

Vater drohte, sich zu erhängen, wenn ich ein Kind bekomme, sagte Mutter ruhig vom Bett her. Ich schaute durchs Fenster auf die abendliche Frankfurter Allee, auf Autos, die irgendwohin fuhren.

Vater drohte, sich zu erhängen. Also schluckte Mutter ein unlängst auf den Markt gekommenes amerikanisches Hormonpräparat, das Vater und sie in einer Westberliner Apotheke gekauft hatten.

Es sollte abtreiben. Bis in den fünften Monat hab ich's genommen. Aber du warst stärker.

Mutter setzte das Gift ab. Sie entschied sich für mich und gegen Vater.

Ich dachte, es soll so sein, sagte Mutter. Und sie sagte, Vater habe mich durchaus gemocht. Anfänglich. Dann aber sei er auf Mutters und meine Freundschaft eifersüchtig gewesen.

So war's.

Anfang der 80er Jahre referierte ein Wissenschaftler während einer Weiterbildungsveranstaltung des Schriftstellerverbandes über die Ursachen der Homosexualität. Kriegskinder, die im Mutterleib die Bombardierung der Städte miterlebt hätten, neigten verstärkt zu Homosexualität, hieß es. Und es hieß, die Forschung hätte entdeckt, ein in den 50er Jahren zum Abbruch von Schwangerschaften angewandtes Präparat aus weiblichen Hormonen hätte im Falle des mißglückten Abbruchs gleichfalls die Veranlagung zur Homosexualität gefördert.

Und seitdem habe ich dir gegenüber ein schlechtes Gewissen.

Ich versuchte zu trösten und sagte, ich würde einzig an die Vererbungstheorie glauben.

Und wenn doch? fragte Mutter unsicher vom Bett her.

Als ich sie an jenem Abend verließ, war ich zwiespältig gestimmt. Ich fühlte mich gedemütigt, weil ich erfahren hatte, daß ich unerwünscht zur Welt gekommen war. Und ich fühlte mich erleichtert. Endlich wußte ich, wonach es mich als Siebzehnjähriger zu wissen verlangt hatte. Jetzt kannte ich den Grund, weshalb mir Vater in meiner Jugend so ablehnend begegnet war: Eifersucht. Eifersucht auf den ungewollten Sohn. Wie lächerlich – wie verständlich.

Kurze Zeit nach unserem Gespräch kam ich eines Vormittags in die Wohnung der Eltern. Erstaunt sah ich, daß Mutter nicht im Bett lag. Sie hatte sich angekleidet. Sie trug eine Kittelschürze, stand in Vaters Zimmer auf der Leiter und wischte in den Bücherregalen Staub. Es schien, als hätte sie die schlimmste Schmach ausgelegen.

Mutter hatte die Gefühlsqualen um die Moser-Geschichte tatsächlich überstanden; aber sie blieb Vater gegenüber mißtrauisch. Genauso mißtrauisch blieb sie gegenüber jedweder literarischen Fiktion. Mutter las nun hauptsächlich biographische Literatur. Sie wollte erfahren, wie andere Autoren Lebensstoff in Literatur verwandelt hatten. Sie spürte literarische Lebenslügen auf. Später las sie viel Frauenliteratur: Simone de Beauvoir, Virginia Woolf, Sylvia Plath, Marina Zwetajewa, Katherine Mansfield, Natalia Ginzburg, Jane Bowles und Vita Sackville-West. Mutter überdachte die Rolle der künstlerisch tätigen Frau in der Ehe. In »Mai in Piešťany« hat sie darüber geschrieben. Mutter überdachte die Rolle der künstlerisch tätigen Frau in der Ehe – und sie suchte die stärkste Verbindung zu ihren Söhnen.

Vater sprach nach der Moser-Affäre oft von *der Mutter und ihren Söhnen*. Er mußte traurig und hilflos hinnehmen, daß es nun zwischen Mutter und uns Söhnen eine größere Nähe gab. Es war die Zeit, als Mutter für mich am Berliner Stadtrand ein Haus kaufen wollte. Auch sollte ich einst ihren literarischen Nachlaß verwalten. Gegen die Aufgaben eines Nachlaßverwalters hatte ich nichts einzuwenden. Ein Haus hingegen hielt ich für eine Belastung. Und mir mißfiel die Vorstellung, ich sollte nach Vaters Tod zusammen mit Mutter in diesem Haus leben. Denn das verbarg sich hinter der Idee. Der homosexuelle Sohn würde gewiß ohne Partner bleiben. Warum sollte er seiner Mutter im Alter nicht Gesellschaft leisten? Ich aber hoffte noch auf einen Freund. Im übrigen wünschte ich mir wohl eine Laube mit Garten, doch allein schon der Gedanke an die Kosten einer möglichen Dachrinnenreparatur ließ mich von dem Wunsch absehen.

Ich spielte in S. Theater. Mutter schenkte mir einen Trabant. Sie dachte, wenn ich ein Auto besäße, würde ich öfter nach Schulzenhof kommen. Ich dachte ähnliches. Leider erwies ich mich als dauerhaft unsicherer Autofahrer. Ich verkaufte das Auto und kam, wie in den Jahren zuvor, vornehmlich mit Johanna nach Schulzenhof zu Besuch. Johannas Anwesenheit *neutralisierte* die Tischgespräche zwischen Vater und mir, fand ich.

Nach Vaters Tod warf mir Mutter vor, ich wäre in den letzten Jahren nur in Johannas Begleitung nach Schulzenhof gekommen. Ich fragte sie in ihrem Berliner Zimmer, weshalb sie mich von Vaters Sterben ferngehalten, weshalb sie meinen Beistand abgelehnt habe, und ich wollte erfahren, weshalb sie Iljas und meinen Namen aus den Todesanzeigen ausgespart habe. Da traf mich ihr Vorwurf. Und es traf mich die verspätete Kritik an meinem 1990er Tagebuch. Ich hatte es Mutter 1992 zu lesen gegeben, und nun, im Februar 1994, erfuhr ich, Mutter hätte darin entdecken müssen, daß sie von mir kalt und distanziert beschrieben worden wäre. Mutter hatte mich also von Vaters Sterben ferngehalten, weil sie geargwöhnt hatte, ich könnte sie in einer Zeit, die ihre Gefühle stark beanspruchen würde, *kalt* beobachten. Daß ich in den Todesanzeigen unerwähnt geblieben sei, habe aber mit all dem nichts zu tun, versicherte Mutter. Sie weinte.

Damals schlug Mutter Jakob vor, gemeinsam mit ihr in Schulzenhof zu leben. Jakob wollte seine Existenz nicht nach Schulzenhof verlagern. Daraufhin bot Mutter mir an, in Schulzenhof zu leben. Wir saßen in der Berliner Wohnung an ihrem Schreibtisch. Weil mich das Angebot überraschend traf, sagte ich:

Ebensogut könntest du mir ein Leben in Sibirien anbieten.

Mutter verübelte mir die Antwort nachhaltig, und vielleicht begann mit meiner Antwort die beklagenswerte Entfremdung zwischen uns.

Mutter litt nach Vaters Tod zunehmend an Herzschwäche und fürchtete, an Herzversagen zu sterben. Der Inhalt ihres *besonderen* Koffers änderte sich. Die für den Tag X bestimmten Dokumente wurden gegen Utensilien für einen plötzlichen Krankenhausaufenthalt ausgetauscht. Wieder zeigte mir Mutter den Inhalt des Koffers. Auch diesmal lag der Koffer geöffnet auf ihrem Bett. Ich schaute aufs Nachthemd und sagte beschwichtigend:

Mutter, du übertreibst!

Anderntags teilte mir Mutter mit, sie habe ihr Testament gemacht und Jakob zum Alleinerben ernannt.

Bedenke ich es recht, so war das Gespräch am offenen Koffer das letzte vertrauliche Gespräch zwischen Mutter und mir in ihrem Berliner Zimmer.

Es ist Nacht. Wahrhaftig, ich habe einen ganzen Tag in der Wohnung der Eltern verbracht. Zeit, um mich zu erinnern … Nachzutragen bleibt, Mutter fand in Vaters Tagebüchern eine Notiz, die besagt, ich würde über einen Schlüssel zur Berliner Wohnung verfügen, um in Mutters Auftrag kontrollieren zu können, ob Vater in der Wohnung heimlich andere Frauen trifft. – In den Jahren, als ich ihr zuliebe Vaters Zimmer gesäubert hatte, war ich verdächtigt worden, ein Spion in der Wohnung der Eltern zu sein.

Zwei Sätze von Mutter will ich noch zitieren.

In der Diele der Berliner Wohnung sagte sie eines Tages zu mir:

Am besten kann ich Arbeit delegieren.

Und in Vaters Zimmer sagte sie kurz vor dem Ende der DDR:

Heute weiß ich, man kann auch in einem anderen Land glücklich werden.

Gemeint war Westdeutschland. Mutter sagte es, und ich dachte: Zu spät ... Einer der Gründe, weshalb ich das Land nicht verlassen hatte, war der Gedanke an die Eltern. Ich wollte sie durch mein Fortgehen nicht enttäuschen. Und nun sagte Mutter, kurz vorm Zusammenbruch der DDR, jenen Satz. Ja, all unsere übertriebenen Rücksichtnahmen ...

Ich will heimgehen. Nächste Woche komme ich zum letzten Mal in die Wohnung. Franziska und ich werden Geschirr einpacken und den Auszug vorbereiten. An diesem Tag wollen wir wie beim *Leichenschmaus* lustig sein.

Ich lösche das Schreibtischlicht. Zur Wehmut um die Wohnung der Eltern gehört auch, daß ich manche Nacht zu ihren Fenstern hinaufgeschaut habe, wenn ich auf dem Heimweg vom Stadtpark Friedrichshain die Frankfurter Allee entlangkam. Ich hatte im Stadtpark Wein getrunken und die Bekanntschaft von Männern gesucht. Oft beides zu meinem Nachteil. Ich schlenderte die nächtlich leere Frankfurter Allee entlang und sah, in Mutters Zimmer und zuweilen auch in der Küche brannte noch Licht. Mutter lag im Bett und las, oder ein Anfall von Heißhunger hatte sie in die Küche geführt. Ihr Sohn kehrte derweil aus einer Welt zurück, die Mutter einst *die Schattenseite des Mondes* genannt hatte. Ich sah zu den erleuchteten Fenstern in der dritten Etage hinauf. Sie erschienen mir wie ein rettendes Leuchtturmlicht. Ich dachte, in der äußersten Not könnte ich mich an diesen Lichtern orientieren.

Am 31. Oktober verlischt das Leuchtturmlicht für immer.

Nun, Herzchen, darf man *das* einen Brief nennen? Der Länge nach wohl kaum. Trotzdem bin ich schamlos genug, Dir meine *Betrachtungen* zu schicken. Deine letzten beiden Briefe beantworte ich umgehend, aber nicht heute. Heute wünsche ich Dir Gesundheit, und mir wünsche ich, daß Du endlich nach Berlin kommst. Ich erwarte Dich wie ein mehrfach versetzter Liebhaber. Oder so ähnlich …

2. 11. 2001

Liebes Herzchen!

Du fehlst. Gern wäre ich mit Dir durch den wunderbaren Berliner Herbst spaziert. Hier gab es hervorragende Sonnentage. Sie paßten so gar nicht zu der unterschwelligen Hysterie, die alles und jeden erfaßt zu haben scheint. Doch ist die Hysterie verständlich. Gestern mußte ein U-Bahnzug zwischen den Stationen Samariterstraße und Frankfurter Allee nothalten. Rauch breitete sich in einem U-Bahnwagen aus. Fahrgäste wurden panisch, sie fürchteten, der Rauch könnte eine giftige Substanz enthalten, und schlugen Fensterscheiben ein. Wer weiß, was ich getan hätte. Vor zwei Tagen beunruhigte mich im U-Bahnwagen ein tickendes Geräusch, das ich nicht zu orten vermochte, und ich war froh, als ich die U-Bahn verlassen konnte. Genauso froh war ich, aus den Nachrichten nicht erfahren zu müssen, daß ein U-Bahnwagen explodiert sei. Man kann sich dagegen nicht wehren. Die Hysterie verschafft einem ungewollt *Visionen*. Euch in Zürich wird es nicht anders ergehen. Die *zivilisierte* westliche Welt lebt im Ausnahmezustand. Sie kann sich bemühen, ihn kleinzureden, gegen die untergründige Angst kommt sie nicht an.

Herzchen, ich danke Dir für die beiden Briefe. Im ersten las ich, Du hattest einen betrüblichen Sommer. Das tut mir leid. Deine beschriebene Sonnenfurcht erinnert mich an den kranken Werner. Wenn wir spazierengingen und es schien unerwartet die Sonne, flüchtete Werner, in dessen Hirn der Tumor wucherte, auf die schattige Straßenseite. Hoffentlich geht Deine Sonnenabneigung vorüber. Oder sie klingt wenigstens ab. Gleiches wünsche ich, was den

Hautausschlag anlangt. Brandblasen – eine Unverschämtheit.

In Deinem zweiten Brief erwähnst Du die Auseinandersetzung mit Reto nicht mehr. Habt Ihr Euch ausgesöhnt? Dein erster Brief ließ mich um Eure Freundschaft fürchten. Du weißt, ich halte sie für etwas Besonderes. Solch eine Freundschaft gefährdet man nicht durch Streit. Deshalb nehme ich an, er war unausweichlich.

Sag, könnte es sein, daß Dich meine Briefe über Deine Kindheit haben nachdenken lassen und dieses Nachdenken zur Auseinandersetzung mit Reto geführt hat? Wenn es so gewesen sein sollte, möchte ich mich bei Dir und Reto entschuldigen. Ich hätte es wissen müssen: Schwierig, wie Deine Kindheit war, reicht ein gedanklicher Funkenflug aus, das Erinnerungsfeuer zu schüren. – Verzeih, ich muß lachen … Bei Feuer fällt mir ein Scheiterhaufen ein. Heißt, ein durch einen Brief übertragener Funke reicht aus, den Scheiterhaufen zu entfachen. Dieses Bild dürfte Deine Eltern erfreuen. – Was ich nicht verstehe: Du schreibst, es existiert ein langer Brief, den Du mir nicht schicken kannst, weil er zuviel Schmerzliches über Deine Kindheit enthält. Ja, glaubst Du, was ich Dir über meine Kindheit geschrieben habe, hat mich bei der Niederschrift nicht geschmerzt? … Also schick den Brief, wenn absehbar sein sollte, daß Du vorerst nicht nach Berlin kommen wirst. Du hast mich neugierig gemacht.

Mein Leben verläuft noch immer im Gleichklang. Noch immer beschäftigt mich das »Brief-Tagebuch«. Über Mittag korrigiere ich es im Café, abends übertrage ich die Korrekturen auf die Diskette. Zwischendrein ergeben sich leichte Ablenkungen durch eine Erkältung und durch die Wohnungsauflösung in der Frankfurter Allee.

Oder mich lenkt eine weitere Veranstaltung meiner Gesprächsreihe »Der Wahrheit die Ehre« ab. Anfang Oktober habe ich im Café Sibylle die Schauspielerin Ursula Karusseit zu ihrer Arbeit und zu ihrem Leben befragt. Unsere Wiederbegegnung nach vielen Jahren war herzlich. Es ist erstaunlich: Obgleich sie als Schauspielerin eine bedeutende Karriere gemacht hat, wirkt Usch wie einst angenehm einfach. Als wir uns vor dem Café zur Begrüßung umarmten, spürte ich: Es wird ein guter Abend. Und es wurde ein guter Abend.

Vor einigen Tagen spielte Uschs Sohn Pierre die Hauptrolle in einem SAT-1-Fernsehfilm. Der Film war dramaturgisch schwachbrüstig. Es beeindruckte mich aber, jemanden spielen zu sehen, der mich, wenn er ernst dreinschaute, an Benno Besson und, wenn er lachte, an Usch Karusseit erinnerte. Pierre Besson ist vierunddreißig Jahre alt. Es ist demnach fünfunddreißig Jahre her, daß ich Usch als Schwangere in Schulzenhof kennengelernt habe. Und ich bin noch immer am Leben. Ist das nicht unanständig?

Meine Mutter hat sechs Lesungen bewältigt. Wer sie öffentlich erlebt hat, wird sich nicht vorstellen können, wie *wackelig* ihre Gesundheit ist. Mutter las auch in einer Buchhandlung in Berlin-Mitte. Ich saß in der hintersten Reihe und sah und hörte sie von fern. Der Eigentümer des Aufbau-Verlags war erschienen, um die »einführenden Worte« zu sprechen. Auch Klara, Philipp, Franziska und die fröstelnde Witwe des lachlustigen Kinderbuchautors Holtz-Baumert waren zugegen. Mutter las aus ihrem Sammelband »Hundert Gedichte«. Anschließend beantwortete sie Fragen. Ich dachte unterdessen: Welche Art Tabletten hat sie geschluckt, daß sie nicht ermüdet und verschwommen klingt wie am Telefon? Eine Lesung in Rheinsberg und eine in Schwerin stehen noch an, dann hat sie ihre *Tournee* beendet. Hoffentlich fällt sie danach nicht in eine spätherbstliche Schwermut. Die neueste Nachricht aus Schulzenhof besagt, Mutter hat sich eine Perlenkette gekauft, die sie Tag und Nacht trägt. Als Johanna und ich unlängst in Schulzenhof am Kaffeetisch saßen, trug Mutter die Perlenkette nicht. Es gibt demnach ein neues Geheimnis. Wieder glaubt Mutter, etwas vor mir verheimlichen zu müssen. Ich habe anscheinend erfolglos gegen ihre Unterstellung, ich könnte neidisch sein, aufbegehrt.

Wenn ich nicht Texte korrigiere, fernsehe oder schlafe, lese ich die Bücher meines Vaters. Manches lese ich zum ersten, anderes lese ich zum wiederholten Mal. Meine Haltung zu seinen Büchern hat sich gewandelt. Das haben die Briefe an Dich bewirkt. Ich schrieb auf, was mich all die Jahre belastet hat, und plötzlich kann ich die Bücher wertfrei lesen. Geradeso wie jedwede andere Literatur – ein gutes Gefühl.

Wohl unter dem Eindruck von Vaters Büchern habe ich mich heute auf einen Erinnerungsspaziergang eingelassen. Ich lief vom Markthallen-Bistro am Fernsehturm über den Hackeschen Markt zur Friedrichstraße. Mein Ziel war das Berliner Ensemble. Anfang der 60er Jahre durfte ich Vater auf einem Weg zur Akademie der Künste begleiten. Wir kamen auch am Berliner Ensemble vorüber. Das Theater im Blick, sagte Vater:

Hier habe ich einst gearbeitet.

Ich betrachtete ehrfürchtig das Berliner Ensemble und bestaunte die beiden von einem Kreis umschlossenen Leuchtbuchstaben B und E, die sich auf dem Dach des Hauses drehten. Jener gemeinsame Spaziergang zur Akademie der Künste war ein Ereignis. Nie vorher, nie nachher sind Vater und ich irgendwo allein hingegangen, haben wir etwas zu zweit erlebt. Ich denke mittlerweile, mein Verhältnis zu Vater hätte auch vertrauensvoll oder sogar bewundernd sein können. Es hätte gemeinsame Erlebnisse geben können. Indes, es gab sie nicht. Es gab nur die am Schulzenhofer Küchentisch vorgetragenen Geschichten über Vaters Zeit mit Brecht, die mich für Vater einnahmen. Gästen auf Nachfrage zugereichte oder ihnen unaufgefordert erzählte Geschichten.

Vater und Brecht. Der *große* B. B. – Vaters Bürde, so scheint mir. In jeder Strittmatter-Biographie wird Brecht als Vaters Lehrmeister genannt. Freilich, die Begegnung mit Brecht war für den Dichter aus der Provinz wichtig. Ich meine dennoch, sie wird überschätzt. Schon zu Brechts Lebzeiten schieden sich ihre künstlerischen Anschauungen, und folglich unterschieden sich auch die schriftstellerischen Pläne. Es blieben jedoch die Geschichten bei Tisch. Sie berichteten von ausgehungerten Schauspielerinnen, die Vater auf den »Katzgraben«-Proben seine belegten Brote abbettelten. Schauspielerinnen, die in Brechts Beisein *säuselten*, und war *der* Brecht außer Hörweite, gebärdeten sie sich untereinander wie Megären. Von Brechts *Bräuten* wurde am Küchentisch erzählt, von seinem Geiz, seiner Geschäftstüchtigkeit, seinem *Probenlachen*, das die Schauspieler bei der Arbeit aufmuntern sollte, und von seinen Auseinandersetzungen mit dem *Diskutierer* Ernst Busch. Vater sagte, für Brecht habe derjenige etwas gegolten, der praktische Vorschläge machen konnte. Seit den 80er Jahren endeten Vaters Erzählungen meist in der Bemerkung: Wüßte Brecht, daß mir heute Thomas Mann näher steht, so würde es ihn ärgern.

Auch ich kam in den Geschichten vor. Allerdings nur wenn sie Mutter ergänzte oder fortführte. Dann wurde den Gästen erzählt, ich sei *das Kind* gewesen, nach dem sich die älteren BE-Schauspielerinnen und die Prinzipalin Weigel erkundigt hätten. Denn gewollt oder ungewollt, Mutter war während der Proben zu Vaters Theaterstück »Katzgraben« schwanger. Ich saß in ihrem Leib. Mutter nahm oft an Proben teil. Als sie ihnen nach der Niederkunft fernblieb, wollten die älteren Schauspielerinnen von Vater wissen, wie es *dem Kind* gehe. Vater mimte den Ahnungslosen. Er behauptete, das Kind würde in einer Abstellkammer verwahrt und er hätte es noch nicht gesehen, worüber sich die Schauspielerinnen empörten. So vermittelte es eine der am Küchentisch vorgetragenen Geschichten. Ich – *das Kind*.

Nun stand ich heute vorm Berliner Ensemble. Die Zeit hat auch hier Hand angelegt. Herrn Peymann, den Direktor des *österreichischen Volkstheaters*, verlangte es nach einer grüngestrichenen Probebühne, und das neuerbaute Peymannsche Bürogebäude leuchtet pinkfarben – *Bonbontheater*.

Zu DDR-Zeiten traf man sich auf der Probebühne zum Bewegungsunterricht. Auch Schauspieler, die nicht am Berliner Ensemble engagiert waren, durften teilnehmen. Ich *ging* zusammen mit der Schauspielerin Lisa Rettich *zu Bewegung ins BE*. Das war Ende der 70er Jahre. Lisa und ich waren befreundet. Bald darauf war ich auch mit der Schauspielerin Saskia befreundet, und das Berliner Ensemble geriet stärker in mein Leben. Ohne daß ich *das Haus* betreten mußte, erfuhr ich mancherlei Interna. Ich gehörte zu den Eingeweihten, soweit Lisa und Saskia zu den Eingeweihten gehörten. Ich verbrachte Abende in der BE-Kantine. Nicht viele Abende, aber ich kannte mich aus in der Kantine, in den Nebengelassen und den Seiteneingängen. Ich sah Saskia auf der Bühne des Berliner Ensembles diese, und ich sah Lisa auf derselben Bühne jene Rollen spielen. Falls erbeten, erteilte ich kollegiale Ratschläge. Eine Zeitlang war ich Teil des Ganzen; doch mied ich die *Theatergewaltigen*. Der Regisseur Manfred Wekwerth, damals Intendant des Hauses, war Vaters *Feind*. Man kannte sich aus der *Katzgrabenzeit*. Vater nannte Wekwerth einen Brecht-Epigonen. Und auch die Brecht-Tochter Barbara Berg konnte er nicht leiden. Also hielt ich mich von der Theaterleitung fern. – Alles hat sich geändert. Saskia ist seit Jahren nicht mehr am Berliner Ensemble engagiert, auch haben wir uns *entfreundet*; und Lisa müht sich, es Herrn Peymann als Regieassistentin recht zu machen.

An den Bauzäunen neben dem Theater verkünden Plakate, daß Ingrid Caven auf der Bühne des Berliner Ensembles singen wird. Im Theater treten jetzt *Selbstdarsteller* auf, die hier zu Brechts Zeiten kaum hätten auftreten dürfen. Ansonsten versorgt das BE die deutsche Hauptstadt mit Thomas-Bernhard-Stücken und anderen österreichischen *Schmankerln.*

Zuletzt habe ich hier Benno Bessons Inszenierung der »Heiligen Johanna der Schlachthöfe« gesehen. Es war ein Gastspiel vom Züricher Schauspielhaus. Aber vornehmlich war es eine Familienproduktion. Kati Thalbach spielte, Usch Karusseit, Katis Tochter Anna und Uschs Sohn Pierre. Benno hielt zu Beginn der Vorstellung eine Ansprache vorm roten Vorhang. Das war der *stärkste Auftritt* des Abends: Zu sehen und zu hören, wie sehr es Benno berührte, daß er nach vielen Jahren, wenn auch nur »als Gast« und nur für wenige Tage, ans Haus zurückgekehrt war. Die Inszenierung selbst war die teuerste Marxismus-Leninismus-Vorlesung, die ich mir je habe anhören müssen. Die Karte kostete fünfzig Mark, und der Abend schien endlos, was am didaktischen Brecht lag.

Ich stand heute vor dem Berliner Ensemble und betrachtete die Fotos in den Schaukästen. Im stillen überwarf ich mich neuerlich mit den *Österreichern*, die im Theater die Macht übernommen haben. Ich überlegte, welche Beziehung ich derzeit zum BE habe. Ich bin mit der Regieassistentin Lisa Rettich befreundet, fiel mir ein. Das wäre alles ... Da entsann ich mich der »Spezialisten«. Seit März liegt mein Theaterstück auf dem Schreibtisch des Chefdramaturgen. Untergewühlt. Überlagert von Stücken, die ebenfalls dringend gelesen werden möchten. Es sei ihm peinlich, mein Stück noch nicht gelesen zu haben, gestand der Chefdramaturg Lisa vor Monaten. Ein Schauspieler *vom Haus* führt »Die Spezialisten« in seiner Aktentasche spazieren. Auch er hat noch nicht die Zeit gefunden, die mageren fünfzig Seiten zu lesen. Er ist aber an den »Spezialisten« interessiert. Nur muß er, ähnlich wie der Chefdramaturg, zuerst lesen lernen.

Ich entsann mich meines Theaterstücks und wandte mich vom Berliner Ensemble enttäuscht ab. Von der Spree her schaute ich noch einmal zu den rotierenden Leuchtbuchstaben auf dem Dach. Mein Blick streifte einen Aushänger an der Hauswand. Auf weißem Tuch sah ich Worte von Matthias Claudius. Ich las sie, und im selben Moment war ich mit dem österreichischen Volkstheater versöhnt. Und deshalb sollen die Claudius-Worte meinen Brief beschließen, entsprechen sie doch dem, was uns beide bewegt.

's ist Krieg! 's ist Krieg!
O Gottes Engel wehre
Und rede Du darein!
's ist leider Krieg –
Und ich begehre
Nicht schuld daran zu sein!

Herzchen, abermals umarme ich Dich.
Und wieder warte ich ...

Mein armes Herzchen!

Die Fibromyalgie ist wahrlich eine heimtückische Krankheit: im Sommer Sonnenallergie und Hautausschlag, im Herbst Fieber und Schwäche. Ich stelle mir vor, wie betrüblich es ist: Man liegt im Bett, hat künstlerische Ideen und kann sie nicht verwirklichen, weil einem die körperliche Kraft dafür fehlt. Ja, das ist betrüblich. Aber vielleicht fühlst Du Dich heute, da Dich mein Brief erreicht, wohler und kannst wieder arbeiten und den Kopf von angestauten Ideen entlasten. Oder Du kannst im Café Zeitung lesen und Dich ein wenig ablenken. Ich wünsche es Dir sehr.

Wie's aussieht, wie es Dein letzter Brief andeutet, kommst Du im Herbst, der gleich Winter ist, nicht nach Berlin. Ich habe es befürchtet; trotzdem trifft mich die Warnung, daß wir uns in diesem Jahr nicht sehen werden. Ich hatte gehofft und Du wohl auch, der vierzehntägige Urlaub auf Mallorca würde Dir guttun. Es scheint, er hat nichts Positives bewirkt. Doch: Du hattest eine fremde Landschaft vor Augen. Es hat mich gefreut, zu lesen, wie sehr sich Retos Hausarzt um Dich kümmert. Ebenso freut mich, daß Du im Sommer trotz körperlicher Schwäche gezeichnet und für Dich *neue künstlerische Wege* gefunden hast. Du hast Zeichnungen fotografiert. Das ist gut. So kannst Du mir eines Tages die Fotos zeigen … Bis dahin, ganz schlicht gesagt: Kopf hoch!

Es ist Abend, und ich habe den Ofen im vorderen Zimmer geheizt. Ich heize in der diesjährigen Kälteperiode *umschichtig*. Früh fache ich Feuer im Ofen vom hinteren, nachmittags im Ofen vom vorderen Zimmer an, wo ich mich für gewöhnlich ab 20 Uhr aufhalte. Ich möchte Feuerung sparen. Wenn ich aber im Keller auf den abnehmenden Kohlenberg schaue, ahne ich, es kommt wie jedes Jahr, und ich werde auch im Januar 2002 eine zusätzliche Kohlenlieferung ordern müssen – eine unschöne Aussicht. Zumal der Kohlenpreis um hundert Mark pro Tonne erhöht wurde. Nun ja, ab Januar gilt der Euro, dann werden wir uns sowieso über die gestiegenen Lebenshaltungskosten – ein phantastisch strohiges Wort – wundern. Erwarten wir das Übel, und nehmen wir's gelassen.

Die letzten Tage habe ich im »Brief-Tagebuch« Namen und Biographien verändert. Während ich Änderungen ersann, wärmte ich mir den Rücken am Ofen. Auf diese Weise war die Suche nach den neuen Namen und Biographien angenehm. Nun ist sie ausgestanden, und ich hoffe, niemand, der es nicht soll, wird sich im »Brief-Tagebuch« wiedererkennen.

Im Kuvert meines letzten Briefes an Dich steckte die Einladungskarte für Johannas Fotoausstellung. Du erinnerst Dich? ... Ich beteilige mich mit einigen Gedichten daran. Die Idee zu dieser Fotoausstellung kam uns vor Monaten bei einem Waldspaziergang. Inzwischen wird sie im Friedrichshainer »Kieztreff« gezeigt, und Johannas Bilder entsprechen dem – ich geb's zu – nicht sonderlich originellen Ausstellungstitel »Stimmungen«. Mir sind die Fotos lieb. Ich sehe hinter ihnen die Geschichten der Tage, an denen Johanna fotografiert hat.

Vergangenen Samstag habe *ich* fotografiert ... Wir wollten in Rheinsberg den Raum besichtigen, in dem Johanna Ende November ihr Kabarettprogramm »Der schmale Grat« aufführen wird. Leider wußte man im Veranstaltungsgebäude nichts von dem geplanten *Konzert*. Und die Veranstalterin selbst blieb telefonisch unerreichbar. Wir aßen in Rheinsberg nur zu Mittag, und weil die Sonne schien, fotografierte ich die Stadt, das Schloß und den See. Später fand ich in Seenähe das Haus wieder, in dem mein Klassenlehrer Ringer gewohnt hatte und, wie ich am Namensschild feststellte, noch immer wohnt. Seit mehr als dreißig Jahren! sagte ich zu Johanna. Gleich darauf fiel mir ein, auch ich lebe seit dreißig Jahren in ein und derselben Wohnung.

Unweit der Ringerschen Wohnung machte ich das Internatsgebäude aus. Ich mußte Häuser abzählen, um sicher zu sein, daß ich vor dem einstigen Jungeninternat der Rheinsberger Oberschule stehe. Für einen Moment entsann ich mich des Jahres, als ich hier gewohnt hatte. Dann wandte ich mich lieber dem Heute zu. An die Schulzeit will ich mich erinnern, wenn ich am Kabarettabend Herrn Ringer begegnen werde. Ringer hat meiner Mutter angekündigt, er werde zum »Schmalen Grat« kommen. Auch ich möchte das Kabarettprogramm, zu dem ich sämtliche Texte geschrieben habe, sehen. Ich weiß aber nicht, ob ich tatsächlich nach Rheinsberg fahren werde. Schon einmal wollte ich meiner Rheinsberger Schulzeit begegnen und fuhr am Ende doch nicht zum Klassentreffen und traf meinen Mitschüler Michael nicht wieder. Heute aber möchte ich hören, was aus ihm geworden ist. Vielleicht kann mir Herr Ringer etwas über ihn erzählen.

Letzten Samstag besuchten wir auch Schulzenhof. So hatte ich es mit Mutter verabredet.

Jakob empfing uns am Hoftor. Zu dritt schauten wir uns in den Dachzimmern im alten Haus und in der Stallstube an, wo die Möbel aus der Berliner Wohnung untergekommen sind. Sie fügen sich zwischen dem angestammten Mobiliar gut ein, entschied ich für mich.

Jakob trug Bücher von Haus zu Haus. Der gelernte Bibliothekar ordnet die Bibliothek der Eltern. Der ernste Blick, der Jakob befällt, wenn es um Schulzenhofer Bücher geht, besagte, er habe die Bibliotheksanordnung bereits im Kopf.

Zwei Einkaufstaschen voller Bücher schleppend, begleitete uns Jakob zum neuen Haus. Mutter erwartete uns ungeduldig. Sie hatte schon im alten Haus anrufen und sich bei Jakob nach unserem Verbleib erkundigen wollen.

Wir nahmen am Dielentisch Platz. Mutter trug ein elegantes blaßrosa Umschlagtuch. Darunter sah man den Ausschnitt einer weißen Seidenbluse. Im Blusenausschnitt leuchtete die Perlenkette. Gott sei Dank! dachte ich. Ich hatte Johanna auf der Fahrt nach Schulzenhof vorgeschlagen, miteinander zu wetten, ob Mutter die Kette tragen würde oder nicht. Auch Jakob hatte gerätselt, ob sie an diesem Tag die Kette umlegen würde. Nun, Mutter trug ihre Perlenkette – aus welchem Grund auch immer. Dieses Geheimnis ist kein Geheimnis mehr.

Wir tranken Kaffee, und es brauchte nicht lange, und wir wechselten das Gesprächsthema: fort von der Politik, von Afghanistan, hin zu den Familiengeschichten. Es ging um früheste Berliner und Schulzenhofer Zeiten. Soweit ich mich an die Geschichten erinnerte, hielt ich meine Bilder gegen Mutters Bilder. Nebenher entsann ich mich eines unwürdigen Auftritts, zu dem es zwischen Vater und mir in der Diele gekommen war. Der Auftritt ereignete sich während meiner Schauspielschulzeit. Herbst war es, und jüngst war ich Vater geworden. Laut einem DDR-Gesetz mußte mein Vater für die Alimente, die ich zu zahlen hatte, aufkommen.

Die Familie aß Abendbrot. Wieder einmal wurde mein Schweigen bei Tisch als üble Laune gewertet. Wie konnte ich das Gegenteil beweisen? Die Standardfrage, die mir Vater bei jeder Begegnung stellte: Was gibt's Neues am Theater?, hatte ich beantwortet. Ich hatte mir zugeflogenen Bühnenklatsch vermarktet – in Vaters Augen schien ich damals einzig Theater im Hirn zu haben ... Ich hatte mein Teil zur Unterhaltung beigetragen. Jetzt sollten die anderen reden. Aber es wurde geschwiegen. Und plötzlich sagte Vater: Na, du hast wohl wieder schlechte Laune mitgebracht?

Der Satz beinhaltete, daß ich gleich einem Bazillus schlechte Laune ins Elternhaus transportierte.

Aber wieso denn …? fragte ich. Ich sah unsicher lächelnd Mutter an. Sie saß an der Stirnseite des Tisches. Ich sah Klein Jakob an, der mir gegenüber neben Vater auf der Bank saß. Wer neben mir saß, fällt mir nicht mehr ein. Möglicherweise blieb der Platz an jenem Abend unbesetzt. Ich überlegte krampfhaft, über welchen zusätzlichen Theaterklatsch ich verfügte, mit dem ich Vater hätte beweisen können, daß ich nicht schlecht gelaunt sei. Da sagte Vater, übers Essen gebeugt, und sein Gesicht war bleich:

Ich dulde nicht, daß in meinem Haus gegen mich geschwiegen wird.

Und Mutter sagte: Wir leben hier in Harmonie.

Ich hatte vom Wurstteller, der mitten auf dem Tisch stand, eine Schlagwurst gegriffen und hielt sie in der Hand. Wollte ich mir den Mund mit Essen stopfen? Regte sich in mir der alte Reflex: Solange du ißt, bist du beschäftigt, giltst du als harmlos? … Ich weiß es nicht. Ich weiß nur, daß ich die Wurst auf den Teller fallen ließ. Vater nahm die auf den Teller fallende Wurst als Widerspruch. Er sprang von der Bank auf, kam hinter dem Tisch hervor und stürzte auf mich zu. Ich war gleichfalls aufgestanden und erwartete eine Reaktion, von der ich fürchtete, sie könnte sich zur körperlichen Züchtigung steigern. Doch würde Vater gegen einen Neunzehnjährigen die Hand erheben? Nein, er würde davon absehen.

Vater sah davon nicht ab. Wie Jahre zuvor packte er mich am Kragen. Ich aber drohte:

Wage es! … Ich schlag zurück!

Davon wollte sich der Patriarch überzeugen. Er holte zum Schlag aus. Also hob auch ich die Hand. Vater und ich standen uns schlagbereit gegenüber. Währenddessen versuchte meine linke Hand, meinen Kragen von Vaters Griff zu befreien. In dieses fast starre Bild hinein hörte ich

Jakob weinen. Von der Bank her rief er: Laß meinen Vater in Ruhe! ... Hau ab! Hau endlich ab!

Schon drängte Mutter ins Bild und zwang uns schimpfend auseinander. Vater ließ von mir ab. Er hastete die Treppe zur Dachstube hinauf und schloß hinter sich geräuschvoll die Tür. Gleich darauf riß er sie wieder auf. Von der obersten Treppenstufe brüllte er:

Wer zahlt die Alimente? ... Wer?

Abermals schlug die Tür zu.

Ich stand benommen in der Diele.

Ich hab nur die Wurst auf den Teller ..., stotterte ich, ehe mich Jakobs Weinen aus dem Haus trieb.

Jakob erinnert sich an jenen Auftritt. Er sagt, es tue ihm leid, daß er mich aufgefordert habe, das Haus zu verlassen. Mutter erinnert sich ebenfalls. Heute frage ich mich, welchem künstlerischen Problem diente ich als *Blitzableiter*.

Eine andere unangenehme Erinnerung gehört auch in die Schauspielschulzeit:

Ich kam über Weihnachten nach Schulzenhof. Der Weihnachtsbaum stand nun im neuen Haus in der Diele. Heiligabend war es. Geschenke wurden verteilt. Ich überreichte Vater, der mir nichts schenkte – für Geschenke an die Söhne war noch immer Mutter zuständig –, eine Tube *exquisiten* Rasierschaum und ein Flasche ebenso *exquisites* Rasierwasser. Ich überreichte die Geschenke und sah – was ich durchaus wußte –, daß Vater einen Vollbart trug. Ich hatte mein Wissen um den Vollbart, den sich Vater vor gut einem Jahr hatte wachsen lassen, ins gedankliche Abseits befördert, grad so, wie ich den gesamten Vater, sobald ich mich von Schulzenhof entfernte, ins gedankliche Abseits beförderte.

O entschuldige, hier stimmt was nicht, murmelte ich. Anscheinend handelt es sich um ein Versehen.

Vater bedankte sich trotzdem. Ja, auch das war ein unangenehmer Augenblick in der Diele im neuen Haus.

Unangenehm war ebenfalls, daß ich in jenen Jahren ständig schauspielerte, wenn ich mich auf dem Anwesen der Eltern aufhielt. Ich wußte es und konnte es nicht verhindern. Ich lief übers Gehöft und fühlte, ich bin *in der Rolle*. Ganz gleich in welcher. Ich bin in der Rolle, *in irgendeiner Figur*, die mich beherrscht.

Um dem Spielzwang zu entgehen, flüchtete ich auf Klaras Grundstück. So wie in späterer Zeit Johanna meine Aufenthalte in Schulzenhof *neutralisierte*, so neutralisierte sie damals Klara, insbesondere den zwanghaften Hang zur Darstellerei.

Die Ärztin Klara führte in Schulzenhof ein Urlauberleben. Sie praktizierte in Berlin, und in Schulzenhof wollte sie sich erholen. Ich studierte in Rostock Schauspiel und fand, daß auch mir in den Ferien Erholung zustünde.

Klara und ich spielten auf ihrem Grundstück Boccia, wir badeten im Tietzensee, suchten Pilze, sahen fern, sprachen über meine beruflichen Aussichten oder über Klaras Klinikpersonal. Und verschärften sich die Spannungen zwischen Vater und mir, so riet sie zum Einlenken. Ich sollte es nicht zum Streit mit meinem Vater kommen lassen, riet die Christin.

Klara und ich erschienen gemeinsam gegen Mittag oder zur Abendbrotzeit im neuen Haus. Den Eltern mißfiel solch ein *Urlaubsgebaren*. Ach, die Urlauber kommen! sagte Vater zuweilen. Für mich aber war dieses Urlaubsgebaren ein Schutz. Ich wollte in Schulzenhof sein, ich liebte den Ort, doch wollte ich mich dem System Schulzenhof entziehen. Vor allem aber wollte ich dem Spielzwang entgehen.

Zu einer Annäherung zwischen Vater und mir kam es im Frühjahr 1978, bevor mich der Armeedienst ereilte. Vater hatte die Arbeit am »Wundertäter III« beendet. Wie vorausgesehen, hatte der Aufbau-Verlag Bedenken gegen diesen politisch unliebsamen Roman, die vom Verlagsleiter und den Lektoren als künstlerische Einwände vorgebracht wurden. Sie verunsicherten Vater. Klara und ich wurden daraufhin von Mutter kurzerhand zum Publikum ernannt. Zwei Tage lang las sie uns in Vaters Beisein das letzte Drittel des Romans vor. Meine Ansichten zum Manuskript beeindruckten Vater. In seinem Tagebuch »Die Lage in den Lüften« schreibt er, ihm sei *ein Freund zugewachsen*. Ich hatte vergessen, was Vater über mich notiert hat ... Ein Freund war ihm zugewachsen, weil mir der »Wundertäter III« gefiel und ich mich nicht wie die Verlagsmitarbeiter politisch duckmäuserisch verhielt, sondern ihn in seinen politischen Ansichten bestärkte. Ich nützte Vater. Und deshalb war ich sein Freund. So einfach erklärt es sich. Leider.

Nach anderthalb Jahren kehrte ich von der Armee zurück und bemerkte in Schulzenhof Veränderungen. Jakob war herangewachsen. Es gab nun jemanden auf dem Gehöft, der Vater nicht fürchtete, der nicht ständig bedachte, wie er sein Verhalten beurteilen würde. Jakob brachte Schulfreunde mit – unglaublich! In Iljas und in meiner Schulzeit, ja selbst noch zu Matthes' Schulzeit wäre es einer Auflehnung gleichgekommen, wenn wir Schulfreunde mit heimgebracht hätten, es sei denn, wir hätten sie durch Vater examinieren lassen wollen: Was willst du einmal werden?!

Jakob lebte unbekümmert auf dem Schulzenhofer Anwesen. Er liebte Mutter *und* Vater vorbehaltlos, er begeisterte sich für klassische Musik und für Archäologie und versorgte, falls es notwendig war, ebenso begeistert die Tiere. Jakobs Leben schien ohne Konflikte zu sein. Als er sich ein Motorrad wünschte, schenkten es ihm die Eltern, obwohl Vater, dem einstigen Motorradfahrer, Motorräder nun mißfielen und Mutter Motorradunfälle fürchtete. Matthes sagte: Unser Bruder Jakob ist ein Herrensöhnchen.

Jakob und ich können heute über Matthes' altklugen Ausspruch lachen. Aus damaliger Sicht hatte Matthes jedoch nicht ganz unrecht, denn der stille, freundliche Jakob genoß Vorrechte, die uns älteren Brüdern versagt gewesen waren.

Eine weitere Veränderung bemerkte ich nach der Armee-zeit: Mutter beherrschte nun die Gespräche bei Tisch. Sie *erdreistete* sich gar, Vater vor den Gästen zu korrigieren, wenn er Daten oder Zeitläufe durcheinanderbrachte. Sie nahm ihm die Geschichten, die er erzählte, weg und führte sie auf ihre Weise zu Ende. Vater hörte widerspruchslos zu und benickte, was sie erzählte. All die Jahre hatte Mutter die Unterhaltung bei Tisch zumeist nur in Gang gesetzt und durch Einwürfe angefeuert. Nun wagte sie sogar, Vaters Verhalten vor den Gästen zu ironisieren. Das war genauso verwunderlich wie die Neuerung, daß der Dalmatinerhund und die Siamkatze bei den Mahlzeiten in der Küche rechts und links neben Vater auf der Ofenbank sitzen und auf den Tisch schauen durften. Seltsame Sitten hatten in Schulzen-hof Einzug gehalten. Mal um Mal schüttelte ich auf den Heimfahrten in Klaras Auto den Kopf. Wo, bitte, sind wir hingeraten? fragte ich.

Je erfolgreicher Mutter als Dichterin wurde, um so mehr bestimmte sie die Tischgespräche. Dennoch genügte ihr der Zugewinn an Wortmacht nicht. Und weil er ihr nicht ge-nügte, redete sie schon vor dem Essen auf Klara und mich ein. Wenn wir in der Küche das Mittag- oder Abendessen vorbereiteten und Vater in seiner Dachetage auf das Glok-kenzeichen wartete, das ihn, seitdem die Eltern im neuen Haus wohnten, zu den Mahlzeiten beorderte, erzählte Mut-ter, was sie am Zusammenleben mit Vater störe, was ihr das Schulzenhofer Dasein unerträglich mache. Facettenreich beschrieb sie, wie unhaltbar ihr Schulzenhofer Leben sei. Klara und ich bedauerten Mutter, und wir erteilten Rat-schläge, die sie nicht befolgte. Ihre Unzufriedenheit gipfelte in dem Satz:

Ich habe das Gefühl, in einem Brennesselbusch zu sitzen.

Das war der verbale Höhepunkt der Unzufriedenheit. In die Tat umgesetzt, erreichte Mutters Unzufriedenheit ihren Höhepunkt an einem Sommertag:

Klara und ich waren übers Wochenende nach Schulzen-hof gekommen. Wir hatten uns kaum auf dem Gehöft ein-gefunden, als ich von Mutter erfuhr, daß Vater zutiefst übel gelaunt sei. Trotzdem müsse sie für einen Tag nach Berlin fahren. Sie bat mich, in ihrer Abwesenheit für Vater zu sor-gen. Jakob und Matthes waren, leider, unterwegs.

Die Aussicht, mich um meinen übelgelaunten Vater kümmern zu müssen, mißfiel mir. Klara sagte wie gewohnt: Wart erst mal ab.

Das Mittagessen ließ mich ahnen, was mir bevorstand. Vater schwieg in sich gekehrt. Kein Wort, keines. Dann aber traf mich ein herausfordernder Satz. Das war für mich Grund genug, Mutter nach dem Essen mitzuteilen, daß ich noch am selben Tag nach Berlin zurückkehren würde, auch wenn es für sie bedeutete, sie könnte nicht wegfahren.

Bleibst du nicht hier, bleib ich auch nicht hier! meinte Klara.

Während wir noch auf dem Hof unter der Birke über die Abfahrtszeit verhandelten, kam Mutter reisefertig den Weg vom neuen Haus her.

Ich fahre mit euch! sagte sie, den Koffer für den Tag X in der Hand. Soll er sehn, wie's ist, wenn er alle brüskiert.

Wir fuhren tatsächlich zu dritt nach Berlin und ließen den vergrätzten Alten auf dem Gehöft zurück. Wenn ich mich an die Szene unter der Hofbirke erinnere, muß ich an Tschechow-Geschichten denken. Sie war tragikomisch, unsere Flucht.

Ein Ereignis aus jenen Tagen, an das sich weder Mutter noch Klara erinnern, das ich mir ausgedacht haben könnte, würde sich nicht auch Saskia daran erinnern, trug sich eben-falls an einem Sommertag zu.

Ich hatte die lebenslustige Schauspielerin Saskia nach Schulzenhof einladen dürfen. Es war Sauerkirschzeit. Ob-gleich ich Besuch mitgebracht hatte, wollte ich nützlich sein. Ich pflückte Kirschen, und Saskia lagerte in dem von

Kirschzweigen überschatteten Gras und belästerte meinen Eifer.

Mittags gingen wir zu Tisch. Auch Klara erschien zum Essen.

Wir saßen in der Diele. Mutter trug Kartoffelsalat auf. Vater, der stets einen kritischen Blick aufs Essen hatte – war es frisch, war es genießbar? –, begutachtete den soeben angerichteten Kartoffelsalat. Bereits das empfand Mutter als Beleidigung. Dann zog Klara die Schüssel zu sich heran. Klara hob die Brille und hielt ihre Nase über den Salat. Mutter hatte am Tisch Platz genommen und sah, was Klara tat. Sie nahm ihr die Schüssel aus den Händen, lief in die Küche, öffnete das Fenster und warf die Schüssel Kartoffelsalat auf den Rasen. Sie kehrte in die Diele zurück und setzte sich an den Tisch. Derweil man auf leere Teller starrte, redete Mutter vom schwülen Sommerwetter.

Das gefällt mir – einfach zum Fenster raus! … So ist's richtig! ereiferte sich Saskia hinterher. Wo gibt's so was: Alle riechen am Salat! Ich versteh deine Mutter.

Wie gesagt, bis auf Saskia erinnert sich niemand an das wortlose Aufbegehren einer Hausfrau. Mir fällt ein, Mutter nahm damals das Wort »Scheiße« in ihren Wortschatz auf. Vater war nie um Fäkalsprache verlegen gewesen. Mutter hatte ihn oft wegen seiner derben Worte gerügt. Nun sagte sie mit Genuß: So eine Scheiße aber auch!

Am vergangenen Samstag hielt Mutter nicht nur das Wort »Scheiße« zurück. Sie hielt überhaupt die Worte zurück. Und so ließ sie Jakob und mir Raum, um eigene Erinnerungen erzählen zu können. Natürlich lief es an jenem Nachmittag auf die Einsicht hinaus, daß ein jeder andere Erinnerungen hat und daß die Gefühle bestimmen, wie haltbar sie sind. Darin waren wir uns alle einig. Und weil wir uns einig waren, trennten wir uns am Abend im Frieden. Ich erwähnte die Perlenkette nicht; Mutter erwähnte mein *elendes* Aussehen nicht … Spätabends dachte ich jedoch daheim auf dem Sofa: Selbst wenn die Begegnungen friedlich verlaufen, ist Schulzenhof anstrengend. Weshalb nur?

Gleich ist es 20 Uhr. Sofern ich nicht irre, überträgt das Fernsehen die »Bambi«-Verleihung. Laß sehn, ob Krethi de Berner, die Callas unter den Plüschraupen, einen »Bambi« erhält. Sie behauptet es hartnäckig. Wie Vater will ich vorm Fernseher sitzen und mich an Prominenten ergötzen. Wurde nach der »Tagesschau« eine *Gala* oder der »Musikantenstadl« angekündigt, so rief er zur Küche hin: Komm schnell, Mutter! Es sind alle da! …

Verstehe, Herzchen, Vater meinte all jene Gesichter, die man für gewöhnlich sieht, wenn man den Fernseher einschaltet.

Stunden später. Es waren wirklich *alle* da. Allein es war eine zähe Veranstaltung, und nicht Krethi wurde ausgezeichnet, sondern eine gewisse Verona Feld*nuß* … Wir kehren beleidigt an den Computer zurück und schreiben ein wenig weiter.

Im hohen Alter wünschte Vater in einer *heilen Welt* zu leben. Sein Wunsch wurde stärker, als die DDR zu Bruch ging und die Presse nach politischen Äußerungen von ihm gierte. Vater schwieg in einer heilen Welt. Erst 1992, anläßlich seines achtzigsten Geburtstags, äußerte er sich zum politischen Umbruch. Inzwischen hatte er sich in die gesellschaftlichen Veränderungen dreingefunden. Auch hatte er sich seiner einstigen Sympathie für die Sozialdemokraten erinnert und machte sie bekannt. Zu einer Zeit, als Mutter, Johanna und ich noch unter dem Verlust des DDR-Alltags litten, erklärte sich Vater mit den neuen Verhältnissen einverstanden. Wir hörten es und schüttelten über den alten Mann den Kopf.

Einst hatte Vater gebeten: Sagt mir, wenn ich senil bin.

Wir hielten seine Äußerungen zwar nicht für senil, meinten aber, Vater sollte sich als bekannter *Ost*-Schriftsteller nicht von der Presse vereinnahmen lassen. Nun aber interessierte ihn nicht, was wir dachten. Unsere vorsichtig vorgebrachten Bedenken erzürnten ihn sogar. Also verzichteten wir darauf, ihm in seine Interviews *dreinreden* zu wollen.

Der Achtzigjährige wurde gefeiert, er ließ sich feiern, und wir lasen all die Interviews und fragten uns besorgt, ob der späte gesamtdeutsche Ruhm, der sich um die Veröffentlichung des »Ladens III« rankte, den alten Mann nicht völlig entkräften würde. Der alte Mann betrieb jedoch standhaft »Öffentlichkeitsarbeit«. Er wollte sein literarisches Werk über die Zeitenwende retten und es vom Geruch des *roten Autors* reinigen. Teilweise gelang die *Selbstreinigung*. Sein 1990 veröffentlichtes Tagebuch »Die Lage in den Lüften« trug dazu bei. Mutter, Jakob und mir mißfiel die darin bekundete Haltung eines DDR-Oppositionellen. Heute sage ich, vielleicht dachten wir zu gegenwärtig, vielleicht waren wir stärker als Vater der Zeit verhaftet.

Kamen Johanna und ich in jenen Tagen nach Schulzenhof und berichteten wir bei Tisch von den Ungerechtigkeiten, die wir im Berliner Alltag erlebt hatten, so drohte Vater nach kurzer Zeit: Wenn hier nichts Schönes erzählt wird, gehe ich! … Das Alter achtend, ließen wir von den Schilderungen unserer düsteren Berliner Erlebnisse ab.

Nur einmal sagte ich, was ich dachte:

Vater hatte sich Anfang Oktober 1993 für die Fernsehsendung »Zeugen des Jahrhunderts« interviewen lassen. Zwei Tage lang war er in seinem Zimmer von einem westdeutschen Journalisten künstlerisch und politisch Maß genommen worden. Das Ergebnis waren die Ansichten eines altersmüden Mannes. So sagte ich es Mutter am Telefon. Ich bat sie, meine Worte an Vater nicht weiterzureichen. Mutter – selbst über das ZDF-Interview verärgert – erzählte ihm dennoch, was ich dachte.

Beim nächsten Besuch in Schulzenhof schwieg Vater

mich an. Ebenso schwieg er Johanna an, der er unterstellte, mit mir einer Meinung zu sein. Um dem peinlichen Schweigen zu entgehen, redete ich von einem Fernsehporträt der Schauspielerin K. Es sei bedauerlich, sagte ich, daß eine so bedeutende Schauspielerin auf den *Typ Dame* reduziert werde.

Kollegenneid, murmelte Vater, über den Tisch gebeugt. Und: Könnt ihr Jungen überhaupt was gelten lassen?

Ich glaubte aufspringen und das Elternhaus verlassen zu müssen. Ich tat es nicht. Gekränkt blieb ich am Tisch sitzen. Wir schwiegen über den Nachmittag hinweg. Mutter, Johanna und ich wußten, der *Kollegenneid*, den mir Vater unterstellte, zielte nicht auf die von ihm wenig geschätzte Schauspielerin K. Er zielte auf Vaters ZDF-Interview. Auf der Heimfahrt sagte ich im Auto zu Johanna:

Hierher erst wieder, wenn er tot ist.

Abends rief mich Vater in meiner Wohnung an. Es war das erste und letzte Mal, daß er mich anrief. Vater weinte am Telefon. Er sagte, er müsse sich für sein Verhalten bei Tisch entschuldigen. Mutter sei ihm deswegen böse. Doch sollten wir uns nicht ärgern. Wir wären ihn, *den Alten*, bald auf immer los …

Ich bat Vater, sich nicht länger zu grämen.

Der Vorfall ist vergessen, sagte ich. Was nicht stimmte.

Großmutter starb im Frühjahr 1993. Kaum nahm ich es wahr. Nein, ich nahm es wahr, ich ließ aber keine Trauer zu. Eine alte, in letzter Zeit verwirrte Frau war gestorben, mit der ich seit über zwanzig Jahren nichts zu tun gehabt hatte. So hart reagierte ich – oder auch nicht. Ich hörte von der Wohnungsauflösung in Neuruppin, hörte, daß Großmutters Erbschaft aufgeteilt wurde. Damit war's gut.

Anfang Januar 1994 starb Matthes. Ich war seit kurzem mit Werner befreundet und hatte soeben erfahren, daß er an einem Gehirntumor erkrankt war. Das beanspruchte mein Denken.

Johanna und ich fuhren nach Schulzenhof zu Matthes' Beerdigung. Es regnete. Eine unfreiwillig komische Grabrede wurde gehalten. Musik erklang. Plötzlich ließ der Regen nach. Die Wolkendecke riß auf, und die Trauernden zwischen den Friedhofstannen wurden von Sonnenstrahlen erhellt. – Die Eltern verweigerten sich der Beerdigung. So schritt Ilja als erster ans offene Grab und warf einen zierlichen Blumenstrauß auf den Sarg. Ilja und ich sprachen nicht miteinander, weder auf dem Friedhof noch hinterher bei der Trauerfeier im alten Haus. Mutter sah ich kurz in ihrem Zimmer im neuen Haus. Vater hatte sich in seiner Dachetage eingeschlossen. Wir begegneten uns an jenem Tag nicht, und wir begegneten uns überhaupt nicht mehr.

Ende Januar teilte mir Mutter telefonisch mit: Vater stirbt.

Ich versuchte zu trösten, war aber selbst ratlos. Ich bot an, nach Schulzenhof zu kommen und für Mutter und Jakob, die den Kranken pflegten, zu sorgen.

Dabei muß ich Vater nicht sehn ...

Mutter meinte, Hilfe wäre nicht vonnöten. Ausweichend sagte sie: Später vielleicht.

Zwei Tage darauf war Vater tot. Wieder informierte mich Mutter telefonisch.

Ich will dir nur sagen, Vater ist tot ... Wir reden ausführlich ... nachher ... Mutter legte den Telefonhörer auf.

Beim nächsten Telefonat erfuhr ich: Mutter und Jakob hatten an Vaters Bett gewacht, dann war Mutter die Treppe von der Dachetage zur Diele hinabgestiegen und hatte in der Küche ein wenig eingewecktes Obst gegessen. – Jakob kam die Treppe herunter und sagte:

Vater hat die Augen zugemacht.

Das war der Beginn von Mutters Schuld: Sie war, als Vater starb, nicht bei ihm. Mutters Schuld durchlief mancherlei Verwandlungen – hier war ihr Beginn.

Nicht lange nach seinem Tod las Mutter Vaters Tagebücher. Sie stieß dabei auf seine letzte Liebesaffäre, und ihr Schuldgefühl wurde von der Wut auf den alten Mann, der sie hintergangen hatte, gemindert. Später nahm die Schuld erneut überhand. Heute neigen Mutters Gefühle mehr der Schuld zu; doch kann sie ihre Ehe nicht schlüssig beurteilen. Weil Mutter zu keinem eindeutigen Urteil kommt, vermag sie das seit Jahren geplante Buch über ihr Leben mit Vater nicht zu schreiben. Gram, Einsamkeit und Selbstvorwürfe, die sie nachts anfallen, betäubt sie durch Tabletten. Aus der übermäßigen Tabletteneinnahme ist eine Sucht geworden. Mutter lag in den letzten Jahren mehrmals im Krankenhaus. Erkannten und benannten die Ärzte ihre Sucht, so wurden aus den eben noch gelobten Ärzten Feinde.

Vor zwei Jahren im Sommer lag Mutter im Klinikum Berlin-Buch. Ich besuchte sie jeden zweiten Tag. Den einen Tag war sie euphorisch, den anderen depressiv gestimmt. Sie durchlebte unkontrollierbare Zustände. Mutter ist das Opfer ihrer Ehe mit Vater, dachte ich. Längst sprachen wir nur noch über alltägliche Dinge, und selbst bei diesen Gesprächen fanden meine Angelegenheiten nicht Mutters Gehör. Derart war sie mit sich beschäftigt.

Wenn Mutter eine euphorische Phase durchlebte, war sie das, was sie nie hatte sein wollen: die Witwe des berühmten Dichters, die sein literarisches Werk bewachte. War sie depressiv gestimmt, so war ihr auch Vaters Werk einerlei, beschäftigten sie einzig all ihre wirklichen und vermeintlichen Krankheiten. Dem Besucher blieb, Bedauern zu bekunden.

Eines Tages verweigerte ich mich dem gewohnten Gespräch. Ich las Mutter meine neuesten Liedtexte vor. Sie war begeistert, sie lobte überschwenglich. Dann wand sie sich aus dem Bett und griff vom Tisch einen Schnellhefter, aus dem sie mir Gedichte vorlas. Mutter hatte die Gedichte vor Jahren geschrieben; ich kannte sie. Jetzt behauptete sie, sie hätte sie jüngst geschrieben. Ich war von den alten neuen Gedichten beeindruckt. Mutter legte sich zufrieden ins

Bett und redete wieder von ihrem zu hohen Blutdruck, von Beinschmerzen und Herzrhythmusstörungen.

Ein andermal saß ich an Mutters Krankenbett, als das Telefon läutete. Mutter sprach lange mit der Anruferin, Jakobs früherer Freundin Anette.

Kommst du mich mal besuchen? fragte Mutter plötzlich in kindlich weinerlichem Ton. Ich bin hier so allein.

Ich fühlte Hitze aufsteigen. Ich saß an ihrem Bett und mußte hören, wie ich verleugnet wurde, wie sich meine Mutter als einsame Frau ausgab.

Grüß Anette von mir! drängte ich vom Besucherstuhl her. Mutter erzählte Anette nicht, daß ich an ihrem Krankenbett saß. Sie wollte bedauert und umsorgt werden. Egal, von wie vielen Personen. *Sie* war wichtig. Einzig *sie*.

Mutters Ichbezogenheit machte mich ratlos. Sie ließ mich grübeln. Ich kam zu der Einsicht, daß stets Mutter den Grad von Nähe und Ferne zwischen uns bestimmt hat. Auch vermute ich, sie hat mir nach Vaters Tod dessen schlechte Eigenschaften zugedacht, wohingegen sie Jakob Vaters gute Eigenschaften zurechnet – sofern sie in Jakob nicht ihr verjüngtes männliches Ebenbild erblickt. Zum Glück plagen mich solche Vermutungen nur anfallartig. Ich kann, unbelastet von solchen Überlegungen, mit Mutter telefonieren, kann mich mit ihr *normal* unterhalten. Wehe aber, sie erinnert mich durch ihre Ichbezogenheit an meine Vermutungen.

Es gibt eine weitere irrige Einsicht in mein Leben:

1985 kämpfte ich gegen die Regisseurin vom Theater in S. an. – In einem früheren Brief habe ich meine Auseinandersetzung mit der Regisseurin von »Was ihr wollt« erwähnt … Ich hatte sie, die wie Mutter einen Pferdeschwanz trug und zur Köperfülle neigte, zu meiner *speziellen Feindin* ernannt. Viele Jahre danach kam mir der Gedanke, ich könnte in S. einen *Stellvertreterkampf* geführt haben.

Zur selben Zeit, als ich den Ärger mit der Regisseurin erlebte, analysierte Mutter im Verlauf der Moser-Geschichte für sich und für mich ihre Ehe. Nichts Gutes blieb übrig. Obendrein erfuhr ich, daß ich einst hatte abgetrieben werden sollen. 1985 sann ich darauf, wie ich mich Mutters düsteren Betrachtungen entziehen könnte. Ich fand keine *Lösung*. Statt dessen focht ich Kämpfe mit der dicklichen Regisseurin aus. So sehe ich es heute. Wenn ich daran denke, schäme ich mich. Nein, einen Stellvertreterkampf wollte ich nie führen. Allein ich habe es wohl getan.

Ich blieb Mutter *treu* und mußte hinnehmen, wie sie sich von mir entfernte und wie sie mich in Augenblicken tiefer Niedergeschlagenheit sogar zur *Unperson* stilisierte. Und als wollte ich das Elend mehren, ließ ich mich dankbar auf jede neue Annäherung ein, selbst wenn ich den Grund für den Gefühlswandel ahnte.

Als Werner im Sterben lag, stand mir Mutter nicht bei. Erst meine Freundschaft mit dem eleganten und weltgewandten Markus Ries machte mich für sie wieder interessant. Mehr noch wurde ich für sie interessant, als ihr die tragische Geschichte mit dem *Schönen* geschah und sie in Liebesleid geriet. Mutter vertraute mir ihre an den Schönen gerichteten Gedichte an. Verschämt reichte sie mir eine Mappe mit den ersten fünfzig Gedichten.

Mir ist etwas Furchtbares passiert, flüsterte sie in ihrem Zimmer.

Mutter wußte, wem sie die Gedichte in die Hand legte: jemandem, der gleichfalls Liebesqualen durchlitten hatte, der noch immer an der Trennung von Markus Ries litt.

In der folgenden Zeit rief mich Mutter oft an, fragte sie, wie ich mich fühlte, wie ich die Trennung von Markus *verkraftete*. Mutter erkundigte sich nach meinem Leid, um von ihrem Leid reden zu können. Ich ahnte den Zusammenhang und rang die Ahnung nieder. Ich war froh, daß wir uns wieder nahe waren. Aus welchem Grund auch immer: ich ließ mich benutzen. Ich sag's ohne Selbstmitleid. Ich sag's mit

Härte. Und ich sage, zu guter Letzt habe auch ich, der Sohn, es mit einer Lyrikerin zu tun. *Seele auf schwankem Grund. Kein Tag gleicht dem andern. Nichts hat Bestand. Am wenigsten Gefühle.* Ich weiß ... Doch hilft solch Wissen weiter?

Ende der nächtlichen Nabelschau. Krethi, Doktor Mullito und ich gehen zu Bett.

16. 12. 2001

Liebes Herzchen!

Jener Freitag vor drei Wochen war wirklich *schwarz*.

Mittags hielt ich Deinen Brief in den Händen. In meiner Küche las ich, was Du über Deine Krankheit schreibst. Ich legte den Brief auf den Küchentisch und lief zwischen Speisekammer und Herd hin und her, und es brauchte lange, bis ich praktisch denken konnte. Dazu gehörte, daß ich sofort in Zürich anrufen und hören wollte, wie es Dir geht … Wir telefonierten miteinander. Danach war ich ein wenig beruhigt. Ich weiß nun, Reto und andere Züricher Freunde kümmern sich um Dich.

Nachmittags fuhren Jakob, Cathrin und ich wie verabredet nach Schulzenhof. Ich saß auf dem Beifahrersitz, betrachtete den heraufziehenden Abend und redete mit Jakob und Cathrin. Aber hauptsächlich hielt ich Zwiesprache mit dem kranken Herzchen. Den Wortlaut des gedachten Gesprächs sollst Du Anfang nächsten Jahres erfahren, wenn Du, wie im Brief angedeutet, nach Berlin kommen wirst. Ich hoffe, hoffe es sehr.

Auf der Fahrt nach Schulzenhof und nachher auf dem Gehöft der Eltern fühlte ich mich geistig wattiert. Mir geriet nur gedämpft ins Bewußtsein, worüber mich Johanna telefonisch unterrichtete:

Der »Schmale Grat« fällt aus! Die Rheinsberger Veranstalterin hat das Konzert abgesagt.

Mutter hielt mir zur Begrüßung den Telefonhörer hin. Ich benickte, was Johanna aus Rheinsberg an mich weitergab. Johanna dauerte mich: all der Aufwand und nun keinen *Auftritt*. Letztendlich war es mir aber recht. Schön, dann würde ich Lehrer Ringer nicht wiedersehen, würde ich nichts von Michael hören. Dann sollte es so sein. *Schwarzer Freitag*. Punktum!

Mutter war enttäuscht. Sie hatte Jakob, Cathrin und mich auf unserer *Rheinsberg-Expedition* begleiten wollen und sich extra die Perlenkette umlegen lassen – der Verschluß ist kompliziert konstruiert. Nun saß sie in ihrem Zimmer im Sessel und fragte: Und warum hab ich mir die Kette umlegen lassen?

Mutters Frage forderte meinen Widerspruch heraus: Und warum bin ich nach Schulzenhof gekommen?

Ja, sagte Mutter da, dein Aufwand war größer.

Das, liebe Mutter, denke ich auch.

Und weil wir nicht nach Rheinsberg fahren würden, gingen wir in die Küche. Obwohl Johanna und ich gerade eine künstlerische Enttäuschung erlebt hatten, redete Mutter von ihren und von Vaters literarischen Erfolgen. Zwischendurch rief nochmals Johanna an. Sie hatte erfahren, daß ihr Auftritt *wegen Krankheit der Veranstalterin* abgesagt worden war. Die erkrankte Veranstalterin hatte die Absage in die Zeitung setzen lassen, die von ihr engagierten Künstler hatte sie über die Auftrittsabsage nicht informiert. Sie blieb an jenem Abend und an den folgenden Tagen unerreichbar – eine merkwürdige Person.

Nachdem am Küchentisch über die literarischen Erfolge der Eltern geredet worden war, wurde über Vaters politische Ansichten und seinen Willen, der DDR-Politik zu dienen, gesprochen. Ich sagte, was ich nach der Lektüre einiger Strittmatter-Bücher denke:

Es ist bedauerlich, daß sich ein bedeutendes schriftstellerisches Talent derart politischen Maßgaben angepaßt hat.

Meine Worte zielten unter anderem auf den Erzählungsband »Ein Dienstag im September«. Man ahnt beim Lesen von manch einer Erzählung, wie ihr Ende hätte sein sollen:

erbarmungslos. Vater aber schrieb einen positiven Schluß herbei; denn mehr als drei am Leben gescheiterte Figuren in einem Erzählungsband hätte als ideologisch unerwünscht gegolten. Gut, auch ich habe mich an künstlerisch Fragwürdigem beteiligt. Ich spielte in mindestens drei *Polit*-Filmen, die ich heute nicht anschauen möchte. Das muß ich auch nicht. *Meine* Filme aus DDR-Zeiten sind, bis auf zwei »Polizeirufe 110« und die Fernsehserie »Zur See«, aus den Programmen der Fernsehanstalten verschwunden. Man hat mich meiner mir genehmen wie meiner mir unangenehmen Schauspielerbiographie beraubt. Vaters Bücher hingegen sind dem Leser zugänglich.

Wir saßen zu viert in der Küche, und es wurde heftig geraucht. Schon bald war mir übel.

Ich verließ die Küche und ging ins alte Haus, wo ich mich auf dem Wohnzimmerteppich lagerte, fernsah und mit den Katzen spielte, die sehnsüchtig das alte Haus umschleichen; sperrst du eine Katze aus dem Haus aus, steigt eine andere zum offenen Fenster herein. Und alle Katzen sehen einander ähnlich, weil sie aus einem Wurf stammen. Gedrungene schwarze Monster auf weißen Pfoten. Nach einer Weile gesellte sich mir Cathrin zu. Irgendwann kam auch Jakob ins alte Haus. Jakob und Cathrin sind nach Cathrins Bauchhöhlenschwangerschaft recht vertraut miteinander. Das gefällt mir. An diesem Abend aber wollte ich ihrem Glück nicht zuschauen. Düster gestimmt, wünschte ich allein zu sein.

Ich zog mich in die Stallstube zurück. Nachts weckten mich die Mäuse auf dem Dachboden. Auch rannte ein Marder über die Stubendecke. Die hölzerne Wand- und Deckenverkleidung der Stallstube knirschte und knarrte in der Dunkelheit. Die Wärme der Heizkörper regte das Holz an zu arbeiten.

Morgens frühstückte ich in der Küche im alten Haus im Stehen. Später frühstückten Jakob, Cathrin und ich ausgiebig im neuen Haus. Gegen Mittag kam auch Mutter in die Küche. Wieder wurde heftig geraucht. Die Sonne schien – ich ging ins Freie.

Ich lief zum Törnsee und suchte die »Berlauer« auf. Mir fiel ein, daß ich als Kind geglaubt hatte, der Name der zerstörten Villa sei von Brechts Mitarbeiterin und Geliebter Ruth Berlau abgeleitet worden. Ich war davon überzeugt und bin es wider besseres Wissen noch heute.

Ich stand unterhalb der »Berlauer« an den Überresten der Badestelle und schaute auf den spätherbstlichen See. Kalte Stille. Sechs Schwäne auf dem Wasser – eine Seltenheit.

Ich lief weiter am Seeufer entlang und wich kahlen Erlen- und Birkenzweigen aus, die mir den Weg versperrten. Ich suchte jenes Stück Weg, auf dem ich Otar, dem georgischen Fürsten mit den abstehenden Ohren, von meinem schwierigen Verhältnis zu Vater berichtet hatte. Viele Jahre ist es her.

Otar, der Germanist aus Tbilissi, war in Schulzenhof zu Besuch. Über Mittag ruhte die Unterhaltung zwischen ihm und den Eltern.

Die Eltern schliefen, und Otar und ich wanderten am Ufer des Törnsees. Otar erkundigte sich nach meiner Beziehung zu Vater. Der großäugige jungenhafte Otar gefiel mir. Solch einen Freund hätte ich mir gewünscht … Also redete ich. Anderntags kehrte mein Erzähltes überraschend zu mir zurück. Otar hatte Vater am Abend zuvor vorgehalten, er hätte mich in meiner Jugend schlecht behandelt. Nun war Otar abgereist, und mich traf die Kritik der Eltern.

Trotzdem erinnerte ich mich an das Gespräch mit Otar als an einen vertrauten Schulzenhofer Augenblick. Ich verharrte auf dem Pfad, auf dem ich zu Otar von meiner Kindheit und Jugend geredet hatte; dann lief ich zum Gehöft.

Auf dem kleinen Waldfriedhof machte ich einen Zwischenhalt. Ich stand vor Matthes' Grab und sah aufs Geburts- und

Todesdatum, aufs kurze Leben. Zu meiner eigenen Verwunderung sagte ich: *Mattuche*, ich hab alles aufgeschrieben.

Fieber fühlend, wandte ich mich Vaters Grab zu. Es liegt zwischen efeuumrankten Tannen auf der anderen Friedhofsseite. Auch Vaters Grab ist von Efeu überrankt. Ich betrachtete den Grabstein. Seit Jahren steht er hier, der Findling, den Vater bei einem Ausritt am Wegrand entdeckt und zu seinem Grabstein bestimmt hatte. Vater sagte manchmal bei Tisch: Heute habe ich meinen Grabstein besucht. Mutter mißfiel solch dunkle Rede, doch sorgte sie dafür, daß Vater nach dem Tod *seinen* Grabstein bekam.

Löscht meine Worte aus und seht: der Nebel geht über die Wiesen ... lautet der Grabspruch – Zeilen aus Mutters Gedicht »Oktobernacht«. Ich liebe diese Zeilen. Auf Vaters Grabstein, als »Letzte Worte«, wirken sie jedoch fragwürdig. Da wollte einer ein Leben lang nichts anderes als schreiben. Er schrieb, schuf *sein* Werk, und die Familie zahlte dafür einen hohen Preis. Jetzt am Lebensende verkündet der Schreiber: Entschuldigt, es war nicht ernst gemeint. Und weil's nicht ernst gemeint war, übergebt alles, was ich geschrieben habe, dem Vergessen; denn nichts geht über das Schweigen, über die Natur. Nein, auf dem Grabstein, in Erinnerung an das System Schulzenhof, mißhagen mir Mutters Zeilen. Wenn ich vor Vaters Grab stehe, komme ich gegen mein Unbehagen nicht an.

An jenem Samstag aber war ich Vater wohlgesinnt. Ich vermeinte sogar, ich könnte nun nicht nur dem Schriftsteller Strittmatter, sondern auch dem Menschen, der mein Vater gewesen war, gelassen begegnen. In fiebrig gehobener Stimmung entzündete ich eine grüne Kerze, die ein Verehrer neben dem Grabstein aufgestellt hatte. Das Kerzenlicht flackerte im schwachen Wind. Momentweise schien es erloschen zu sein, ehe es wieder aufglomm. Ich, der *ungewollte Sohn*, stand an Vaters Grab und beobachtete das flackernde Licht. Ich dachte, wie seltsam Leben ist. Und ich dachte, im

letzten Dreivierteljahr habe ich mich an dieses Grab gleichsam herangeschrieben. Unvermittelt sagte ich:

Wir sind quitt.

Ich blies das Kerzenlicht aus, lief zum Gehöft und nahm
am verspäteten Mittagsmahl teil.

Mutter, Cathrin, Jakob und ich saßen im neuen Haus
am Küchentisch. Auf dem Kachelofen sang der Kanarien-
vogel in seinem Käfig, und auch wir waren heiter gestimmt.
Mutter erinnerte sich, daß ich als kleiner Junge darauf be-
harrt hatte, ich würde *auch* Erwin Braun heißen. Die Eltern
hatten erst im Sommer 1956 geheiratet, als ich bereits drei
Jahre alt gewesen war. So war in meiner frühen Kindheit
Mutters Mädchenname »Braun« auf mich gekommen. Darauf legte ich Wert. Heute lege ich Wert darauf, daß ich *auch*
Erwin Berner heiße. – So erhalten sich Vorlieben.

Wir saßen bei Tisch, und ich dachte: Sei's, wie es sei, das
ist deine Familie. Anders bekommst du sie nicht! ... Finde
dich damit ab, daß dir Mutter an Liebe gegeben hat, was sie
dir an Liebe zu geben hatte. Als ahnte sie meine Gedanken,
verabschiedete sich Mutter an jenem Samstagabend so herzlich von mir wie seit Jahren nicht mehr.

Bruder Jakob brachte mich mit dem Auto zum Granseer
Bahnhof. Schulzenhof und den kleinen Waldfriedhof im
Rücken, fragte ich Jakob, was ihm einfiele, wenn ich »Vater«
sagte.

Sehnsucht, antwortete er. Ich habe Sehnsucht nach Vater.

Aha! Das kann ich, leider, nicht sagen ... Ich bin mit Vater im reinen. Aber mein Verhältnis zu ihm war anders.

Ja, sagte Jakob da.

Nachbemerkung

Du hast über Schulzenhof geschrieben? fragte Mutter plötzlich. Ich saß an ihrem Krankenbett im Klinikum Berlin-Buch – Johanna hatte kurz das Zimmer verlassen. Mutter genoß den Überraschungsmoment, ehe sie hinzufügte: Jakob hat's mir erzählt ... Ich hatte gesagt: Ich begreife nicht, warum Erwin nicht über Schulzenhof schreibt. Und da sagte er: Erwin hat's getan.

Es überraschte mich tatsächlich, zu hören, daß Jakob Mutter von meinen »Erinnerungen an Schulzenhof« erzählt hatte. 2001 hatte ich ihm zwei der Briefe an Herzchen vorgelesen. Ich wollte wissen, ob ich unsere Mutter zu hart schilderte. Nein, sagte Jakob, im Gegenteil, mich wundert, wie gerecht du sie beschreibst –. Ich hatte angenommen, es wäre zwischen uns abgemacht gewesen, daß er meine »Erinnerungen« vor Mutter nicht erwähnen würde.

Und wie viele Seiten sind es? fragte Mutter vom Krankenbett her.

Hundertsechzig.

Das ist viel.

Ja, aber es handelt sich um die Briefe an einen Freund, in denen ich nicht nur meine Kindheit in Schulzenhof, sondern auch mein Berliner Leben beschreibe.

Ich war bemüht, die Sache kleinzureden, und war froh, als Johanna wieder ins Zimmer kam und wir von anderen Dingen sprachen. Erst vor der Klinik sagte ich:

Meine Mutter weiß von den »Erinnerungen an Schulzenhof« ...

Auch Johanna fand es unbedacht, daß Jakob sie erwähnt hatte. In so kritischer Zeit.

Ende Januar 2004 war es zwischen Mutter und mir zum *großen Knall* gekommen. Alles, was wir über Jahre umschwiegen hatten, war nun am Telefon benannt worden. Alles!

Nach diesem *Gewitter*-Telefonat hatte ich fast ein halbes Jahr isoliert vom Schulzenhofer Geschehen gelebt. Dann, kurz vor meinem Geburtstag, hatte mich Mutter aus Buch angerufen. Sie hatte gesagt, sie hätte einer spontanen Eingebung nachgegeben. Und Mutter hatte gesagt:

Ich habe Sehnsucht nach dir.

So war ich wieder an ihr Krankenbett geraten, wo ich die Neuigkeit hörte, daß sie von meinen »Erinnerungen an Schulzenhof« wußte.

Bereits am nächsten Tag begann Mutter, mir ihr Leben zu erzählen.

Sie erzählte von ihrer Kindheit in Neuruppin und Frankendorf, von den Verwandten väterlicher- und mütterlicherseits, von ihrer Studienzeit in Berlin, von ihrer ersten Ehe, von ihren ersten Begegnungen mit Vater und von den Anfangsjahren in Schulzenhof. Viel erfuhr ich in jenen Tagen, Wochen und Monaten. Ich geriet in einen Bann. Und auch Johanna geriet in den Bann von Mutters Erzählungen, die uns an die Orte ihrer Kindheit, Jugend und ihrer Studentenzeit führten und schließlich zum Forsthaus Schmalenberg, in dem ich im September 1952 gezeugt worden war. Mutter beantwortete alle meine Fragen. Es schien, als hielte sie vor mir kein Wissen zurück. Sie würde das lange geplante Buch über ihr Leben nicht schreiben, sagte Mutter. Es wäre ihr unmöglich. Wollte sie über ihr Leben mit Vater schreiben, so sähe sie sich wie durch ein umgedrehtes Fernglas. Ganz klein wie ein Insekt sehe ich mich neben dem großen Mann. So kann ich mich nicht beschreiben, sagte Mutter. Und deshalb gab sie mir ihre Erinnerungen her. Erst meine Frage nach dem amerikanischen Abtreibungspräparat ließ sie verstummen. Erstaunt schaute sie mich an:

Woher weißt du davon? Habe *ich* es dir erzählt?

Ja, Mutter. 1984 während der Moser-Zeit.

Soso! Und ich wollte dir nie davon erzählen. Nie …

Da wußte ich, meine Mutter wollte das Bild, das ich von ihr hatte, *schönen*. Fortan mißtraute ich ihren Erzählungen. Ich nannte sie nun für mich »Die Geschichten meiner Mutter«. Und ich dachte: Was mir Mutter erzählt, ist ein anrührendes Buch. Aber es sind nicht meine »Erinnerungen an Schulzenhof«. Aus diesem Grund habe ich beim Bearbeiten der Briefe davon abgesehen, Informationen über das Neuruppiner und Schulzenhofer Leben der 50er und 60er Jahre, die ich von Mutter erhielt, in die Briefe einzufügen. Ebenso sah ich davon ab, meine »Erinnerungen« durch Wissen, das mir jüngst aus Vaters Tagebüchern zugekommen ist, zu vervollständigen. Was man in den Briefen lesen kann, ist das, was ich im Jahr 2001 an Freund Herzchen schrieb. Ich habe die Briefe lediglich stilistisch durchgesehen und – um nicht mit dem Finger auf jemanden zu zeigen – Namen geändert; wo das nicht möglich war, habe ich aus Gründen, die nur für mich wichtig sind, Textpassagen gekürzt.

Ich will noch sagen, jenes Markthallen-Bistro am Fernsehturm, in dem ich die meisten Briefe an Herzchen schrieb, existiert nicht mehr. Und einige der in den Briefen erwähnten Personen sind gestorben: Tante Ilse, Benno Besson, Marianne Gábor und die Ärztin Klara.

Mein Theaterstück »Die Spezialisten« wurde nicht aufgeführt. Usch Karusseit hätte gern die Hauptrolle im »Glashaus« gespielt, das ich bald darauf schrieb. Aber auch dieses Theaterstück kam nicht vors Publikum.

Im Jahr 2004 las ich im Gutshaus Köpernitz, unweit der Köpernitzer Bahnstation, die einst für mich so wichtig gewesen war, eigene Kurzprosa vor. Ein Mitschüler aus Rheinsberg kam vor der Veranstaltung auf mich zu: Es war nicht Michael …

Freund Herzchen und Reto leben nun in einer großen

Wohnung. Von ihrer Terrasse aus schauen sie auf Zürich. Sofern ihn Krankheit nicht aufs Bett wirft, zeichnet Herzchen und zeichnet.

Ein Letztes: In den »Erinnerungen an Schulzenhof« frage ich, ob ich das Recht habe, meine Kindheit und Jugend, so wie ich sie sehe, aufzuschreiben. Die Frage beschäftigte mich sehr, als ich die Briefe schrieb. 2008, drei Jahre bevor sie starb, veröffentlichte Mutter ein Buch über ihr Leben – einen Interviewband von großer geistiger Klarheit, wenn es ums Schreiben geht. Nicht so klar, ja eingefärbt wirken auf mich Mutters Erinnerungen an die Schulzenhofer Zeit. Wie Vater die Schulzenhofer Zeit sah, kann man in seinen Tagebüchern lesen. – Meine Eltern haben das Ihre zum Schulzenhofer Leben gesagt, und also sage ich das Meine. So einfach ist es – und so schwer.

Übrigens sieht man in den Feldern wieder Korn- und Mohnblumen. Ist das nicht schön!

Berlin, im Juli 2015